Die Collective Mind Methode

Jens Köhler • Alfred Oswald

Die Collective Mind Methode

Projekterfolg durch Soft Skills

Dr. Jens Köhler
BASF SE
BASF Group Information Center
67056 Ludwigshafen
Deutschland
jens.koehler@basf.com

Dr. Alfred Oswald
Osthus GmbH
Wilhelmstr. 79
52070 Aachen
Deutschland
alfred.oswald@osthus.de

ISBN 978-3-642-00107-9   e-ISBN 978-3-642-00108-6
DOI 10.1007/978-3-642-00108-6
Springer Heidelberg Dordrecht London New York

Die Deutsche Nationalbibliothek verzeichnet diese Publikation in der Deutschen Nationalbibliografie; detaillierte bibliografische Daten sind im Internet über http://dnb.d-nb.de abrufbar.

© Springer-Verlag Berlin Heidelberg 2009
Dieses Werk ist urheberrechtlich geschützt. Die dadurch begründeten Rechte, insbesondere die der Übersetzung, des Nachdrucks, des Vortrags, der Entnahme von Abbildungen und Tabellen, der Funksendung, der Mikroverfilmung oder der Vervielfältigung auf anderen Wegen und der Speicherung in Datenverarbeitungsanlagen, bleiben, auch bei nur auszugsweiser Verwertung, vorbehalten. Eine Vervielfältigung dieses Werkes oder von Teilen dieses Werkes ist auch im Einzelfall nur in den Grenzen der gesetzlichen Bestimmungen des Urheberrechtsgesetzes der Bundesrepublik Deutschland vom 9. September 1965 in der jeweils geltenden Fassung zulässig. Sie ist grundsätzlich vergütungspflichtig. Zuwiderhandlungen unterliegen den Strafbestimmungen des Urheberrechtsgesetzes.
Die Wiedergabe von Gebrauchsnamen, Handelsnamen, Warenbezeichnungen usw. in diesem Werk berechtigt auch ohne besondere Kennzeichnung nicht zu der Annahme, dass solche Namen im Sinne der Warenzeichen- und Markenschutz-Gesetzgebung als frei zu betrachten wären und daher von jedermann benutzt werden dürften.

Einbandentwurf: KuenkelLopka GmbH, Heidelberg

Gedruckt auf säurefreiem Papier

Springer ist Teil der Fachverlagsgruppe Springer Science+Business Media (www.springer.com)

Vorwort

Dieses Buch ist all denen gewidmet, die ihrer inneren Unruhe folgend nie aufhören, Fragen zu stellen, um Grenzen zu durchstoßen und in unbekannte Gebiete vorzudringen.

Die Erledigung von arbeitsteiligen Aufgaben wird durch die mehr oder weniger koordinierte Zusammenarbeit verschiedener Menschen ermöglicht. Dies nennt man ein Projekt - eine altbewährte Methode, Aufgaben zu bewältigen, die eine einzelne Person nicht alleine durchführen kann.

So wird beispielsweise ein Haus durch einen Architekten geplant, von einer Baufirma werden die Mauern und Decken errichtet, die Dachdecker und Zimmerleute führen die Dachkonstruktion und den Innenausbau durch und schließlich hat ein Bauträger die Gesamtverantwortung und hält die Fäden in der Hand.

Die Wissensgenerierung und der Wissenstransfer geschehen hier im Wesentlichen durch Architekturskizzen und Baupläne, aus denen zentimetergenau die umzusetzenden Maße entnommen werden können. Ergänzende Informationen tauschen die Zulieferer untereinander aus, koordiniert durch den Bauträger. Weiche Faktoren spielen hier eine weniger dominante Rolle, da die Aufgabenteilung klar vorgegeben ist: Die Auswahl und der Verbau von Materialien, wie Poroton oder Kalksandstein, gedämmte Rohre, Putz oder Tapete, stehen im Vordergrund. Und dennoch kann man selbst bei einer solch relativ klaren Arbeitsverteilung nach Vollendung des Baus feststellen, ob die Zulieferer sich untereinander ausgetauscht haben oder nicht.

Unsere Welt ist nicht die Welt des Häuserbaus, sondern die der IT-Projekte in forschenden Unternehmen. Voraussetzung für erfolgreiche Forschung ist ein hoher Daten- und Informationsaustausch. Zugleich ist Forschung per se innovativ und erfordert dadurch eine innovative Informationstechnologie (IT), die in Form von IT-Systemen realisiert wird.

Die Erstellung eines IT-Systems kann man sich auf den ersten Blick ähnlich vorstellen wie die Errichtung eines Hauses.

Ein wesentlicher Unterschied ist aber, dass der zu realisierende Gegenstand materiell nicht fassbar ist. Er ist und bleibt abstrakt und erschließt sich zum Schluss in Form von Masken auf Computerbildschirmen. Ein weiterer wesentlicher Unterschied besteht in der Tatsache, dass ein großer Teil der an der Entstehung mitwirkenden Personen selbst keine Fachleute für IT-Systeme sind, sondern aus anderen Bereichen stammen.

Ein Dachdecker mag ein sehr genaues Bild von der Arbeit eines Maurers haben, ein Forscher hingegen, dessen Arbeit durch ein zu erstellendes Computerprogramm erleichtert werden soll, hat meist wenig Einblick in die Welt der Softwareentwickler. Umgekehrt sind Softwareentwickler in der Regel auch keine Forscher: Die an einem Projekt beteiligten Personen haben sehr verschiedene Vorstellungen und Arbeitsweisen, so dass weiche Faktoren hier eine große Rolle spielen.

Insofern werden Projekte und insbesondere IT-Projekte in erheblichem Maße von weichen Faktoren wie Kommunikation, Wissensaustausch, individuelle Erfahrungen und Kompetenzen bestimmt. Diese Faktoren bestimmen die zu errichtende Wissensbasis in einem Projekt und sind entscheidend für den Erfolg, da ein Projekt genau dann erfolgreich ist, wenn eine lösungsorientierte Wissensgenerierung beziehungsweise ein lösungsorientierter Wissenstransfer innerhalb des Projektes möglich ist.

Wissen ist in den Köpfen von Menschen verankert, entgegen der weit verbreiteten Annahme, Wissen sei in Dokumenten codiert und das bloße Lesen von Dokumenten erweitere schon die eigene Wissensbasis. Wissen wird über das Management dieser Wissensarbeiter generiert und transferiert und erfordert das Verstehen und Beherrschen weicher Faktoren.

Umso erschreckender ist es, dass für die erfolgreiche Beherrschung der weichen Faktoren bei den Beteiligten meist wenig Bewusstsein herrscht. Projektleiter lernen viel über Projektpläne, die Verwaltung der Kosten und die Belohnung von Projektteammitgliedern. Sicher liegt das daran, dass wir durch Schule und Ausbildung gelernt haben, alles über eine Sache wissen zu können, wenn man nur genau genug hinsieht.

Unsere moderne Welt ist von komplexen Aufgabenstellungen geprägt. Diese lassen sich nur über Modelle erfassen, die prinzipiell nicht alle Details berücksichtigen können und damit naturgemäß eine Abstraktion darstellen.

In der Praxis ist es nahezu unmöglich, Dingen wirklich auf den Grund zu gehen. Daher wird man immer nur mehr oder weniger große Bruchstücke von den zur Diskussion stehenden Inhalten aufnehmen. Andere Personen nehmen andere Details und Aspekte auf als man selbst. So entstehen unsichtbare Wissensinseln in den Köpfen, die sich erst spät innerhalb eines Projektes bemerkbar machen und das Risiko eines Projektscheiterns erhöhen. Durch das Ausgestalten der weichen Faktoren wird ein gemeinsamer Projektverstand, ein Collective Mind, aufgebaut, so dass diese Wissensinseln klein sind oder erst gar nicht vorkommen.

Dem in Projekten involvierten Leser soll ein Handwerkszeug mitgegeben werden, so dass er oder sie die weichen Faktoren und somit die Wissensgenerierung und den Wissenstransfer in seinem oder ihrem Projekt verstehen und beeinflussen kann. Am Ende bieten wir einen Fragebogen an, der hilft, Schieflagen in Projekten frühzeitig aufzudecken. Denn meist liegt der Zeitpunkt des Beginns einer Schieflage in einem Projekt weit vor dem Zeitpunkt deren Manifestation.

In diesem Sinne hoffen wir Ihnen, der Leserin bzw. dem Leser, ein umsetzbares Modell zur Verfügung zu stellen. Begleitet werden Sie von einem Projekt, das in dem fiktiven Pharmaunternehmen *MedicalFit* stattfindet.

Die dargestellte Geschichte ist fiktiv. Die dort aufgeführten Personen sind modellhafte Charaktere, die bewusst überzeichnet wurden, um Unterschiede in der Handlungs- und Denkweise hervorzuheben.

Mutterstadt und Stolberg im April 2009   Jens Köhler
                                                                 Alfred Oswald

Danksagung

Ein solches Buch entsteht nicht in der Stille, sondern in einem lebendigen, produktiven Projektumfeld. Viele Personen haben uns bei diesem Buchprojekt unterstützt und wertvolle Hinweise gegeben.

Besonders bedanken möchten wir uns bei Dr. Helmuth Morgenthaler, BASF SE, der uns sein Ohr geliehen und unsere Ideen mit uns diskutiert hat.

Wichtige Anregungen stammen ebenso von Marion Mertel und Dr. Christian Lennartz (beide BASF) sowie von Dr. Torsten Osthus, Andreas Mohr und Bernhard Filpe (Osthus).

Wertvolle Hinweise aus dem Bereich der Psychologie haben uns Hannah Oswald und Karl-Heinz Bastuck gegeben.

Wir danken Elke Köhler und Dr. Helmut Köhler für das aufmerksame Lesen des Manuskriptes.

Wir bedanken uns bei unseren Familien für ihre Unterstützung und ihr Verständnis dafür, dass wir weniger Zeit für sie hatten.

Inhalt

Einführung		xv
1.	**Schwerpunkt des Buches und Methodik**	1
	1.1 Was bedeutet das alles konkret?	4
	1.2 Was erwartet Sie in den weiteren Kapiteln?	6
2.	**Erfolgsfaktoren eines Projektes**	9
3.	**Daten, Information und Wissen**	13
4.	**Der Lebenszyklus eines Projektes**	17
5.	**Die gemeinsame Wissensbasis – der Collective Mind**	21
	5.1 Der Collective Mind als Werkzeug	23
	5.2 Zur Bildung eines Collective Mind	24
6.	**Projektsetting**	27
	6.1 Individuelle Erfahrungen und Kompetenzen	28
	6.2 Temperament	30
	6.3 Weitere Persönlichkeitsmodelle	34
	6.4 Der Collective Mind aus S- und N-Sicht	40
	6.5 Teamheterogenität	48
	6.6 Projektorganisation	51
7.	**Temperament der Projekte**	57
	7.1 Projekttypen	59
	7.2 Projekttypmetriken	60
	7.3 Welcher Projekttyp braucht welches Setting?	62
8.	**Projektumwelt**	67
	8.1 Organisation(en)	67
	8.2 Projektlebenszyklus und Projekttemperament	69
	8.3 Stakeholder	74

9.	Projektdynamik	81
	9.1 Das Z-Modell	83
	9.2 Das Lern-Modell	86
	9.3 Das evolutionäre Modell	90
	9.4 Das Transition-Modell	94
10.	Der Collective Mind als Seele des Projektes	97
11.	Kommunikation in Projekten	101
	11.1 Das Transaktionsmodell	102
	11.2 Das Vier-Ohren-Modell	105
	11.3 Das neurolinguistische Modell	107
	11.4 Das integrierte Kommunikationsmodell	109
12.	Führung in Projekten	119
13.	Projektbeispiele	127
	13.1 Ein Erfinderprojekt: Hochdurchsatzverfahren	128
	13.2 Ein Missionarsprojekt: Datawarehouse	131
	13.3 Ein Baumeisterprojekt: LIMS	133
	13.4 Ein Zimmermannsprojekt: Logistikanwendung	135
14.	Collective Mind und Projekterfolg	137
15.	Scoring: Wie fit ist Ihr Projekt?	145
16.	Best Practices	149
	16.1 Bestimmung Projektphase und -typ	149
	16.2 Erfahrung und Kompetenz	150
	16.3 Temperament	152
	16.4 Teamheterogenität	154
	16.5 Projektorganisation	155
	16.6 Einbettung in Organisation(en)	157
	16.7 Stakeholder	158
	16.8 Lösungsstrategie	159
	16.9 Präsenz	165
	16.10 Transparenz	166
	16.11 Vernetzung und Führung	168
17.	Fazit	171
18.	Anhänge	173
	MBTI-Typen	173
	Glossar	174
	OK-Ampel-Test	183
	Literaturverzeichnis	195
	Stichwortverzeichnis	197

Über die Autoren

Dr. Jens Köhler, Studium der Physik und Promotion in Geophysik an der Universität Bonn, ist Mitarbeiter der BASF SE. Dort beschäftigt er sich unter anderem mit der Konzeption, Realisierung und Betreuung von IT-Systemen in der Forschung. Darüber hinaus gilt sein besonderes Interesse den Themen Wissensgenerierung in Projekten, Knowledge Networking und Wissensmanagement.

Dr. Alfred Oswald, Studium der Physik und Promotion in theoretischer Festkörperphysik an der RWTH Aachen, ist Geschäftsführer bei der Osthus GmbH. Er ist Experte für die Gestaltung von Geschäfts- und Wissensprozessen und deren Abbildung in IT-Systeme. Zu seinen Arbeitsschwerpunkten gehört das Management innovativer Projekte aus Forschung und Entwicklung.

Über die Autoren

Einführung

Das vorliegende Buch stellt eine praxisbezogene Methode für Manager und Projektleiter vor, die es ermöglicht, die „Soft Skills", also die weichen Faktoren, in Projekten so zu gestalten, dass ein Projekt erfolgreich wird. Während die Beherrschung der harten Faktoren wie Projektplanung, Budgetierung und Qualitätsmanagement heute zum Standardrepertoire eines Projektmanagers gehört, betritt man mit der bewussten Gestaltung der weichen Faktoren, wie Kommunikation, Wissensaustausch, individuelle Erfahrungen und Kompetenzen, Neuland. Das ist umso verwunderlicher, als der Projekterfolg hauptsächlich von den weichen Faktoren bestimmt wird, die meist „aus dem Bauch heraus" behandelt werden. Wir wollen die weichen Faktoren beherrschbar machen. Dazu lassen wir uns von dem entscheidenden Prinzip leiten, dass ein Projekt dann und nur dann erfolgreich ist, wenn Wissen erzeugt, transportiert und in zielorientierte Handlungen umgesetzt werden kann. Wir werden alle relevanten weichen Faktoren im Hinblick auf ihre Bedeutung für die Wissensgenerierung, den Wissenstransport und die Umsetzung von Wissen in zielorientierte Handlungen bewerten und typisieren. Hieraus ergibt sich unsere Methode für die projektspezifische Ausgestaltung der Soft Skills. Begleitet von einem virtuellen Projekt aus der LifeScience-Industrie werden dem Leser anhand von konkreten Projektszenen die Tücken der weichen Faktoren verdeutlicht, denen sich ein Projektleiter (selbst nach jahrelanger Erfahrung) gegenübersieht. Gleichzeitig werden ihm Lösungen angeboten, und auf unterhaltsame Weise praktische Informationen sowie notwendige theoretisch fundierte Kenntnisse nahegebracht. Wir zeigen, dass der Projekterfolg hoch ist, wenn ein gemeinsamer Projektverstand, ein „Collective Mind", ausgestaltet werden kann. Die Ausbildung des Collective Mind ist eine Aufgabe des Projektmanagements. Der Collective Mind kann durch die Ausgestaltung des Projektsettings (Auswahl der Teammitglieder, Rollenbesetzung und Projektorganisation), die Einbindung der Projektumgebung, d. h. aller Stakeholder, sowie das Management der Projektdynamik erzeugt werden. Unsere Überlegungen beruhen auf einem Modell, mit dem die Voraussetzungen zur Ausbildung eines Collective Mind in einem Projekt geschaffen werden. Wir berufen uns auf gesicherte Methoden aus der Wissenschaft: Die Myers Briggs Temperament-Typologie, die Organisationsentwicklung nach Bridges und das kybernetische Managementmodell nach Malik. Diese werden durch die jahrzehntelange Projekterfahrung der Autoren ergänzt. Wir stellen abschließend einen Test vor, in dem die Risiken in einem Projekt aufgezeigt und erläutert werden, sowie Best Practices für deren Beherrschung und Kontrolle. Damit geben wir dem Leser ein Werkzeug zur Messung der weichen Faktoren in einem Projekt an die Hand. Somit kann er den Wissenstransfer und die Wissenserzeugung im eigenen Projekt anhand von nachvollziehbaren Kriterien beurteilen.

Kapitel 1
Schwerpunkt des Buches und Methodik

Innovative Antworten und Lösungen zu einer vorgegebenen Aufgabenstellung in einer Organisation benötigen Experten unterschiedlicher Ausrichtungen. Dies wird häufig im Team unter gegebenen Rahmenbedingungen wie Zeit, Kosten und Qualität bearbeitet.

Die Bewältigung einer Aufgabenstellung unter diesen Rahmenbedingungen wird als Projekt bezeichnet.

Für die erfolgreiche Bewältigung von Projektaufgaben ist das Beherrschen der weichen Faktoren essentiell. Die weichen Faktoren können mit Hilfe der Collective Mind Methode so eingestellt werden, dass der Projekterfolg hoch ist.

In diesem Kapitel werden die Ideen und die Vorgehensweise der Collective Mind Methode erläutert.

Projekte werden durchgeführt, um eine Veränderung in einer Organisation (z. B. Unternehmen, öffentliche Einrichtung) zu erreichen: Dies können neue Produkte oder Dienstleistungen sein, die diese Organisation anbietet oder der Kauf einer anderen Firma oder die Restrukturierung einer Organisation.

Dr. Heiner Priesberg ist Biotechnologe und in dem weltweit operierenden Unternehmen MedicalFit in der Forschung tätig. Das Unternehmen entwickelt und produziert medizinische Apparate und Medikamente.

Die Entwicklung neuer Medikamente ist mehrstufig: Chemische Substanzen werden in Hochdurchsatzverfahren gegen bestimmte krankheitsauslösende Mechanismen getestet. Die erfolgreichen chemischen Substanzen werden anschließend in verschiedenen klinischen Teststufen auf Wirksamkeit überprüft. Parallel laufen umfangreiche toxikologische Studien. Erst wenn eine chemische Substanz all diese Tests bestanden hat, kann daraus ein marktfähiges Medikament entwickelt werden. Aus ursprünglich hunderttausenden von Substanzen wird eine einzige herausgefiltert. Dabei fallen viele Daten an, deren gezielte Auswertung schneller zu geeigneten chemischen Substanzen führen kann.

Heiner Priesberg, einer der vielen Forscher in diesem Prozess, hat sich in dem Unternehmen einen Platz erarbeitet und ist bekannt für seine Geradlinigkeit und rationale Art. Er mag keine überflüssigen Diskussionen und liebt Fakten. Bislang hat er beachtliche Ergebnisse mit seiner Labormannschaft erzielt – einer Mannschaft, auf die er sich verlassen kann. Er glaubt, dass er weiß, wie man Menschen zu führen hat, indem er seiner Labormannschaft immer genaue Vorgaben gibt.

Nun hat das Management beschlossen, ein neues IT-System ins Leben zu rufen, mit dem alle Forschungsdaten über Wirkstoffe gespeichert und ausgewertet werden können. Davon verspricht man sich, gezielter nach neuen Medikamenten suchen zu können.

Herr Priesberg wurde zum Projektleiter ernannt. Das erste Mal ist er jetzt gefordert, interdisziplinär zu arbeiten: Welche Kollegen sollen in das Projektteam? Wer sind die Stakeholder? Wer definiert die Projektziele und Aufgaben? Wie wird Sorge getragen, dass das Ergebnis des Projektes, das IT-System, bei den zukünftigen Nutzern auch ankommt? Plötzlich sieht er sich jeder Menge ungeklärter Fragen gegenüber.

Zu Beginn eines Projektes stellen sich drei grundlegende Fragen:

- Wann wird das Projekt bzw. die durch das Projekt initiierte Veränderung als erfolgreich bezeichnet? Was sind also die Erfolgsfaktoren, die ein Projekt als erfolgreiches Projekt kennzeichnen? Wann wird beispielsweise ein neues IT-System von den Benutzern angenommen?
- Durch welche Rahmenbedingungen wird der Erfolg des Projektes beeinflusst? Was sind also die Einflussfaktoren, die auf die Erfolgsfaktoren des Projektes wirken? Ist es beispielsweise wichtiger, einen energischen und dynamischen Projektleiter zu haben oder einen ruhigen, zögerlichen? Wie viel soll in dem Projekt dokumentiert werden?
- Durch welche Handlungen während der Projektdurchführung kann man den Erfolg des Projektes gezielt beeinflussen? Wer sollte was, wann, wie tun?

Das erfolgreiche Arbeiten in Projekten ist zurzeit Gegenstand diverser Veröffentlichungen (DeMarco 1998; Gansch 2006; Vigenschow u. Schneider 2007; Wentzel et al. 2007; Crasemann et al. 2008; Gratton u. Erickson 2008; North 2008).

Wenn man an Projekte denkt, stehen sehr oft die Analogien zu Sportteams oder zu einem Sinfonieorchester im Vordergrund und der Versuch, dies auf die Projektarbeit übertragen zu können. Es ist eine Analogie, die unseres Erachtens zu kurz greift, da sie nur eine Dimension, nämlich die koordinierte Arbeitsteilung, in den Vordergrund stellt. Kontext und allseitiges Verständnis der Aufgabenstellung werden als gegeben vorausgesetzt. Beispielsweise ist der Kontext eines Sinfonieorchesters durch die existierende Partitur und die Rollenverteilung der Musiker gegeben.

In den von uns betrachteten Projekten sind der Kontext und das Verständnis der Aufgabenstellung meist nicht bekannt oder unterschiedlich: Die Teammitglieder kommen aus völlig unterschiedlichen Bereichen und die gemeinsame Wissensbasis ist völlig divergent. In diesen Projekten muss zuerst Wissen generiert und transportiert werden. Dieses Wissen stellt dann den Kontext für eine koordinierte spätere Arbeitsteilung dar, um am Ende das Ergebnis eines Projektes, z. B. ein IT-System, zu erzeugen.

Der Erfolg eines Projektes wird neben den harten Fakten wie Zeit, Geld, Technologie und Qualität maßgeblich durch die weichen Faktoren bestimmt. Weiche Faktoren wie Kommunikation, individuelles Temperament der Teammitglieder oder daraus resultierende Faktoren wie Wissensaustausch und Lernen, beeinflussen entscheidend den Projektfortschritt, die Projektdynamik und letztendlich den Projekterfolg. Ja, man kann sogar sagen, dass die Beherrschung der harten Faktoren heute zum Standardrepertoire eines Projektmanagers gehört, man jedoch mit der bewussten Gestaltung der weichen Faktoren Neuland betritt.

Für das Buch werden wir folgende zentrale Annahme treffen: Vorausgesetzt, das klassische Handwerkszeug des Projektmanagements wird beherrscht, so wird

1 Schwerpunkt des Buches und Methodik

der Erfolg eines Projektes entscheidend durch drei große Einflussbereiche bestimmt:

- Die Aufgabenstellung, die von allen beteiligten Personen zu bewältigen ist.
- Die Menschen, die das Projekt durchführen, und die Menschen, für die das Projekt durchgeführt wird.
- Die Organisationen, aus denen die Menschen stammen.

Die nachfolgende Abbildung verdeutlicht, dass die weichen Faktoren im Projekt im Wesentlichen aus diesen drei Einflussbereichen stammen. Die weichen Faktoren dieser Einflussbereiche treten hierbei in vielen verschiedenen Facetten auf:

- Die Aufgabenstellung wird durch Adjektive wie visionär, innovativ, schwierig, komplex, strukturiert oder einfach und standardisiert beschrieben.
- Die Menschen, die am Projekt teilnehmen, haben unterschiedliche Erfahrungen und Ausbildungen, ein unterschiedliches Temperament, einen unterschiedlichen Charakter oder eine unterschiedliche Persönlichkeit.
- Die Organisationen, aus denen die Stakeholder stammen, haben unterschiedliche Aufgaben, sie leben unterschiedliche Gepflogenheiten und sie haben eine unterschiedliche Kultur oder einen unterschiedlichen Charakter.

Dieser Facettenreichtum ist einer der wesentlichen Gründe, warum sich die weichen Faktoren bisher einer Umwandlung in härtere Faktoren widersetzt haben. Das Kennzeichen harter Faktoren ist ihre Typisierung und Messbarkeit. Mit der Typisierung und der zusätzlichen Einführung von Metriken werden sie nachvollziehbar

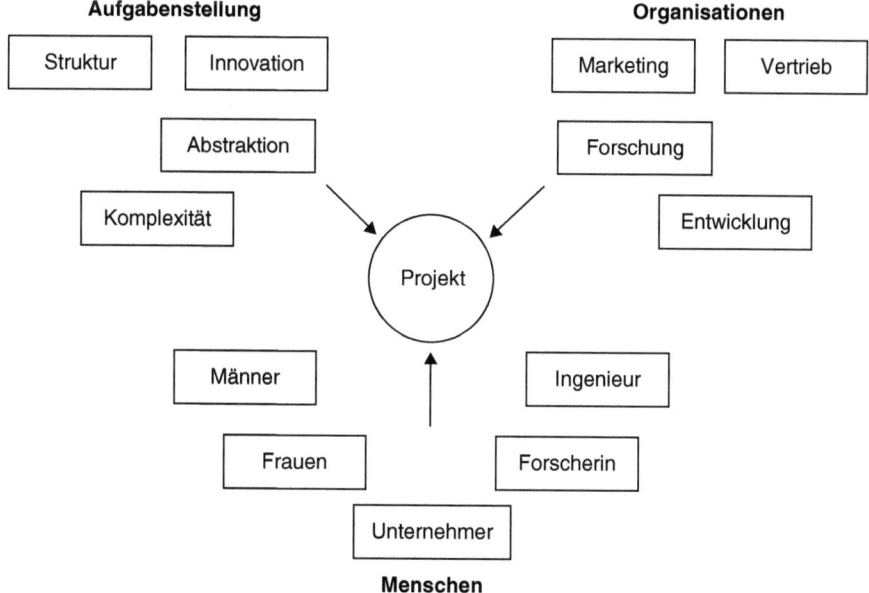

Abb. 1.1 Facettenreichtum der weichen Faktoren in einem Projekt

sowie messbar und unterstützen damit die Weitergabe von methodischem Wissen und dessen Weiterentwicklung.

Ziel des vorliegenden Buches ist die Beschreibung einer Methode, mit der weiche Faktoren einer Typisierung unterzogen und damit gestaltbar werden. Diese Typisierung muss so angelegt sein, dass die enorme Vielfalt der Erscheinungsformen der weichen Faktoren beherrschbar wird und gleichzeitig durch die Typisierung nicht wesentliche Aspekte der Faktoren verloren gehen.

Es stellt sich natürlich die zentrale Frage: Anhand welcher Kriterien werden die weichen Faktoren typisiert? Hierzu müssen wir uns vor Augen führen, dass ein Projekt dann und nur dann erfolgreich ist, wenn Wissen erzeugt und transportiert werden kann, sich also ein gemeinsamer Projektverstand, ein Collective Mind, ausbilden kann. Dieser Collective Mind steht hier für den Projektverstand, welcher wohltrainiert jeden Schritt im Projekt kennt, bewertet und ausführt, so dass der Projekterfolg erreicht wird.

Somit genügt es, all diejenigen weichen Faktoren zu betrachten, die zum Aufbau eines Collective Mind beitragen. Wir messen den Einfluss eines Faktors daran, welchen Anteil die jeweilige Ausprägung dieses Faktors auf den Collective Mind hat und ob dadurch der Collective Mind in Richtung Projekterfolg ausgestaltet wird. Dies bezeichnen wir als die Collective Mind Methode.

Wir werden zeigen, dass die Bewerkstelligung von Projektaufgaben, also die Erzeugung und der Transport von Wissen zur Umsetzung von Arbeitsschritten, dann erfolgreich ist, wenn der multidimensionale Raum der Einflussbereiche Mensch, Organisation und Aufgabenstellung projektspezifisch angepasst wird. Wir schlagen hierzu eine Methode für die bewusste Ausgestaltung der weichen Faktoren vor, die folgende Einflussbereiche umfasst:

- Typologie von Projekten: Dies berücksichtigt die Besonderheiten einer Aufgabenstellung und führt für diese eine Typologie ein.
- Typologie der Stakeholder: Dies berücksichtigt das Verhalten, die Arbeitsweise und die Denkweise von Personen und führt für diese eine Typologie ein.
- Typologie der Organisationen: Dies berücksichtigt das Verhalten, die Vorgehensweise und die Denkweise von Organisationen und führt für diese eine Typologie ein.

Neben dem klassischen Handwerkszeug des Projektmanagers geben wir damit insbesondere dem Projektleiter eine Methode an die Hand, mit der er die weichen Faktoren in einem Projekt aufgrund weniger Parameter so einstellen kann, dass das Projekt nicht aufgrund von vielen Einzelmaßnahmen geführt wird, sondern in die Lage versetzt wird, mit wenigen strategischen Eingriffen durch den Projektleiter, sich selbst zu steuern (Malik 2006a, b).

1.1 Was bedeutet das alles konkret?

Wir müssen uns von dem Gedanken verabschieden, dass alle Projektteammitglieder grundsätzlich alles erfassen können, gleichermaßen strukturiert sind und selbstverständlich jede Rolle im Projektteam übernehmen können und daher die Wissensgenerierung und der Wissenstransport ausschließlich eine Frage des Intellekts und des Fachkönnens sind. Es geht sogar darüber hinaus: Wir werden verdeutlichen, dass derselbe Projektleiter, der für die Initiierungs- und Lösungsphase eines Projektes optimal geeignet ist, in einer späteren Phase, wie beispielsweise der Wartungsphase einer IT-Anwendung, spektakulär scheitern kann.

Zusammenfassend basiert die Collective Mind Methode auf folgenden Prinzipien:

- Wissen, das von allen Teammitgliedern in zielorientiertes Handeln umsetzbar ist, ist die Basis eines erfolgreichen Projektes.
- Wissen kann sich im Team nur dann einstellen, wenn das Team eine systemische Umgebung[1] bildet, die die Stärken jedes Teammitglieds sichtbar werden lässt, und wenn diese Stärken zur Aufgabenstellung passen.
- Um diese systemische Umgebung herzustellen, ist die souveräne Beherrschung von weichen Faktoren notwendig.
- Die weichen Faktoren werden durch eine entsprechende Führung im Team massiv beeinflusst. Aufgabe der Führung ist es, dass die Stärken der Mitglieder zur Geltung kommen und ihre Schwächen irrelevant sind. Jedes Teammitglied bringt sich entsprechend seiner Qualifikation und seines Temperamentes ein.
- Die Erfolgswahrscheinlichkeit für ein Projekt steigt, wenn der psychische und physische Energieaufwand bei den Projektteammitgliedern entsprechend ihres Temperamentes ausbalanciert ist.
- Wir möchten aber auch sagen, was das Buch nicht ist:
- Das Buch geht nicht auf Standard-Projektmanagement-Verfahren, das Rüstzeug eines Projektleiters, wie von PMI (Project Management Institute 2004) oder GPM (GPM Deutsche Gesellschaft für Projektmanagement 2009) gelehrt, ein. Das Buch setzt dieses Rüstzeug nicht voraus. Wir empfehlen jedoch, sich mit diesem Rüstzeug auseinanderzusetzen.
- Das Buch geht insbesondere nicht auf IT-spezifisches Projektmanagement ein. Auf dem Markt sind zahlreiche gute Bücher vorhanden. Sie sind als ergänzende Lektüre wertvoll (Project Management Institute 2004; Kerzner 2008; Schelle et al. 2005).
- Ebenfalls nicht im Vordergrund dieses Buchs stehen „team-heilende" Maßnahmen, die dann zur Anwendung kommen, wenn grundsätzliche, schwerwiegende Meinungsverschiedenheiten oder Akzeptanzprobleme in einem Projektteam aufkommen und ein externes psychologisches Coaching angewendet werden muss. Die in diesem Buch beschriebenen Maßnahmen sollen vielmehr die Wahrscheinlichkeit für das Auftreten einer solchen Situation minimieren.

Wie viele Projektleiter macht sich Herr Priesberg über alles Gedanken, nur nicht über das Thema „Wissen" in Projektteams, denn Wissen wird ja schließlich immer ausgetauscht.
Viel wichtiger ist ihm die Auswahl der fachlichen Experten. Weiche Faktoren sind ihm als Forscher suspekt. Oder machen die vielleicht doch Sinn? Er beschließt, sich darüber erst

---

[1] Mit dem Begriff „systemische Umgebung" betonen wir die Einbettung eines Systems in seine Umgebung und die daraus resultierende gegenseitige Wechselwirkung. Durch sie ändern sowohl das System als auch die Umgebung ihre Eigenschaften. Es ist ein „neues" System und eine „neue" Umgebung entstanden.

mal keine weiteren Gedanken zu machen. Viel wichtiger ist es ihm, endlich rauszukriegen, wie er das Projekt erfolgreich beginnen und abschließen kann.

1.2 Was erwartet Sie in den weiteren Kapiteln?

Im nächsten Kapitel definieren wir die Erfolgsfaktoren eines Projektes. Nach einer Erläuterung zu Daten, Informationen und Wissen kommen wir zum zentralen Kapitel des Buches, in dem wir die Collective Mind Methode für die Beherrschung von Soft Skills in Projekten vorstellen. Wir werden ein Modell der Einflussfaktoren zum Aufbau einer gemeinsamen Wissensbasis, des Collective Mind, beschreiben. Anhand dieses Modells werden wir zeigen, wie die weichen Faktoren in Abhängigkeit vom Projekt ausgestaltet werden müssen, damit ein Projekt erfolgreich wird.

Ausgehend von dem Modell wird anhand der beschriebenen Einflussfaktoren gezeigt, wie die Erfolgsfaktoren von Projekten durch gezielte Maßnahmen während der Projektarbeit so beeinflusst werden können, dass der Projekterfolg abgesichert wird.

Anschließend zeigen wir die Bedeutung des Collective Mind für den Lebenszyklus eines Projektes.

Die Ausbildung einer wirksamen Kommunikation ist die zentrale Voraussetzung für die Ausbildung eines Collective Mind. Aus diesem Grunde gehen wir in einem eigenen Kapitel auf die typgerechte Kommunikation im Team ein.

In dem Kapitel *Führung in Projekten* beleuchten wir die Collective Mind Methode aus Sicht des Berufes Manager nach Malik (Malik 2006a) und zeigen die enge Verbindung von etabliertem Führungsverständnis und Collective Mind Methode (CM Methode).

Im Kapitel *Projektbeispiele* geben wir vier Beispiele zu unterschiedlichen Projekten.

Das Kapitel *Collective Mind und Projekterfolg* fasst zusammen, wie der Collective Mind aufgebaut sein muss, damit die Erfolgsfaktoren erreicht werden.

Scoring: Wie fit ist Ihr Projekt gibt eine Anleitung zur Benutzung des von uns entwickelten Projekttests (OK-Ampel-Test). Dieser Test erlaubt die Beurteilung eines Projektzustandes auf der Basis von Fragen, die sich aus der Anwendung der CM Methode ergeben: Der OK-Ampel-Test erlaubt das Messen der Erfolgswahrscheinlichkeit eines Projektes. Darüber hinaus können damit Schwachstellen erkannt werden, um anschließend Schritte zur Behebung einzuleiten.

Das Kapitel *Best Practices* orientiert sich am Fragenkatalog des OK-Ampel-Tests und enthält einige praktische Anwendungsbeispiele der CM Methode.

Das Buch schließt mit einem Fazit und folgenden Anhängen: einer Tabelle der MBTI-Typen, einem Glossar, das zentrale Begriffe des Buches enthält, dem OK-Ampel-Test, dem Literaturverzeichnis und dem Stichwortverzeichnis.

Die im Buch zusammengetragenen Erfahrungen und Muster basieren auf Projekten der Autoren aus den Bereichen Geschäftsgestaltung, Geschäftsprozessmodellierung, Wissensmanagement, Forschung und Entwicklung, Business-IT Alignment und IT-System-Konzeption und -Erstellung. Die Projektteamgröße lag im Mittel bei 5–8 Mitgliedern und reichte bis zu 25 Mitgliedern. Der gesamte Stakeholderkreis, also der Personenkreis, der von dem Projekt betroffen ist, lag im Mittel bei 100 Personen und reichte bis maximal 300 Personen.

Kapitel 2
Erfolgsfaktoren eines Projektes

In diesem Kapitel werden die Faktoren beschrieben, anhand derer ein Projekt als erfolgreich beurteilt wird. Diese Erfolgsfaktoren sind:

- **Wertbeitrag zur Organisation**
- **Stakeholderzufriedenheit**
- **Anpassung an das Stakeholderumfeld**
- **Nachhaltigkeit der Lösung**
- **Budgeteinhaltung**

> *Auf einem Kick-off-Meeting trifft sich das Projektteam zum ersten Mal. Es handelt sich neben Heiner Priesberg um Peter Schnell, den Chemiker, Bernd Pfiffig, den Mediziner, der für die Durchführung klinischer Tests verantwortlich ist, Hans Meier, den IT-Entwickler und Wolfgang Kurz, den Datenmanager. Zudem ist noch Silke Kaluza, eine Toxikologin, mit an Bord. Heiner Priesberg merkt schnell, dass die unterschiedlichen Kollegen verschiedene Zielrichtungen verfolgen.*
>
> *So ist Peter Schnell es gewohnt, in Datenbanken nach chemischen Strukturen zu suchen. Ergebnisse müssen in einem ganz bestimmten Format angezeigt werden, sonst kann er die Muster nicht richtig interpretieren. Bernd Pfiffig möchte hingegen möglichst viele biologische Daten aus den klinischen Tests in einem flexiblen Format berichtet haben. Chemische Strukturen interessieren ihn nicht wirklich.*
>
> *Silke Kaluza hat die hohen gesetzlichen Anforderungen an toxikologische Studien im Hinterkopf. Für sie ist es wichtig, dass keine unberechtigten Personen Zugang zu bestimmten Daten haben.*
>
> *Hans Meier und Wolfgang Kurz kennen sich aus früheren Projekten. Sie sind technologieorientiert und sehen das Projekt als eine Herausforderung, endlich die neuentwickelte MEDIC Java-Klassenbibliothek einzusetzen.*
>
> *Für jeden scheint es andere Erfolgsfaktoren zu geben, und ach ja, dann gibt es noch die 100 zukünftigen Benutzer....*

Wir sprechen von einem erfolgreichen Projekt, wenn folgende Faktoren positiv bewertet werden:

- Unter gegebenen Projekt-Rahmenbedingungen, wie z. B. Zeit, Kosten und Ressourcen, liegt zu einer Aufgabenstellung mindestens eine wertbeitragende Lösung vor.
- Alle vom Projekt betroffenen Personen, die Stakeholder, sind mit der bevorzugten Lösung zufrieden.

- Die Lösung passt zum jeweiligen Umfeld der Stakeholder.
- Die Lösung ist nachhaltig.
- Die Lösung steht in den vereinbarten Kosten und in der vereinbarten Zeit bereit.

Dies führen wir aus:

Unter gegebenen Projekt-Rahmenbedingungen, wie z. B. Zeit, Kosten und Ressourcen, liegt mindestens eine wertbeitragende Lösung vor. Es ist sicherlich nicht einfach zu beurteilen, ob zu einer Aufgabenstellung eine Lösung vorliegt. Wie die meisten von uns aus der Schulzeit oder der Ausbildung wissen, beginnt das Erfassen der Aufgabenstellung schon mit einer mehr oder weniger persönlichen Interpretation der Aufgabenstellung. Entsprechend unterschiedlich können die Lösungswege und auch die Lösungen sein. Von einer wertbeitragenden Lösung sprechen wir, wenn die Lösung zu einer Steigerung der Wertschöpfung der Organisation führt.

Eine wertbeitragende Lösung kann eine Standardlösung sein, die hilft, Prozesse oder Produkte zu optimieren oder zu verbessern und damit Kosten einzusparen. Der Wertbeitrag einer innovativen Lösung besteht darin, dass völlig neue Prozesse, Strukturen oder Produkte entstehen.

Alle vom Projekt betroffenen Personen, die Stakeholder, sind mit der bevorzugten Lösung zufrieden. Lösungen, die in Projekten erarbeitet werden, werden von Menschen für Menschen erarbeitet. Diejenigen, die die Lösung erarbeiten, und diejenigen, die von der Lösung in irgendeiner Form betroffen sind, gehören zu den Stakeholdern der Lösung. Ein Projekt wird nur dann als erfolgreich angesehen, wenn die Mehrheit aller Stakeholder mit der angestrebten Lösung zufrieden ist und keine ausgewiesenen Gegner der Lösung vorhanden sind. Ein Projekt hat mindestens zweimal eine Akzeptanzbarriere zu überwinden: Die erste Barriere liegt vor, wenn die Teammitglieder gemeinsam eine Lösung finden sollen und dies auf der Basis ihrer unterschiedlichen Herkunft, Erfahrung und Temperamente erfolgt. Die zweite Barriere tritt auf, wenn die vom Team erarbeitete Lösung von den Menschen der involvierten Organisationen akzeptiert und implementiert werden soll.

Die Lösung passt zum jeweiligen Umfeld der Stakeholder. Dieser Erfolgsfaktor berücksichtigt, dass die Lösung zu den betroffenen Strukturen und Interessen der betroffenen Organisationen passt. In den seltensten Fällen berücksichtigt eine vom Projektteam erarbeitete Lösung die Bedürfnisse aller involvierten Organisationen gleichermaßen. Es ist aber sicherzustellen, dass eine Lösung insgesamt als Verbesserung akzeptiert wird. Dies ist ein sehr kritischer Punkt, der verlangt, dass genau hinterfragt wird, ob wirklich alle Stakeholder (-gruppen) in die Lösung mit einbezogen wurden. Häufig ergeben sich Akzeptanzprobleme, wenn Stakeholdergruppen übersehen oder in ihrer Bedeutung für das Projekt unterschätzt werden.

Die Lösung ist nachhaltig. Lösungen haben üblicherweise einen Lebenszyklus und damit eine „übliche Lebenszeit". Wir sprechen von einer nachhaltigen Lösung, wenn die Lösung diese „übliche Lebenszeit" überdauert, also kleine Änderungen der zugrundeliegenden Anforderungen oder Aufgabenstellung keine völlig neue Lösung erforderlich machen. Für größere IT-Systeme liegt die „übliche Lebens-

2 Erfolgsfaktoren eines Projektes

zeit" bei ca. 7–10 Jahren. Organisationsänderungen überdauern üblicherweise 3–5 Jahre.

Die Lösung steht in den vereinbarten Kosten und der vereinbarten Zeit bereit. Dies ist *die* klassische Forderung an das Projektmanagement und kann mit dem Handwerkszeug eines Projektleiters sichergestellt werden, sofern das Projektteam in der Lage ist, eine Aufgabenstellung zu definieren und diese gemeinsam umzusetzen. Es ist dabei zu beachten, dass Budgets und Zeitpläne revidiert werden können und müssen. Die wesentliche Aussage ist, dass es eine sinnvolle Obergrenze an Zeit und Kosten gibt, die nicht überschritten wird. Beispielsweise sollte das Investitionsvolumen des Projektes den erwarteten Wertschöpfungsbeitrag deutlich unterschreiten.

Kapitel 3
Daten, Information und Wissen

Die Erarbeitung von Wissen im Projektteam steht bei jedem Projekt im Vordergrund. Dieses Wissen dient dazu, die Projektaufgabe umzusetzen. Häufig wird jedoch von Wissen gesprochen, wenn nur Information und Daten gemeint sind. Wir möchten daher zur Vermeidung von Missverständnissen an dieser Stelle eine Definition von Wissen, Information und Daten geben, die sich als sehr praxistauglich erwiesen hat (z.B. Prusak 2006, Köhler 2007). Die hier aufgeführten Definitionen setzen sich zu den häufig in der Literatur vorkommenden Definitionen bewusst ab. Wir wollen Daten, Information und Wissen anhand ihrer prinzipiellen Wesensmerkmale unterscheiden.

Daten definieren wir als jegliche Form alphanumerischen Codes. So handelt es sich beispielsweise, wie in der nachfolgenden Abbildung dargestellt, bei „AHBS BS AHC ACXA" um Daten. Auch „23°C" ist ein Datum. Ebenso bestehen z.B. Lehrbücher aus der Chemie oder Physik aus alphanumerischen Codes, die in diesem Sinne ebenfalls Daten sind.

Daten werden erst zu **Information,** wenn sie in einem Kontext interpretierbar sind. Unter einem Kontext verstehen wir ein Interpretationsschema, welches es Personen ermöglicht, die Daten in einem Sinnzusammenhang zu „lesen". Handelt es sich um mehrere Personen, so können Daten gemeinsam interpretiert werden, wenn diese Personen einen gemeinsamen Kontext aufgebaut haben. Man denke hier an verschlüsselte Botschaften: Ein verschlüsselter Text kann nur von den Personen entziffert werden, die den Schlüssel kennen.

In Abb. 3.1 besteht beispielsweise der Kontext in der Vertauschung der Buchstaben T gegen A, I gegen B und E gegen C. Liest man die Daten unter diesem Kontext, so ergibt sich „THIS IS THE TEXT". Ein der englischen Sprache kundiger Mensch (auch das Beherrschen einer Sprache ist ein Kontext, ein Schlüssel) wird diesen Satz interpretieren können.

Auch ist das Datum „23°C" sofort interpretierbar, wenn ich weiß, dass dieser Wert von einem Thermometer in meinem Wohnzimmer erzeugt worden ist. Ohne diesen Kontext ist dieses Datum nutzlos.

Ebenso ist ein Lehrbuch der Chemie oder Physik in den Händen eines naturwissenschaftlich völlig unbedarften Menschen schlichtweg nutzlos. Das gilt insbesondere dann, wenn es sich um theoretische Abhandlungen mit vielen Gleichungen

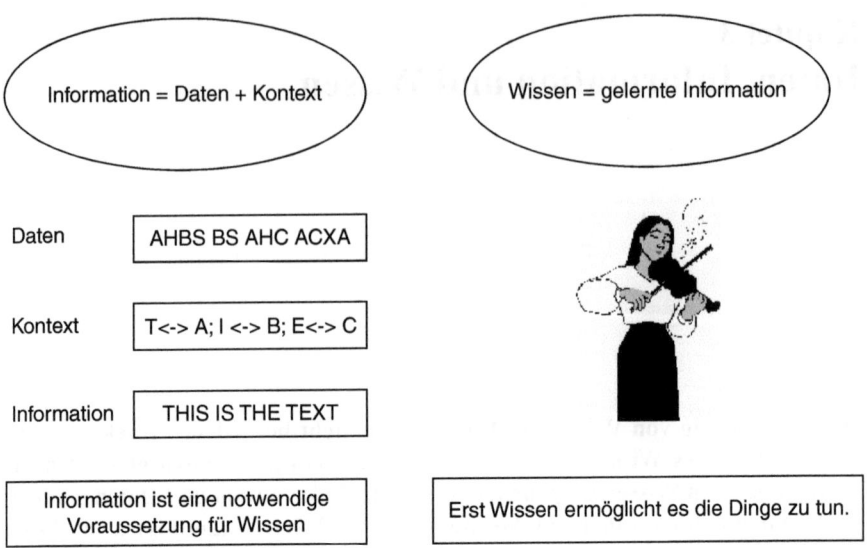

Abb. 3.1 Daten, Information und Wissen

handelt. Auch hier werden diese Daten (der Text und die Symbole der Gleichungen) erst wieder zu Information, wenn dem Lesenden ein Kontext bekannt ist.

So werden die meisten Lesenden unter Ihnen vermutlich die Zeichenfolge

$$\left(-\frac{\hbar^2}{2m}\nabla^2 - \frac{e^2}{r}\right)\psi = i\hbar\dot{\psi}$$

zu Recht als sinnlos interpretieren, aber ein Studierender der Physik wird hierunter sofort die Schrödingergleichung für das Wasserstoffatom erkennen und wissen, dass man damit das Spektrum, also die möglichen auftretenden Energieniveaus des Wasserstoffatoms berechnen kann.

Was wir hier herausstellen möchten, ist die Tatsache, dass Information nur durch die Wechselwirkung eines Menschen mit Daten entsteht. Wenn Menschen verschiedene Kontexte haben, werden dieselben Daten unterschiedlich interpretiert. Es ist also bei der Erarbeitung einer gemeinsamen Informationsbasis essentiell, einen einheitlichen Kontext aller beteiligten Personen herzustellen. Dann nämlich können Daten, seien es Temperaturen, Wirkungen von Medikamenten, chemische Strukturformeln oder auch ganze Bücher, einheitlich interpretiert werden.

Daten können in Systemen gespeichert und dadurch an Personen weitergegeben werden. Ob diese Daten dann auch sinnvoll interpretiert werden können, hängt in erster Linie von dem verwendeten Kontext und der Qualität der Daten ab. Ein IT-System „verwandelt" Daten nur dann in Information, wenn es einen Kontext übermitteln kann, dieser also im System vorher von Personen implementiert wurde.

3 Daten, Information und Wissen

Beispielsweise kann das oben aufgeführte Datum „23 °C" in eine Datenbank eingestellt werden, in der sich die Zimmertemperaturen eines bestimmten Wohnzimmers in einem bestimmten Haus befinden. Liefert die IT-Anwendung diese Information mit, so können diese Daten als Information, also „Innentemperatur dieses Wohnzimmers", interpretiert werden.

Wissen definieren wir als gelernte Information. Anknüpfend an unser Beispiel wird der Studierende der Physik viel Adrenalin bilden, wenn er in einer Klausur sitzt und nicht weiß, wie er mit der Berechnung des Energiespektrums des Wasserstoffatoms beginnen soll, falls ihm der Umgang mit den so genannten Kugelflächenfunktionen fehlt, die der Schlüssel für die Vereinfachung der Berechnung sind. Er muss diesen Umgang vorher *geübt*, also trainiert haben, sonst nützt ihm die pure Erkenntnis, dass es sich um die Schrödingergleichung des Wasserstoffatoms handelt, überhaupt nichts.

Ebenso kann nur diejenige Person über chemische Strukturen Wissen besitzen, die vorher in ausreichender Labortätigkeit gelernt hat zu verstehen, wie diese Strukturen in Form von Substanzen reagieren und welche Reaktionen zu einem gewünschten Resultat führen und welche nicht. Aus diesem Grunde gibt es in Ausbildungen und Studiengängen so viele praktische Übungen, seien es Laborpraktika oder die selbstständige Bearbeitung von Aufgaben.

In Abb. 3.1 ist das durch die Geigenspielerin angedeutet: Noten lesen lernen kann prinzipiell jeder, das virtuose Beherrschen einer Geige (obwohl deren „Bedienung" relativ trivial ist) lernt man nur durch intensives Üben und entsprechendes Talent.

Für den Wissensaustausch in Projektteams bedeutet dies, dass in jedem Projekt ein erheblicher gemeinsamer Lernprozess stattfinden muss, wenn das Projekt erfolgreich sein soll.

Das kann dazu führen, dass Programmierer eine Zeitlang in einem chemischen Labor „arbeiten", um zu verstehen, wie eine geplante IT-Anwendung einen Chemiker wirklich unterstützen kann. Ebenso ist es wichtig, dass die zukünftigen Benutzer frühzeitig in die Erstellung der Module der IT-Anwendung einbezogen werden und diese beispielsweise testen, um so den Entwicklern Rückmeldung in Bezug auf deren Verwendbarkeit zu geben.

Die Erarbeitung gemeinsamen Wissens beinhaltet zum großen Teil die Herstellung gemeinsamer Kontexte und die Erarbeitung neuen Wissens, also das Lernen, das Verinnerlichen neuer Information. Somit sind Informationsplattformen (im Fachjargon „Wissensmanagementtools" genannt) wirkungslos, wenn kein Raum zur Schaffung von gemeinsamem Kontext und zum Erarbeiten neuen Wissens vorhanden ist.

Das gilt besonders für Ideen- oder Kommunikationsplattformen. Hier ergibt sich eine paradoxe Situation: Wird die Plattform als ausschließlicher Kommunikationskanal verwendet, dann können gerade dort komplexe Sachverhalte nur schwer gemeinsam erarbeitet werden. Durch die verschiedenen Kontexte der Benutzer interpretieren diese die Beiträge unterschiedlich und missverständlich, wodurch es nicht direkt zu einer gemeinsamen Sichtweise kommt. Werden beispielsweise in

IT-Projekten Ideen- oder Kommunikationsplattformen eingesetzt, mit deren Hilfe die Entwicklung einer Software vorangetrieben werden soll, bilden sich in der Plattform häufig lange Diskussionen mit vielen Rückfragen heraus. Dies kann den Lösungsfindungsprozess erheblich verlangsamen. Trotzdem würde jeder, der den Nutzungsgrad eines solchen Systems messen soll, sagen, dass es gut benutzt wird, da ja viele Beiträge in dem System sind.

Ein Ideenforum hingegen, bei dem nach der Einstellung einer Idee ein persönlicher Kontakt zwischen bis dato unbekannten Kollegen zustande kommt, ist wirkungsvoller, auch dann, wenn nur dieser eine Kontakt erfasst wird und alle weiteren Aktivitäten außerhalb des Systems liegen. Der Nutzungsgrad scheint somit gering, das Tool scheint also nutzlos zu sein, obwohl aus diesem persönlichen Austausch eine Fragestellung zügig bearbeitet werden kann.

Abschließend möchten wir hier noch einige Anmerkungen zum Thema Wissensmanagement machen.

Häufig wird das Benutzen von Informationssystemen (wie beispielsweise Dokumentenmanagementsystemen) vereinfachend als Wissensmanagement bezeichnet. Den meisten Personen, welche diese Lesart verwenden, ist eigentlich klar, dass dies unsauber oder gar falsch ist.

Die Bedeutung des Begriffes „Wissensmanagement" hängt davon ab, was damit erreicht werden soll:

Soll in einem Projekt ein gemeinsames theoretisches Konzept erarbeitet werden (der Anteil an Daten ist also gering), so umfasst Wissensmanagement hier die Erarbeitung von Wissen in regelmäßigen Projektteamsitzungen durch ein lernendes Projektteam.

Sollen hingegen in einem Projekt klinische Studien ausgewertet werden, um die behördliche Zulassung eines Medikaments zu erhalten, so umfasst das Wissensmanagement das gesamte Spektrum an Datenmanagement zur Speicherung und Aufbereitung der Daten mit statistischen Methoden, das Informationsmanagement zur gemeinsamen Aufbereitung der Zulassungsdossiers sowie ein lernendes Projektteam, das die anstehenden Aufgaben gemeinsam löst. Ein für das Wissensmanagement verantwortlicher Mensch, also ein Wissensmanager, hat in diesem Fall für zwei Aufgaben zu sorgen: Es müssen hinreichend funktionstüchtige IT-Systeme vorhanden sein und benutzt werden, um Informationen zu verarbeiten, und dem Projektteam ist genügend Raum zum lernenden Austausch zu geben. Der Wissensmanager hat sicherzustellen, dass die Projektteamsitzungen ergebnisreich sind. Im weiteren Verlauf des Buches zeigen wir, dass die Collective Mind Methode diese verschiedenen Aufgaben bündelt.

Wissensmanagement kann also unterschiedliche Ausprägungen haben, je nachdem wofür es unterstützend eingesetzt wird. Das Ziel ist aber immer das Gleiche: Die Schaffung einer gemeinsamen Wissensbasis zur Lösung einer Aufgabenstellung.

Kapitel 4
Der Lebenszyklus eines Projektes

Ein Projekt durchläuft während seiner Lebensdauer verschiedene Phasen. In diesen verschiedenen Phasen zeigt es unterschiedliche Ausprägungen, die ihrerseits geänderte Anforderungen an die beteiligten Personen stellen. Daher ist es wichtig zu wissen, in welcher Phase sich ein Projekt befindet und wie sich diese Ausprägungen charakterisieren lassen. In diesem Kapitel werden die verschiedenen Phasen und ihre Eigenschaften definiert und erläutert.

Nachdem das Kick-off-Meeting stattgefunden hat, zieht sich Heiner Priesberg frustriert in sein Büro zurück. Petra Nilles, eine seiner tüchtigsten Laborantinnen, kommt zur Tür herein.

„Herr Priesberg, ich bin so froh, dass wir bald eine neue globale Datenbank bekommen. Ich ertrinke in Excel-Tabellen. Außerdem ist es für unser Labor essentiell, zu sehen, welche Daten die Nachbarlabors erhoben haben. Wir warten schon sehr lange darauf. Wie war denn das Meeting vorhin?"

Heiner Priesberg entgegnet müde: „Mein Gott! Bis heute morgen war die Welt noch in Ordnung. Aber dann. Alle wollen was anderes. Aber alle wollen eine schnelle Lösung. Ich denke, wir sollten den Vorschlag von den IT-Kollegen annehmen und einfach losprogrammieren. Deren Technologie ist bestimmt so flexibel, dass wir all diese Wünsche hinkriegen. Naja, und wenn die einen oder anderen halt Sonderwünsche haben, dann sollen die sich eben nicht so anstellen!"

Petra Nilles schaut entsetzt in seine Richtung. „Herr Priesberg, Sie rennen einfach los. Glauben Sie, dass die erstbeste Richtung auch die erfolgreichste sein wird?" Er will gerade antworten, als plötzlich das Telefon klingelt. Der Name seines Hauptabteilungsleiters, Dr. Hartmut Frankenberg, steht auf dem Telefondisplay. Heiner Priesberg nimmt ab.

„Ja, Herr Priesberg, schön das ich Sie erwische", sprudelt es aus dem Hörer. „Also, ich habe eben mit Peter Schnell gesprochen. Sie wissen ja, ein exzellenter Chemiker. Jahrgangsbester. Und er fand gleich zu Anfang bei uns einen Blockbuster, Sie wissen ja, Bloodown, den Blutdrucksenker. Damit verdienen wir jetzt unser Geschäft. Weltweit! Ich will, dass dieses Datenbankprojekt gnadenlos schnell und kostengünstig exekutiert wird. Wir brauchen Wirkstoffe und die finden wir hoffentlich schneller mit Hilfe einer soliden Datenbasis!"

Priesberg will fragen, wie die Datenbank aus Sicht von Hartmut Frankenberg aussehen könnte und antwortet, „Ja aber..."

„Naja, dann sind wir uns einig. Wie auf dem Steering Commitee beschlossen: Sie haben ein Jahr Zeit! Keinen Tag länger. Machen Sie's gut. Ach übrigens, unterhalten Sie sich mal mit Tobias Ehrlich."

„Und, was meint Herr Frankenberg?", fragt Petra Nilles, nachdem das Gespräch beendet ist. „Nun ja", Priesberg räuspert sich verlegen, „wir haben die Rückendeckung des Managements und eine solide Finanzierung des Projektes."

Petra Nilles schüttelt den Kopf „Ich meine etwas anderes: Hat er Ihnen einen Hinweis gegeben, wie Sie am besten beginnen? Sie wissen ja: Herr Frankenberg wirkt auf den ersten Blick etwas burschikos, schaut aber weit über den Tellerrand hinaus." „Hm...er erwähnte, dass ich mich mal mit Tobias Ehrlich unterhalten sollte", erwidert Priesberg zögerlich.
„Gut!" Petra Nilles schnippt mit den Fingern und verabschiedet sich.
„Tobias Ehrlich", geht es Heiner Priesberg auf dem Heimweg durch den Kopf, „was will denn der Frankenberg damit bloß wieder? Das ist so ein komischer Ingenieur, der in viel zu weiten Jeans herumläuft und irgendwelche Strahlungsversuche macht. Phh, ich hab Wichtigeres zu tun als mich mit diesen Daniel Düsentriebs zu treffen. Zum Beispiel: Wie krieg ich dieses blöde Projekt strukturiert?"

Bevor wir mit der Typisierung der Soft Skills beginnen, definieren wir die Phasen, die jedes Projekt durchläuft. Damit wollen wir einen zeitlichen Bogen über den Lebenszyklus eines Projektes spannen. Denn meist denkt man bei Projekten nur an eine Phase – die Phase der Lösungsfindung. Für ein erfolgreiches Projekt ist aber die Berücksichtigung aller Phasen notwendig.

Abbildung 4.1 illustriert die zeitliche Abfolge der Phasen (da für zwei Phasen, Setting und Roll-Out, üblicherweise eine englischsprachige Bezeichnung gewählt wird, haben wir uns entschieden, dies auch für die anderen Phasen zu tun).

Wir definieren im Folgenden die Projektphasen:

Initialisation: In der Initiierungsphase wird die Idee für das Projekt, meistens aus einem Mangelbedürfnis heraus, geboren. Zum Beispiel erfüllt ein Produkt oder eine Organisation im Kontext geänderter Rahmenbedingungen nicht mehr die Anforderungen, die daran gestellt werden. Es liegt also eine Aufgabenskizze vor. Sehr oft wird in dieser Phase der grobe Rahmen (Aufgabenstellung, Kosten, Zeit) skizziert und entschieden, ob die Aufgabenskizze als Projekt weiterverfolgt werden soll.

Setting: Aufgabenskizzen, die weiter verfolgt werden sollen, treten in die Phase des Projektsettings ein. Dies ist die Phase, in der erste zentrale Weichen für den Erfolg oder Misserfolg gestellt werden. Wir sprechen von Setting, weil Strukturen für das Projekt aufgesetzt werden, die später nur mit Verlusten geändert werden können. Dies sind insbesondere die Projektorganisation, die Projektmitgliederauswahl, die Vorgehensweise und eine erste grobe Zieldefinition.

Solution Search: Nach der Setting-Phase folgt die Phase, die sehr oft mit dem Beginn eines Projektes gleichgesetzt wird, da hier die eigentliche inhaltliche Arbeit an der Aufgabenstellung beginnt. Diese Phase der Lösungsfindung kann je nach verwendetem Vorgehensmodell in unterschiedliche (Sub-) Phasen gegliedert sein. Im Kontext von IT-Projekten kommt oft das sogenannte Wasserfallmodell zum Einsatz, das streng nach Konzeption und Umsetzung der Lösung trennt. Da mit dem

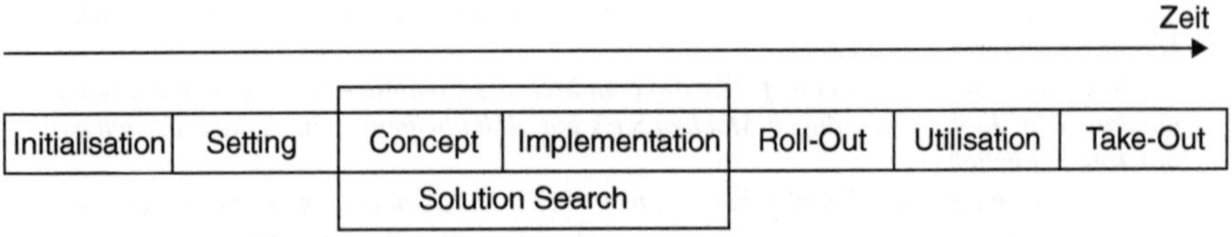

Zeit

Initialisation	Setting	Concept	Implementation	Roll-Out	Utilisation	Take-Out
		Solution Search				

Abb. 4.1 Projektphasen

Erarbeiten einer Lösung „Neuland" betreten und damit „Altland" verlassen wird, ist das Erarbeiten der Lösung für die Projektmitglieder mit einem Übergangsprozess (Change- und Transition-Prozess: Bridges 2003) verbunden. Dies ist nach der Setting-Phase der zweite kritische Zeitraum, in dem über den Erfolg eines Projektes entschieden wird. Diese Phase ist, wie wir später sehen werden, zentral mit der Ausbildung des Collective Mind verbunden.

Roll-Out: Liegt eine Lösung in Form eines Konzeptes, also eines IT- oder Organisations-Systems vor, beginnt die Phase, in der die Lösung das Projektteam verlässt und von anderen Mitgliedern der beteiligten Organisation oder den beteiligten Organisationen aufzunehmen ist, die bisher nicht oder nur sehr wenig damit in Berührung gekommen sind. Die Lösung fordert von diesen Menschen eine Auseinandersetzung mit etwas Neuem und damit beginnt ein weiterer Übergangsprozess, der bei entsprechend falschem Management eine schöne Lösung auf den Lösungs-Friedhof bringen kann.

Utilisation: Falls die Lösung akzeptiert wird, bekommt sie hiernach den Status eines Systems. Die Menschen beginnen die Lösung als das System zu akzeptieren, in dem, mit dem und manchmal auch für das sie zu leben beginnen. Dieses System ist nach Jahren der Nutzung Ausgangspunkt für Verbesserungen und damit für neue Projekte, die die Unzulänglichkeiten des bisherigen Systems überwinden wollen.

Take-Out: Das System wird stillgelegt und gewisse Eigenschaften oder Daten leben in einem (vielleicht) neuen System weiter. Hierzu gehört z. B. die Migration von Nutzdaten in das Nachfolgesystem.

Kapitel 5
Die gemeinsame Wissensbasis – der Collective Mind

In diesem Kapitel führen wir den Collective Mind als gemeinsame Wissensbasis eines Projektes ein. Wir erläutern, wie er als Werkzeug hilft, ein Projektteam auf eine Lösung zu fokussieren. Durch bestimmte weiche Faktoren wird der Collective Mind im Projektteam ausgebildet. Diese weichen Faktoren werden über eine Typologie in einem Modell abgebildet und messbar gemacht. Dieses Modell ist der Leitgedanke der Collective Mind Methode.

Auf dem Gang zur Kantine sieht Heiner Priesberg zufällig, wie Tobias Ehrlich ein paar Mal ein kleines Plastikgehirn in die Luft wirft und auffängt. Er schaut ihn misstrauisch an: „Na, was soll das denn sein? Gehirnjogging?"

„In gewisser Weise, vielleicht", grinst Ehrlich zurück. Dabei wischt er sich mit der rechten Hand seine blonde Mähne nach hinten. „Also...wir sehen immer nur unser Hier und Jetzt. Ich bin da. Ich stehe vor Ihnen. Klar! Aber was denke ich und werde ich in den nächsten Minuten machen, los, Priesberg, was wohl?"

„Ich nehme an, Sie werden ihr kleines Gehirn weiter in die Luft werfen", entgegnet Priesberg genervt, lässt es sich aber nicht allzu sehr anmerken. „Falsch!" Ehrlich lacht laut, so laut, dass sich die vorbeigehenden Kollegen umdrehen. „Ich werde essen gehen. Sehen Sie, Priesberg, jeder von uns hat eine andere Vorstellung. Und jeder sieht die Dinge anders! Manchmal gibt es Situationen, da müssen wir die Dinge alle gleich sehen. Das ist das Problem! Und darüber mache ich mir gerade Gedanken. Kommen Sie mit, was futtern. Da können wir weiter reden."

Priesberg will gerade zusagen, um damit gleich der lästigen Bitte von Frankenberg nachzukommen, als sein Handy klingelt. Nachdem er das Gespräch beendet hat, antwortet Priesberg: „Leider muss ich zurück ins Labor, einer unserer Fermenter spielt verrückt. Wir haben Nebenprodukte, die unerklärlich sind."

Ehrlich lacht. „Kein Problem, wir werden uns wiedersehen." Er wirft Priesberg das Plastikgehirn zu. Der fängt es auf und verabschiedet sich knapp.

„Nehmen Sie es, um sich schon mal mit dem Collective Mind anzufreunden" ruft Ehrlich dem sich schnell entfernenden Heiner Priesberg nach.

Wir nähern uns der Beantwortung der Fragestellung „Was sind die entscheidenden Einflussfaktoren für die Sicherstellung des Projekterfolgs?", indem wir *die zentrale Projektphase „Solution Search"* betrachten. In dieser Phase treffen sich Menschen mit unterschiedlicher Vorbildung, Erfahrung und Zielsetzung, um eine Aufgabenstellung zu analysieren und zu formulieren sowie eine passende Lösung zu erarbeiten.

Diese Menschen stehen vor der schwierigen emotionalen Aufgabe, ihr bisheriges Umfeld, ihr System oder ihre Produkte in Frage zu stellen, um diese gegen etwas Neues, das sie selbst aus der Taufe heben, einzutauschen.

In vielen Fällen wird bewusst oder unbewusst zuerst eine Abwehrhaltung existieren, denn Neues ist mit äußeren und inneren Veränderungen für Menschen verbunden, denen sie sich meistens instinktiv widersetzen. So paradox es klingt, das Projektteam muss ein „Vehikel" finden, das das Aufgeben des Alten und die Annahme des Neuen unterstützt. Ein „Vehikel", das dafür sorgt, dass in der Übergangszeit zwischen „Aufgeben des Alten" und „Annahme des Neuen", das Neue in die Vorstellungswelt der Teammitglieder dringt.

Dieses „Vehikel" ist der Collective Mind. Darunter verstehen wir das gemeinsame, abstrahierte Verständnis einer Aufgabenstellung und deren Lösung durch ein Projektteam. Die Erfahrung zeigt, dass Projektteams dann erfolgreich sind, wenn alle Mitglieder ein gemeinsames Verständnis der Projektinhalte und der durchzuführenden Maßnahmen zur Erreichung des Projektziels haben. Anders ausgedrückt: Existieren verschiedene (konkurrierende) Vorstellungen innerhalb eines Projektteams, so besteht eine große Wahrscheinlichkeit, dass das Projektziel nicht erreicht wird. Es wird kein gemeinsames Wissen erzeugt, welches später in Arbeitsschritte umgesetzt werden kann.

Das mag zunächst trivial erscheinen. „Klar, natürlich müssen alle das gleiche Verständnis haben, sonst wird nichts erreicht", denken Sie jetzt sicher. Aber hier möchten wir ein Saatkorn des Zweifels säen: Ist „gleiches Verständnis" ein Begriff, mit dem wir naiv und unbekümmert umgehen können – etwas, das sich automatisch einstellt? Ist hier nur die individuelle Fachkompetenz gepaart mit analytischer Intelligenz ausschlaggebend?

In der Praxis hat der CM unterschiedliche Ausprägungen. Er ist aufgaben- und projektteamspezifisch und wird durch das professionelle Arbeitsumfeld der Teammitglieder bestimmt. Beispielsweise wird ein IT-Projektteam zur Erarbeitung einer neuen Anwendung ein Facharchitekturbild (als Repräsentation) des CM wählen. Ein Facharchitekturbild eines IT-Systems enthält die wesentlichen fachlichen Komponenten des Systems sowie deren Zusammenwirken und ist so zu konstruieren, dass die notwendigen Arbeitsschritte zur Erreichung der Lösung abgeleitet werden können. Ein wissenschaftliches Projektteam aus der Chemie könnte dagegen eine Strukturformel oder ein Reaktionsschema als CM wählen. Wichtig ist, dass der CM alle als wesentlich empfundenen Aspekte der Aufgabenstellung und der Lösung enthält.

Da der CM aufgaben- und projektteamspezifisch ist, ist eine allgemeingültige Definition als Konstruktionsanleitung nicht möglich. Allerdings kann der CM durch das Auftreten einiger Merkmale charakterisiert werden. Dabei müssen Detaillierungsgrad und Darstellung sehr sorgfältig gegeneinander abgewogen werden. Wesentlich ist, dass der CM Projektfortschritt ermöglicht: Ein sehr abstraktes Bild lässt bei der Implementierung zu viele Fragen offen. Eine detaillierte Darstellung kann aufgrund der Komplexität nicht vollständig durchdrungen werden, erzeugt daher individuelle Vorstellungen bei den Projektteammitgliedern und wirkt der Zielsetzung entgegen. Generell kann man festhalten, dass ein CM durch die Reduktion auf das Wesentliche hilft, Komplexität zu beherrschen. Später werden wir das nötige Rüstzeug erarbeiten und Beispiele für den Collective Mind geben.

5.1 Der Collective Mind als Werkzeug

Mit Hilfe des Collective Mind kann und soll Projektfortschritt erzielt werden, der zur Lösung der Aufgabenstellung eines Projektes führt. Aus diesem Grunde zeigen wir, dass der Collective Mind sich fundamental von einer reinen Dokumentation unterscheidet und den Charakter einer Handlungsanweisung trägt.

Abstrakt gesprochen ist der Collective Mind ein Operator (ein Werkzeug), der angewendet in einer Teamsitzung die nachfolgend aufgeführten Funktionen erfüllt. Anschaulich stelle man sich vor, dass der Projektleiter oder Moderator auf einer Projektteamsitzung den Collective Mind beispielsweise in Form einer MS-Powerpoint-Folie auflegt und die Teammitglieder bittet, sich darauf zu beziehen:

- Der CM fokussiert die Sicht der Teammitglieder. Bei aufkommenden Diskussionen in Teamsitzungen hilft der CM schnell, die gemeinsame Sichtweise herzustellen oder Fragen zu schärfen und zu klären.
- Der CM löst bei den Teammitgliedern die nahezu gleichen Assoziationen aus. Dies erleichtert den Projektfortschritt durch eine störungsfreie Kommunikation.
- Der CM erlaubt die Synchronisation und Integration von Teammitgliedern, die nicht an allen vorherigen Teamsitzungen teilgenommen haben.
- Der CM erlaubt die Vermittlung der wichtigsten Lösungsaspekte an neue Teammitglieder. In vielen Fällen ist der CM für neue Teammitglieder eine Konfrontation, hilft damit aber bei entsprechender Teammoderation, potentielle Konflikte sehr früh sichtbar zu machen und erleichtert die Eingliederung der Teammitglieder. Dies kann bedeuten, dass
  – fehlende Aspekte der Lösung sichtbar werden und damit hinzugefügt werden können,
  – die Integrationsfähigkeit eines Teammitgliedes schnell mit vertretbarem Aufwand festgestellt werden kann.

Wie sieht nun der materielle Teil eines Collective Mind aus? Positive Praxisbeispiele bestehen meistens aus einer Kombination von Bild, Text und Semantik.

Hier einige Beispiele:

- Die visuelle Darstellung von Prozessen, Architekturen und Rollen, mit dem Ziel ein gemeinsames, einfaches Bild zu erhalten,
- eine Semantik oder ein Glossar, um eine gemeinsame Begriffswelt zu erhalten,
- ein kurzes, prägnantes Strategiepapier, um ein gemeinsames Ziel und einen Weg zum Ziel zu beschreiben,
- eine Metapher, um eine gemeinsame Vorstellung zu bündeln. (Im vorliegenden Fall dieses Buches haben wir die Metapher „Collective Mind" für unsere Erarbeitung des Buches und die Kommunikation mit Ihnen, dem Leser, gewählt).

Hier einige Beispiele, die nicht als Collective Mind geeignet sind:

- Ein detailliertes Pflichtenheft: Dies widerspricht der zentralen Forderung nach Komplexitätsreduktion, denn der Collective Mind muss zu jeder Zeit in einem Workshop von jedem Teammitglied direkt erfassbar sein, dieselben Assoziationen auslösen und einen Fokus auf die Lösung bilden.

- Eine heterogene Dokumentation: Auch heterogene Dokumentationen sind per se komplex und dienen deshalb nicht der Fokussierung auf eine Lösung. Sie sind für Personen als Nachschlagewerke geeignet, die schon über den CM in die Materie eingearbeitet sind und jetzt nach Details suchen.

Es sei betont, dass neben der visuellen und textlichen Ausprägung des CM die damit verbundene mentale Ausbildung der neuen Begriffswelt in den Köpfen der Projektteammitglieder entscheidend ist. Hierbei handelt es sich um den schwerer „einzuprägenden" Anteil des in dem Projekt generierten CM. Denn die neue Semantik ist zuerst abstrakt und muss über Lernen durch Assoziationen, die bei der Betrachtung des CM entstehen, trainiert werden.

5.2 Zur Bildung eines Collective Mind

„Seit einem Monat haben wir nichts Besseres zu tun, als hier ständig herumzudiskutieren." Genervt wirft Bernd Pfiffig den Kugelschreiber auf den teuren Holztisch im Konferenzraum. Der Stift hinterlässt eine kleine Kerbe. „Wir kommen keinen Millimeter weiter. Ich will doch nur meine Daten übersichtlich zusammenstellen können. Und Peter Schnell möchte seine Strukturen sehen. Jedes Mal muss ich immer wieder das Gleiche erzählen und die IT-Kollegen kommen immer mit anderen Argumenten."

Priesberg wischt sich den Schweiß von der Stirn und beißt die Zähne zusammen. Ein kurzer Schmerz breitet sich bis ins Gehirn aus. „Apropos Gehirn!" Er erinnert sich an das seltsame Gespräch mit Tobias Ehrlich, und plötzlich dämmert es ihm. „Wir diskutieren ohne Ende, uns fehlt tatsächlich eine gemeinsame Vorstellung des Projektes", geht es ihm durch den Kopf. „Und ich weiß nicht, wie ich das beeinflussen kann."

„Für heute machen wir Schluss!", ruft er in die verdutzte Menge. Die Kollegen brechen nach einem gewissen Zögern wortlos auf und Priesberg geht schnurstracks zum Büro von Tobias Ehrlich.

Ehrlich sitzt am Schreibtisch und tippt etwas in seinen Computer. „Kommen Sie herein, Herr Priesberg. Ich bin ein Jäger und bekomme alles mit. Zum Beispiel, dass Sie in mein Büro gekommen sind, ohne anzuklopfen." Priesberg betritt das Büro und lässt sich in einem etwas antiquiert anmutenden Drehsessel nieder. „Mir geht unser Gespräch nicht aus dem Kopf. Das mit dem Collective Mind oder wie Sie es genannt haben. Ich habe da so ein Projekt und ich glaube, dass wir einfach nicht weiterkommen. Ist es denn so schwer, ein paar Leuten verständlich zu machen, was wir in einem Projekt wollen?"

Ehrlich sieht Priesberg verwundert an und holt aus. „Menschen zur Zusammenarbeit zu bewegen ist ein dickes Brett. Ein sehr dickes sogar. Ich arbeite mit Synchrotronstrahlen, um eine neue Krebstherapie zu finden, Medizintechnik eben. Diese Synchrotronstrahlen sind sehr gefährlich. Ich muss die optimale Dosis finden. Und daraus eine Apparatur bauen lassen, die dann von medizinischem Personal bedient wird. Da denkt man schon mal darüber nach, wie man eine gemeinsame Vorstellung von den Dingen bekommt." Langsam versteht Priesberg seinen eigenartigen Kollegen. „Stimmt, eine falsche Strahlendosis kann den Tod bedeuten, wenn sie zu groß ist, oder keinen Effekt haben, wenn sie zu klein ist", murmelt er vor sich hin. Ehrlich steht auf, wischt notdürftig die Tafel frei und nimmt einen Stift in die Hand. „Herr Priesberg, es ist ein langer Weg, bis Sie einen Collective Mind erzeugt haben. Aber ich kann Ihnen etwas darüber berichten."

Der Collective Mind wird maßgeblich durch bestimmte Faktoren beeinflusst, die wir im Folgenden diskutieren. Je nachdem wie diese Faktoren eingestellt werden,

5.2 Zur Bildung eines Collective Mind

ergibt sich eine andere Ausprägung des Collective Mind. Dies kann für ein Projekt förderlich, aber auch nachteilig sein. Entscheidend ist, dass der Collective Mind zum Projekt passt, dass also die „richtigen" Inhalte und Zusammenhänge damit transportiert werden. Auf diesen wichtigen Aspekt werden wir an späterer Stelle detailliert eingehen.

Aufbauend auf unserer Projektpraxis konstruieren wir einen Basissatz an Einflussfaktoren. Diese Einflussfaktoren unterteilen wir in drei Kategorien:

- Einflussfaktoren, die man am Anfang eines Projektes ausgestaltet, die aber während der Projektlaufzeit weitgehend unverändert bleiben. Diese Einflussfaktoren fassen wir unter dem Begriff Projektsetting zusammen. Hierzu zählen die Auswahl der Teammitglieder nach Erfahrung, Kompetenz und Temperament sowie der Aufbau einer Projektorganisation.
- Einflussfaktoren, die durch äußere Rahmenbedingungen mit beeinflusst werden. Diese Einflussfaktoren fassen wir unter dem Begriff Projektumwelt zusammen. Hierzu zählen die Stakeholder, die nicht im Projektteam sind, und die am Projekt beteiligten Organisationen. Diese Einflussfaktoren können mit abrupten Ereignissen verbunden sein, wie z. B. einer Änderung der Teamzusammensetzung aufgrund von Organisationsänderungen.

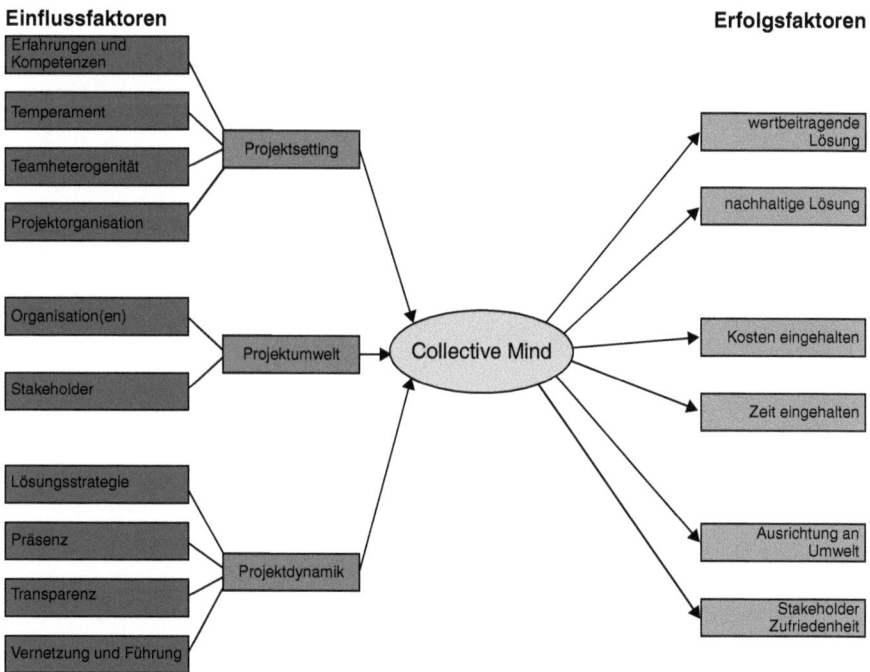

Abb. 5.1 Modell zur Bildung eines Collective Mind: Einflussfaktoren, Kategorien, Collective Mind und Erfolgsfaktoren

- Einflussfaktoren, die durch den Projektleiter und das Projektteam während der Projektlaufzeit, insbesondere in der Phase „Solution Search" aktiv gestaltet werden. Diese Einflussfaktoren fassen wir unter dem Begriff Projektdynamik zusammen. Hierzu zählen die Art und Weise, wie die Lösung gefunden wird (Lösungsstrategie), die Gestaltung der Teamzusammenkünfte (Präsenz), die Sichtbarkeit des Ziels und des gewählten Weges für alle Teammitglieder (Transparenz) sowie die Förderung der Kommunikation im Team und die Führung des Teams zum Ziel (Vernetzung und Führung).

Diese drei Kategorien von Einflussfaktoren – Projektsetting, Projektumwelt, Projektdynamik – betrachten wir hinsichtlich ihrer Auswirkungen auf die Ausbildung eines Collective Mind. Abbildung 5.1 verdeutlicht unser Modell: Die Einflussfaktoren sind so zu gestalten, dass sich ein Collective Mind ausbildet und die Erfolgsfaktoren einstellen.

Kapitel 6
Projektsetting

Einflussfaktoren sind Faktoren, die den Erfolg eines Projektes beeinflussen. Es ist die Aufgabe des Managements und der Projektleitung, diese so auszugestalten, dass Erfolg eintritt. In diesem Kapitel beschäftigen wir uns mit dem Projektsetting.

Die zum Projekt passende Ausgestaltung des Projektsettings ist von zentraler Bedeutung, da damit eine nicht umkehrbare Weichenstellung verbunden ist.

> *Priesberg sitzt entspannt auf dem Drehstuhl, als Tobias Ehrlich die Tafel auswischt. „Was denken Sie, Herr Priesberg, gibt es Faktoren, die man so einstellen kann, dass der Aufbau eines Collective Mind automatisch begünstigt wird?"*
>
> *„Naja, phh, vielleicht sollte man sich die Leute in einem Projektteam vorher genau ansehen, zum Beispiel welchen Hintergrund sie haben. Und dann ist es sicher auch wichtig zu wissen, wer welche Rolle in einem Projektteam bekommt, wie also die Hüte verteilt werden. Das sind zumindest die klassischen Punkte, die ich von früher her kenne."*
>
> *„Nicht schlecht", entgegnet Ehrlich, „schon mal 2 von 4 Treffer." Er schreibt die 4 Punkte auf die Tafel. „Heute wird ein langer Tag für Sie, lieber Priesberg. Wir werden die Punkte Schritt für Schritt durchgehen."*

Unter dem Projektsetting verstehen wir das Aufsetzen eines Projektes auf der Basis folgender Einflussfaktoren:

- Individuelle Erfahrungen und Kompetenzen
- Individuelles Temperament
- Teamheterogenität
- Projektorganisation

Es handelt sich dabei um Faktoren, welche vor der Projektdurchführung sehr sorgfältig durchdacht werden müssen. Hier sind vor allen Dingen das Unternehmensmanagement und der Projektleiter gefragt: Wie in dem Buch „Der Termin" von Tom DeMarco (DeMarco 1998) treffend beschrieben, wird eine Schlacht entschieden, bevor überhaupt der erste Angriff erfolgt ist. DeMarco beschreibt dabei die Rolle des General Patton, der eine Schlacht im zweiten Weltkrieg mit dem Fernglas beobachtet und erst zum Ende der Schlacht nur ein einziges Mal ins Geschehen eingreift. Die Ausarbeitung der Schlacht, also deren Setting, erfolgte vorher. Dies zeigt, dass die Arbeit eines Projektes schon beginnt, lange *bevor* die erste Projektteamsitzung eröffnet worden ist.

Die Projektleitung und das Management müssen sich bewusst sein, welche Persönlichkeiten für welche Rollen in einem Projektteam geeignet sind und welche nicht. Auch muss klar sein, um welchen Projekttyp es sich handelt. Handelt es sich um ein Standardprojekt oder um ein Projekt, aus dem eine hochinnovative Lösung entspringen soll? Bei einem Standardprojekt muss allgemein bekanntes Wissen strukturiert an alle Stakeholder vermittelt werden. Im Gegensatz dazu müssen bei einem innovativen Projekt neues Wissen erzeugt und große Barrieren überwunden werden.

Und natürlich umfasst das Setting auch auf den ersten Blick triviale Themen wie die zukünftige Organisation eines Projektes: Gibt es ein Projektteam oder mehrere? Falls es mehrere gibt: Wie viele und welche Personen sind in die Teams eingebunden? Gibt es Schlüsselpersonen, die in alle Teams eingebunden sind? Wie wird der Wissenstransport zwischen den Teams sichergestellt?

Wir werden im Folgenden diese Einflussfaktoren besprechen und zeigen, wie sie zum Aufbau eines projektspezifischen Collective Mind beitragen.

6.1 Individuelle Erfahrungen und Kompetenzen

Jedes Projektteammitglied wird durch seine individuelle Umgebung in Beruf und Privatleben geprägt und besitzt in diesem Sinne eine individuelle Vorstellung, also ein oder mehrere mentale Modelle (Senge 2001, Oswald 2006) von seiner Umwelt. Dieser Punkt wurde an früherer Stelle als „Kontext" bezeichnet, der es ermöglicht, Daten zu interpretieren. Hier wollen wir diesen Aspekt etwas ausführlicher diskutieren.

Dass jeder Mensch ein oder mehrere individuelle mentale Modelle besitzt, klingt zunächst banal, ist aber ein wesentlicher Punkt, über den während eines Projektes nicht häufig genug reflektiert werden kann. Unsere Ausbildung und Erziehung suggerieren nämlich, dass es **eine** Wahrheit gibt, auf die jeder kommt, der eine schneller, der andere langsamer. Das macht sich in unserem Schulsystem beispielsweise dadurch bemerkbar, dass meist nur eine Interpretation eines Textes oder nur eine Lösung einer mathematisch-naturwissenschaftlichen Fragestellung akzeptiert wird. Leider wird häufig vergessen, dass die überwiegende Zahl an Aufgabenstellungen aus Schule und Ausbildung vereinfachte Probleme sind, die tatsächlich nur wenige Lösungen oder sogar nur eine Lösung zulassen. Da wir ungefähr dreizehn bis siebzehn Jahre unseres Lebens in Schule und Ausbildung verbringen, ergibt sich daraus ein Bewusstsein für die Existenz einer solchen „Wahrheit".

Forschungen aus dem Bereich der Psychologie und Kommunikation (Watzlawick et al. 2007) haben aber gezeigt, dass jeder Mensch seine Wirklichkeit konstruiert beziehungsweise sogar konstruieren muss. Jeder hat also individuelle mentale Modelle von der Umwelt im Kopf. Aufgrund der unvollständigen Informationsbasis eines Menschen muss er ständig Annahmen über seine Umwelt und insbesondere seine Mitmenschen und deren Verhalten treffen.

6.1 Individuelle Erfahrungen und Kompetenzen

Dieser Sachverhalt wird von Watzlawick in seiner „Anleitung zum Unglücklichsein" (Watzlawick 1983) in einer kurzen, prägnanten Parabel auf den Punkt gebracht, die wir hier inhaltlich wiedergeben:

Ein Mann möchte ein Bild aufhängen. Er hat Nägel, aber keinen Hammer. Also überlegt er, seinen Nachbarn zu bitten, ihm einen Hammer auszuleihen. Aber er grübelt: „Was ist, wenn der Nachbar mir den Hammer gar nicht ausleihen will? Er hat mich letzte Woche schon im Supermarkt flüchtig angesehen und kaum gegrüßt. Er hat sicher was gegen mich. Warum? Ich habe ihm nichts angetan! Ich würde meine Sachen immer ausleihen. Wie kann er mir nur einen solch einfachen Gefallen abschlagen? Bildet sich wohl ein, dass er mit seinem Hammer etwas Besseres ist."

Wutentbrannt rennt der Mann zur Wohnungstür des Nachbarn, klingelt, und ruft noch bevor der verdutzte Nachbar sich äußern kann: „Behalte doch Deinen blöden Hammer, Du Idiot!"

Diese Parabel, so absurd sie auch auf den ersten Blick erscheinen mag, verdeutlicht, dass sich der Mann aufgrund seiner dürftigen Information über den Nachbarn von diesem ein Bild generiert, das möglicherweise nicht mit dem tatsächlichen Empfinden des Nachbarn übereinstimmt. Auch erlaubt die Parabel dem Leser nicht, sich ein Bild über das Empfinden des Nachbarn für den Mann zu machen. Hierüber hat der Leser zu wenig Information und es bleibt ihm überlassen, sein Bild der „Wirklichkeit" zu konstruieren.

Die fehlende Information über die mentalen Modelle der Projektteammitglieder stellt eine klassische Situation in Projektteams dar. Meist kennen sich die Projektteammitglieder anfangs überhaupt nicht oder nur flüchtig, vielleicht durch andere Projekte, und müssen jeweils Annahmen über das Verhalten der anderen treffen. Daher ist es unabdingbar, sich während jeglicher Art von Kontakten mit den Projektteammitgliedern im Sinne der Folgerungen aus der Parabel von Watzlawick darüber Gedanken zu machen, was individuelle Annahme und was tatsächliche Übereinstimmung ist. Hätte der Mann in der Parabel nach dem flüchtigen Gruß innegehalten und den Nachbarn nach seinem Grund dafür gefragt (was sicher einiges an Überwindung gekostet hätte), so hätte dieser vielleicht geantwortet: „Ich war in Gedanken und habe erst realisiert, dass Sie es sind, als ich wieder in meiner Wohnung war." Dann hätte der Mann den Nachbarn sicher zwanglos nach dem Hammer gefragt.

Die individuellen mentalen Modelle der Projektteammitglieder werden während der Projektarbeit in bestimmten projektrelevanten Teilen durch die Ausbildung des CM teilweise verändert: Hier ist es wichtig, dass dies von einem selbst akzeptiert wird. Dann wird die Ausbildung des CM die individuelle Begriffswelt des Projektteammitgliedes um die projektspezifische Semantik ergänzen und sie in Teilen „überschreiben". Dies ist die erste Voraussetzung für den Aufbau eines stabilen Collective Mind.

Es stellt sich nun die Frage, ob es Hilfsmittel gibt, um die individuellen Vorstellungen der Projektteammitglieder zusammenzuführen und zu dokumentieren. Ein erprobtes Hilfsmittel ist, zu Beginn eines Projektes die Arbeitsprozesse, die die Lösung unterstützen sollen, zu erfassen. Das ist besonders hilfreich, wenn es sich bei dem Projekt um die Erstellung eines IT-Tools handelt, das beispielsweise einen bestimmten Betriebsablauf unterstützen soll. In diesem Fall können die Prozesse direkt den Funktionsmodulen der zu erstellenden IT-Anwendung zugeordnet werden. Prozessmodellierungswerkzeuge ermöglichen es, Funktionen, Ereignisse und Rollen zu definieren und diese dann zu einem Prozess zusammenzufügen. Dabei tritt ein gegenseitiger Lerneffekt bei den Projektteammitgliedern ein, der die Entstehung eines Collective Mind beschleunigt. Es sei darauf hingewiesen, dass eine Prozessdokumentation kein Ersatz für einen Collective Mind darstellt. Sie unterstützt lediglich den Aufbau eines gemeinsamen mentalen Modells in den Köpfen der Projektteammitglieder.

Als Ehrlich zu Ende gesprochen hat, steht eine komplizierte Grafik an der Tafel. „Bis jetzt haben wir über die individuellen Erfahrungen und Kompetenzen gesprochen, diese können aber schlecht gemessen werden. Durch einen ständigen und bewussten Dialog aber werden die individuellen Vorstellungen Ihrer Projektteammitglieder transparent. Dabei müssen Sie immer die Geschichte von der Person mit dem Hammer im Hinterkopf haben. Was ist Ihre Annahme über Ihre Projektteammitglieder? Was denken diese dagegen wirklich? Deckt sich das? Sie müssen das immer und immer wiederholen, wenn das Projekt voranschreitet!"

Ehrlich gießt sich heißes Wasser in eine Tasse und taucht einen Teebeutel hinein. Langsam verfärbt sich der Rand der Tasse und lauter Gleichungen erscheinen dort. Priesberg grinst.

„Lieber Ehrlich, Sie haben sich doch nicht Tee ohne Hintergedanken eingegossen. Diese Gleichungen tauchen doch nicht ohne Grund auf!"

„Stimmt", entgegnet Tobias Ehrlich. „Wenden wir uns jetzt dem Messbaren zu. Sie können menschliches Verhalten typisieren. Damit können Sie abschätzen, wie eine Person in ihrer Rolle im Projekt agiert. Passen Rolle und Person, dann wird das erfolgreich zum Projekt beitragen. Passen Rolle und Person nicht, dann haben Sie ein Problem: Jeder Mensch hat seine eigene Art zu denken und zu handeln, er kann sich nicht davor verstecken. Es handelt sich gewissermaßen um ein Korsett, das er niemals ablegen kann. Und jetzt kommt das Beste: Es gibt nur sechzehn Arten davon. Es sind immer die gleichen Muster. Und Sie können sie messen. Ich werde Ihnen zeigen, dass diese sechzehn Typen völlig unterschiedlich zum Collective Mind beitragen. Je nach Vorkommen dieser Typen im Projektteam wird auch der Collective Mind jeweils anders ausgestaltet."

Priesberg stutzt. „Menschenkenntnis reicht doch aus, um Leute einschätzen zu können", ruft er. „Ja natürlich, sicher, eben genauso wie man mit dem feuchten Daumen die Windrichtung bestimmen kann. Aber es gibt mehr", ruft Ehrlich, „viel mehr. Genauso wie man die Windrichtung präzise messen kann, können wir das Verhalten von Menschen typisieren. Damit wissen Sie, wie Ihr Team optimal einsetzen! Mensch Priesberg!". Der stämmige Ehrlich schiebt den Stuhl mitsamt dem schmalen Heiner Priesberg vor seinen PC. Schnell ruft er eine Website auf. „Beantworten Sie diese Fragen, Herr Priesberg, und Sie wissen, wer Sie sind". Heiner Priesberg greift zögerlich nach der Maus und beginnt zu lesen und zu klicken.

6.2 Temperament

Unter Temperament verstehen wir das im Sinne einer Temperament-Typologie definierte und bestimmbare Temperament eines Menschen. Wir beziehen uns auf die Myers Briggs Type Indicator-Typologie (MBTI-Typologie: Briggs Myers u. Myers 1980), die in ihrer Ursprungsform auf C. G. Jung (Jung 2008) aus dem Jahre 1921 zurückgeht und gründlich erforscht ist (Keirsey u. Bates 1984, Krebs Hirsh

6.2 Temperament

u. Kummerow 1989, Keirsey 1990, Keirsey 1998, centACS 2008). Zunächst mag es befremdend erscheinen, menschliches Verhalten anhand eines Schemas zu charakterisieren, da doch im Allgemeinen eine gute Menschenkenntnis sicher schon ausreicht, um mit Menschen umgehen zu können.

Daher möchten wir mit einer Analogie aus der Landwirtschaft beginnen: Jahrhundertelang wurde Landwirtschaft aufgrund von gemachten und überlieferten Erfahrungen betrieben. Wissenschaftliche Kenntnisse über Pflanzenzucht, Bodenkunde und Pflanzenschutz haben sich erst langsam herausgebildet. Ernteausfälle und Hungersnöte waren daher keine Seltenheit. Durch die Agrarforschung, die den Erfahrungsschatz des Landwirts ergänzt oder diesen sogar ersetzt, konnte schließlich eine steigende Bevölkerungszahl bei sinkender Anbaufläche ernährt werden. Systematische Kenntnisse über Pflanzenkrankheiten und deren Behandlung verhindern Ernteausfälle.

Überträgt man diese Gedanken auf die Charakterisierung von Menschen, so ist die Typologie ein wichtiges Werkzeug, welches die Menschenkenntnis ergänzt, beziehungsweise ihr Struktur gibt, so dass das Verhalten in Projekten systematisch verstanden und gesteuert werden kann (siehe auch Dueck 2008).

In der MBTI-Typologie ist die Grundannahme, dass jeder Mensch eine **bevorzugte** Art und Weise hat, auf seine Umwelt zu reagieren und in ihr zu agieren. Eine Charakterisierung erfolgt über vier Temperament-„Gegensatz"-Paare E-I, (Extraversion versus Introversion), S-N (Sensing versus Intuition), T-F (Thinking versus Feeling), J-P (Judging versus Perceiving) (Abb. 6.1).

Eine sehr detaillierte Beschreibung der MBTI-Typen und deren Bedeutung findet sich in den Büchern von Keirsey. Wir konzentrieren uns hier auf die für das Verständnis der Collective Mind Methode benötigten Eigenschaften der MBTI-Typologie.

Die Buchstabenpaare bilden jeweils Enden einer Skala. Zwischen diesen beiden Enden befindet sich der jeweilige Temperament-Zustand eines Menschen: Bezieht beispielsweise ein Mensch seine Energie aus dem Kontakt mit anderen Menschen, ist er oder sie also extravertiert, dann befindet sich sein Zustand auf der „E-I"-Skala näher an „E" als an „I"; er erhält somit ein „E". Ein introvertierter Mensch hingegen, dem Energie beim Kontakt mit anderen Menschen entzogen wird, der also lieber für sich ist, liegt auf der „E-I"-Skala näher an „I" als an „E", wird somit mit „I" gekennzeichnet. Salopp formuliert denkt ein Introvertierter zuerst und spricht dann; ein Extravertierter dagegen denkt beim Reden.

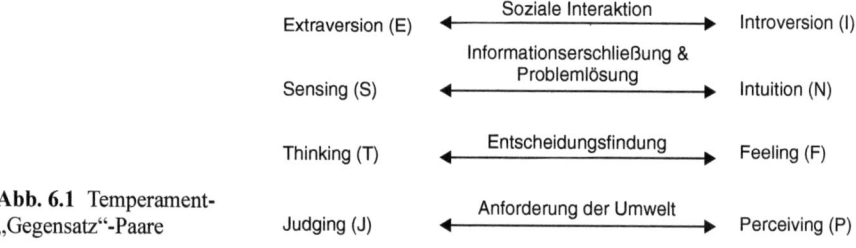

Abb. 6.1 Temperament-„Gegensatz"-Paare

Das häufig unterschätzte, aber umso bedeutsamere Unterscheidungsmerkmal der MBTI-Typen ist die Art, wie die Informationserschließung und Problemlösung stattfinden: Die S-Typen sind eher an Zahlen, Daten, Fakten, also konkreten Dingen interessiert, die N-Typen denken bevorzugt intuitiv und ganzheitlich, also in Konzepten.

So sind viele Wissenschaftler und Künstler N-Typen. Diese Gruppe von Menschen sieht ihren Fokus nicht darin, Konzepte und Strukturen im Detail auszuarbeiten. So sind es vornehmlich die S-Typen, die diesen Fokus haben. Sie arbeiten als Lehrer in Schulen oder strukturieren Organisationen, wie z. B. Unternehmen oder Verwaltungen, und bevorzugen pragmatische, konkrete Ziele und Aufgaben.

Dabei sei angemerkt, dass N- und S-Typen unter „Struktur" jeweils etwas anderes verstehen. S-Typen legen auf Details und klare Vorgaben wert. N-Typen reicht eine Vorstellung oder ein Bild als Strukturierung aus. Diese Arten von Strukturen unterscheiden sich daher fundamental.

Es sei auch angemerkt, dass empirischen Untersuchungen von Keirsey in den USA folgend ungefähr 80% aller Menschen dort S-Typen sind. Dieses Ergebnis wollen wir hier für andere Länder als gültig ansehen. Aufgrund ihrer zahlenmäßigen Unterlegenheit stoßen N-Typen im Leben häufig auf Unverständnis.

Beispielsweise hat in seiner Schulzeit jeder einmal einen Mitschüler erlebt, der irgendwie „anders" war. Er oder sie hatte vielleicht andere als die „üblichen" Interessen, keinen wirklichen Kontakt zur Klasse und kein Gefühl für die „richtige" Kleidung. In der Grundschule war er oder sie an „seltsamen" Dingen interessiert, wie Dinosaurier (lange, bevor sie „in" waren) oder fragte Leute ungehemmt „Löcher in den Bauch". Bei diesen Kindern handelt es sich sehr wahrscheinlich um N-Typen, die in der Schule nur dann in ihrer Art toleriert werden, wenn sie es schaffen, sehr gute Noten zu haben. Ansonsten werden sie wahrscheinlich von Mitschülern und leider auch von vielen Lehrern ausgegrenzt (sofern die Lehrer nicht selbst N-Typen sind).

Ein weiteres Differenzierungsmerkmal, nämlich die Art und Weise, wie ein Mensch mit anderen Menschen kommuniziert und denkt, ist durch das Paar T-F gegeben: Rational („T" wie Thinking) oder über Gefühle („F" wie Feeling). Ein Mensch, der rationale Denk- und Kommunikationsweisen bevorzugt, wird in einer Gruppe weniger auf weiche Faktoren wie Klima, Wohlsein oder Unwohlsein Wert legen, sondern versuchen, aufgrund von logischen Abläufen und Inhalten zu argumentieren. Dadurch erscheint diese Person manchmal kalt. Ein Mensch, der über Gefühle kommuniziert und in Gefühlen denkt, wird vielmehr auf eine Stimmung, ein Klima achten, er wird mitunter nicht versuchen zu überzeugen, sondern zu überreden. Manche Aussagen dieser Person erscheinen daher für T-Typen unlogisch. Dieses „Gegensatz"-Paar beschreibt die Entscheidungsfindung: Ein T-Typ entscheidet mit Hilfe von logischen Argumenten, ein F-Typ legt die eigenen Gefühle und die seiner Mitmenschen bei der Entscheidungsfindung zugrunde.

Während die S- und N-Typen oben anhand rationaler Typen beschrieben wurden, sei hier angemerkt, dass gefühlsbetonte N-Typen ebenso anders sind als gefühlsbetonte S-Typen. S-Typen besitzen eine konkrete Umgehensweise mit Gefühlen und Stimmungen, es sind in erster Linie Menschen, die gerne in einem praktischen

6.2 Temperament

Umfeld mit Menschen arbeiten. Hierunter fällt beispielsweise der Verkauf, der Vertrieb oder auch Tätigkeiten in sozialen Einrichtungen. Gefühlsbetonte N-Typen sind eher unter Künstlern oder charismatischen Politikern zu finden. Sie gehen visionär und gestalterisch mit Beziehungen um, sie wollen eine zukünftige Welt aus Sicht von Beziehungen und weniger aus Sicht von rationalen Prozessabläufen gestalten. Auf jeden Fall sind F-Typen Menschen, die meistens freundlich und einfühlsam wirken.

Das vierte und letzte Element im MBTI-Gefüge gibt an, ob eine Person bevorzugt urteilend (planmäßig) (Buchstabe „J" wie Judging) oder wahrnehmungsorientiert (Buchstabe „P" wie Perceiving), d. h. situativ handelt. Hier ist ein weiteres Konfliktpotenzial versteckt: Wahrnehmungsorientierte Menschen folgen weniger einer festen Zeitplanvorgabe; im Gegensatz dazu fehlt es urteilenden Menschen eher an Spontanität. Ein wahrnehmungsorientierter Projektleiter wird von urteilenden Projektteammitgliedern sehr wahrscheinlich als „chaotisch" angesehen. Umgekehrt sehen „urteilende" Projektleiter ein wahrnehmungsorientiertes Projektteammitglied womöglich als unzuverlässig an. Wahrnehmungsorientierte Menschen sind situationsorientiert, urteilende Menschen sind eher ergebnisorientiert.

Durch die Kombination dieser vier „Gegensatz"-Paare entstehen 16 MBTI-Typen und jeder Mensch kann modellhaft durch einen der 16 MBTI-Typen charakterisiert werden. Im Anhang finden Sie eine tabellarische Aufstellung der 16 MBTI-Typen (Keirsey 1998; Philognosie 2009): Es ist möglich, im Internet unter (Philognosie 2009) kostenlos oder unter (Keirsey 2009) kostenpflichtig einen Temperament-Test zu machen.

Neben dem Einflussfaktor „Individuelle Erfahrungen und Kompetenzen" bilden die individuellen MBTI-Typen den wesentlichen Einflussfaktor auf die Teamheterogenität. Wie wir weiter unten noch sehen werden, kann man sogar einem Projektteam oder einer Organisation ein Organisationstemperament zuordnen (Bridges 1998).

Die Temperamenttypen geben Muster vor, an Hand derer man die wichtige Frage der Teamzusammenstellung systematisch beleuchten und über die bloße Menschenkenntnis hinaus verstehen kann.

In (Wentzel et al. 2007) wurden die Konsequenzen, die sich aus den MBTI-Typen ergeben, auf Szenarien in einem Projekt zur Requirementanalyse für ein IT-System angewendet. Die dort dargestellten Szenarien decken sich mit unseren Erfahrungen in Projekten. Aus eigener Erfahrung sei auch erwähnt, dass die oben erwähnten, im Internet angebotenen Tests durchaus bei der gleichen Person zu unterschiedlichen MBTI-Typ-Signaturen führen können (als Signatur wird jeweils eine der Buchstabenkombinationen der 16 MBTI-Typen bezeichnet). Dies kann vorkommen, wenn z. B. F- und T-Stärke nahezu gleich sind und damit schon kleine Änderungen in der Beantwortung der Fragen zu einer Veränderung in der Signatur führen. Hier ist also Vorsicht bei der verkürzten Darstellung eines Temperamentes durch die MBTI-Typ-Signatur geboten.

Abbildung 6.2 zeigt das Testergebnis einer Person mit ENFP-Signatur:
Die Abbildung verdeutlicht, dass diese ENFP-Signatur eine Vereinfachung ist, denn die Person, zu der dieses Testergebnis gehört, zeigt in der sozialen Interaktion

Abb. 6.2 ENFP-Temperament einer Person

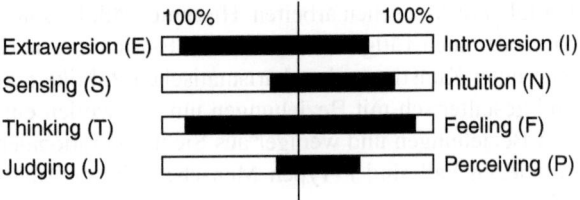

auch eine recht starke Introvertiertheit. Für die Entscheidungsfindung gilt sogar, dass „T" und „F" nahezu gleich stark sind und lediglich „F" ein wenig mehr ausschlägt und damit die Signatur bestimmt.

„ISTJ", murmelt Priesberg ungläubig und blickt auf das Resultat des Tests. „Ha", ruft Ehrlich. „Das ist das Temperament, was mir fehlt. Ich bin ein ENTP. Extravertiert, in Visionen denkend, chaotisch und analytisch, ein schlimmer Mensch. Offen gestanden, weiß ich nicht, wieso es meine Frau mit mir noch aushält. Wissen Sie, was ich letztens gemacht habe? Ich habe mir noch ein paar Lautsprecherboxen gekauft. Einfach so. Hornlautsprecher, verstehen Sie? Ich will den perfekten Klang!" Ehrlich überlegt kurz und fährt fort. „Sie dagegen, Herr Priesberg, denken in Zahlen und Fakten, sind introvertiert und analytisch. Sie würden lange Zeit Argumente abwägen, bevor Sie sich ein paar Boxen holen, deren Gewicht zusammen achtzig Kilogramm beträgt. Sie kämen zu dem vernünftigen Schluss, das Geld lieber aufs Sparbuch zu bringen." Priesberg schaut ihm direkt in die Augen, als Ehrlich fortfährt „Wenn Sie dieses Datenbankprojekt zu Ende bringen wollen, Kollege Priesberg, dann müssen Sie etwas mehr Power und Vision einbringen. Sie können das nicht. Ihre Stärken sind Präzision und Gewissenhaftigkeit. Ich dagegen bin nicht präzise und schon gar nicht gewissenhaft. Nehmen Sie mich als Coach! Ich haue uns mit der Machete den Weg frei und Sie betonieren die Straßen und bauen Häuser!"

Ehrlich schaut auf seinen Kalender, der unter Bergen von Papier zugedeckt ist. Priesberg wundert sich, warum es in der heutigen Zeit immer noch Kollegen gibt, die keine elektronischen Kalender benutzen. „Wissen Sie was, ich werde Sie in Ihrem Projekt begleiten. Wäre doch gelacht, wenn wir das nicht geschaukelt bekämen, nicht Herr Priesberg?" Ehrlich lacht schelmisch und Priesberg weiß nicht so recht, was er davon halten soll, diesen seltsamen Vogel demnächst häufiger um sich zu haben. Ehrlich beschwichtigt: „Aber zur Ihrer Beruhigung: Ich werde Ihnen noch ein paar weitere Persönlichkeitsmodelle vorstellen, damit Sie sehen, dass MBTI nicht das letzte Wort ist."

6.3 Weitere Persönlichkeitsmodelle

In diesem Abschnitt machen wir einen kleinen Exkurs in weitere Persönlichkeitsmodelle. Ziel dieses Abschnitts ist es, das MBTI-Modell in den Kontext der Geschichte der Persönlichkeitsmodelle und der neueren Forschung zu stellen.

Der Gedanke, die Menschen gemäß ihrer körperlichen oder psychologischen Merkmale in Gruppen einzuteilen, ist sehr alt. Galenos von Pergamon war griechischer Arzt und verknüpfte die Vier-Säfte-Theorie von Hippokrates von Kós zu der bekannten Vier-Temperament-Typologie: Sanguiniker (heiter, aktiv), Phlegmatiker (passiv, schwerfällig), Melancholiker (traurig, nachdenklich) und Choleriker (reizbar, erregbar) (Wikipedia 2009).

6.3 Weitere Persönlichkeitsmodelle

Die moderne Temperamentpsychologie beginnt mit C.G. Jung, der in seinem Werk „Psychologische Typen" aus dem Jahre 1921 (Jung 2008) von den Funktionen Denken, Fühlen, Intuition und Empfinden spricht und mit den Attributen introvertiert und extravertiert kombiniert. Dies ergibt acht Temperamenttypen.

In der MBTI-Nomenklatur ausgedrückt, entsprechen die psychologischen Typen von Jung den Temperament-„Gegensatz"-Paaren E-I, N-S, T-F. Das J-P-Temperament-„Gegensatz"-Paar fehlt in der Jungschen Typologie.

Versteht man die Vier-Temperamente-Typologie von Galenos verallgemeinert als Typologie nach zwei Dimensionen, so lässt sich die Entwicklung der Temperamenttypologie als Entwicklung nach Dimensionen verstehen: Galenos' Typologie mit zwei Dimensionen, die Jungsche Typologie mit drei Dimensionen (E-I, N-S, T-F) und die MBTI-Typologie mit vier Dimensionen (E-I, N-S, T-F, J-P).

Seit Anfang der 80er Jahre hat sich in der Psychologie das Persönlichkeitsmodell Big Five (NEO-PI-R[1]) mit einer weiteren Dimension etabliert (Howard u. Mitchell Howard 2008, Asendorpf 2007).

Die Typologien unterscheiden sich also insbesondere durch

- die Anzahl an Dimensionen,
- die Dimensionen selbst,
- die Begründung der Dimensionen.

Abbildung 6.3 zeigt diese Entwicklung:

Wichtig ist hierbei zu beachten, dass das Big-Five-Modell nicht einfach eine Erweiterung des MBTI-Modells ist, sondern die Dimensionen teilweise eine andere Bedeutung haben und damit eine einfache Zuordnung der Dimensionen nicht möglich ist.

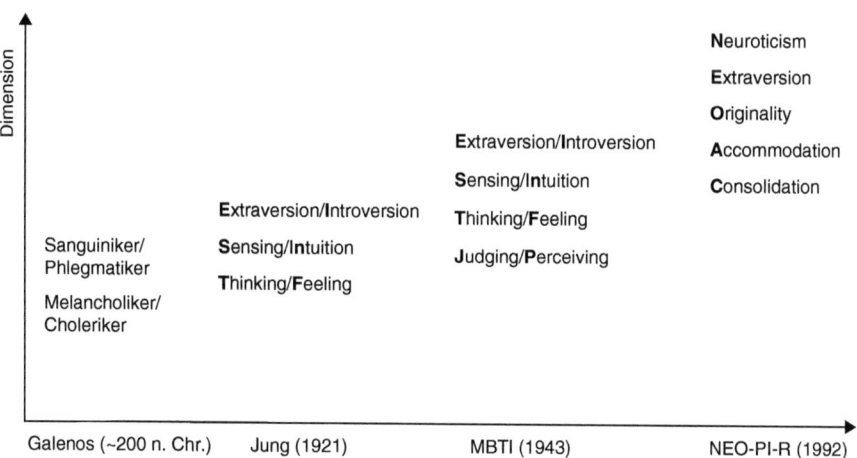

Abb. 6.3 Die Entwicklung der Temperamenttypologie

---

[1] Revised NEO Personality Inventory (NEO steht für Neuroticism, Extraversion, Originality)

Im Big-Five-Modell werden die Dimensionen als Faktoren bezeichnet, die durch eine oder mehrere Facetten näher charakterisiert werden. Hinzu kommt, dass jeder der Faktoren nicht nur durch seine beiden Extremwerte charakterisiert wird, sondern auch durch einen mittleren Skalenwert. Damit trägt man der Beobachtung Rechnung, dass es zum Beispiel in dem Faktor Extraversion (dies entspricht der MBTI-Dimension E-I) Personen gibt, die zu nahezu gleichen Teilen extravertierte wie introvertierte Temperamenteigenschaften besitzen.

Keirsey hat in (Keirsey 1998) die MBTI-Typologie mit der Typologie von Galenos verbunden und auf vier Basis-Typen zurückgeführt: Er hat diese Basis-Typen hinsichtlich der verwendeten Sprache, ihrer Kooperationsfähigkeit im Einsatz von Werkzeugen und ihrer Talente analysiert. Abbildung 6.4 verdeutlicht diese Ergänzung des MBTI-Modells:

Die Abbildung zeigt, dass einerseits die Temperamentausrichtung N, mit der Temperamentdimension F-T kombiniert, die Typen mit der abstrakten Sprache ergibt und dass die Temperamentausrichtung S, mit der Temperamentdimension J-P kombiniert, die Basis-Typen mit der konkreten Sprache ergibt. Die Idealisten[2] und die Guardians[3] sind kooperativ in der Verwendung von einzusetzenden Werkzeugen, d. h. sie orientieren sich an dem, was das Team in der Zusammenarbeit für sinnvoll erachtet. Die Rationals[4] und die Artisans[5] sind wenig kooperativ in der Auswahl von Werkzeugen, d. h. sie orientieren sich an der Aufgabenstellung und dem, was sie für diese Aufgabenstellung als geeignete Werkzeuge ansehen. In Klammern ist die Zuordnung dieser Basis-Temperament-Typen zu den Temperament-Typen von

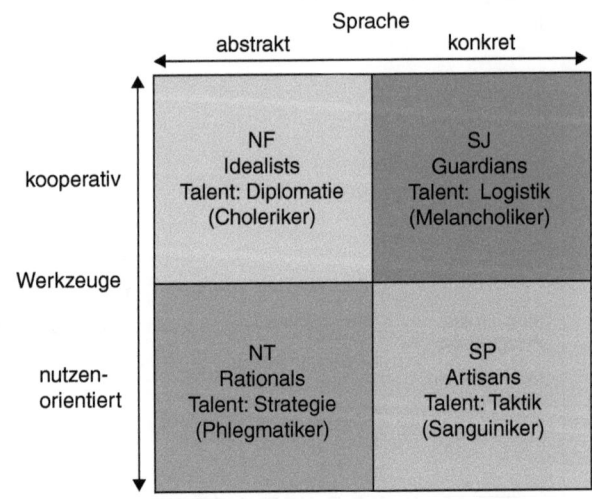

Abb. 6.4 Die Basis-Temperament-Typen nach (Keirsey 2008)

---

[2] *Idealisten* bezeichnet die Gruppe mit dem Temperament _NF_, also ENFJ, ENFP, INFJ, INFP
[3] *Guardians* bezeichnet die Gruppe mit dem Temperament _S_J, also ISTJ, ESTJ, ISFJ, ESFJ
[4] *Rationals* bezeichnet die Gruppe mit dem Temperament _NT_, also ENTJ, ENTP, INTJ, INTP
[5] *Artisans* bezeichnet die Gruppe mit dem Temperament _S_P, also ESFP, ESTP, ISFP, ISTP

6.3 Weitere Persönlichkeitsmodelle

Galenos nach Keirsey enthalten. Keirsey betont, dass die Namensgebung der Typen nach Galenos einen (negativen) Aspekt der sozialen Interaktion hervorhebt: Rationals sind bei ihrer Arbeit keineswegs phlegmatisch, zeigen jedoch in ihrer Konzentration auf ihre intellektuelle Arbeit einen Phlegmatismus in ihrer sozialen Interaktion. Die Temperamenttypologie von Galenos lässt sich also nicht direkt der Verwendung von zwei Dimensionen der MBTI-Typologie zuordnen.

Kommen wir zu dem Big-Five-Persönlichkeitsmodell: Tabelle. 6.1 beschreibt die Faktoren und listet die Facetten auf. Es sind die Facetten des von (Howard u. Mitchell Howard 2008) entwickelten Big-Five-Arbeitsplatzprofils angegeben:

Auf dieser Basis ergibt sich folgende Zuordnung von MBTI-Dimensionen zu den Big-Five-Dimensionen (siehe hierzu auch die Internetseite des Unternehmens centACS (centACS 2008) der Autoren Howard und Mitchell Howard) (Tab. 6.2):

Auffallend bei dieser Gegenüberstellung sind folgende Unterschiede in dem semantischen Verständnis der Dimensionen:

Die MBTI-Dimension Extraversion/Introversion entspricht weitgehend der Big-Five-Dimension Extraversion.

Die MBTI-Dimension Sensing/Intuition enthält die mit der Big Five Dimension Originality verbundenen Facetten, d.h. das Maß an Offenheit für das Neue wird durch das Maß des Temperamentes auf der S-N-Skala bestimmt.

Tab. 6.1 Big-Five-Arbeitsplatzprofil

Dimension	Erläuterungen (niedriger Skalenwert – mittlerer Skalenwert – hoher Skalenwert)	Facetten
Neuroticism`	**Emotionale Labilität/Stabilität:** belastbar – besonnen – sensibel	Sensitivität Temperament Situations-Auslegung Regenerationszeit
Extraversion	**Soziabilität:** zurückgezogen/gehemmt – ambivertiert – gesellig/aktiv	Enthusiasmus Soziabilität Dynamik Führungsmotivation Vertrauensbereitschaft Taktgefühl
Originality	**Kreativität/Offenheit:** bewahrend – moderat – erneuernd	Vorstellungskraft Differenziertheit Veränderungsbereitschaft Kontextdenken
Accomodation	**Verträglichkeit:** herausfordernd – vermittelnd – anpassend	Dienstbereitschaft Harmoniebedürfnis Anerkennung Zurückhaltung Exponiertheitsscheu
Consolidation	**Leistungsstreben:** flexibel – ausbalanciert – fokussiert	Perfektionsstreben Organisiertheit Leistungsmotivation Konzentrationsfähigkeit Methodik

Tab. 6.2 MBTI- und Big-Five-Zuordnung

Dimension	MBTI	Big Five
Soziale Interaktion	Extraversion/Introversion	Extraversion
Informationserschließung und Problemlösung	Sensing/Intuition	Originality
Entscheidungsfindung	Thinking/Feeling	Neuroticism, Accomodation
Anforderung der Umwelt	Judging/Perceiving	Consolidation

Die MBTI-Dimension Thinking/Feeling entspricht am wenigsten einer direkten Zuordnung zu einer Big-Five-Dimension. Wir schließen uns der von (centACS 2008) vertretenen Ansicht an, die Dimensionen Neuroticism und Accomodation dieser MBTI-Dimension zuzuordnen. Dies wird durch die Beobachtung nahegelegt, dass in den Fällen, in denen die Entscheidungsfindung vorwiegend rational erfolgt, die emotionale Labilität und die Verträglichkeit geringe Werte annehmen.

Die MBTI-Dimension Judging/Perceiving wird nach (centACS 2008) nicht der Big-Five-Dimension Consolidation zugeordnet, da die MBTI-Dimension nicht das Leistungsstreben misst, sondern das Bedürfnis nach einer strukturierten Umgebung. Nach unserer Erfahrung misst die MBTI-Temperamentdimension die Zielorientierung und Entschlussfähigkeit, wobei als Mittel zur Umsetzung die Strukturierung der Umwelt vorausgesetzt wird. Die MBTI-Dimension Judging/Perceiving enthält damit gewisse Aspekte der Big-Five-Dimension Consolidation.

Nach Howard und Mitchell Howard stellt sich das Profil der idealen Führungskraft im Big-Five-Modell dar[6] (Abb. 6.5):

Die „ideale" Führungskraft zeichnet sich durch eine hohe Belastbarkeit aus, was sie in nicht unerheblichem Maße unsensibel macht für die Belange einzelner Personen. Sie ist extravertiert, Neuem sehr aufgeschlossen sowie entscheidungsfreudig

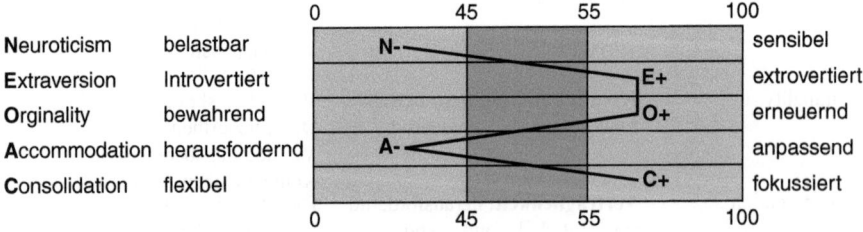

Abb. 6.5 Die „ideale" Führungskraft als Big-Five-Diagramm

---

[6] Howard und Mitchell Howard stellen sehr wohl fest, dass dieses Führungskraft-Profil keineswegs für alle Aufgabenstellungen das geeignete Profil ist und deshalb erhebliche Abweichungen zu diesem Profil vorliegen. Dies entspricht unserer Feststellung, dass unterschiedliche Projekttypen unterschiedliche Führungskräfte benötigen. Das „ideale" Führungskraft-Profil ist also mehr als ein Referenzprofil anzusehen.

6.3 Weitere Persönlichkeitsmodelle

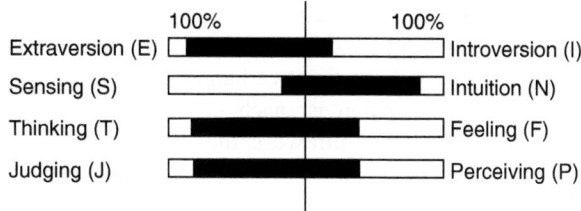

Abb. 6.6 Die „ideale" Führungskraft in der MBTI-Typologie

und zielorientiert, was sie in einem nicht unerheblichen Maße inflexibel macht, sich auf neue Situationen einzustellen.

Das Profil der „idealen" Führungskraft, „übersetzt" in das MBTI-Modell, entspricht einem ausgeprägten Field-Marshal-Profil (ENTJ) (Abb. 6.6).

Die Collective Mind Methode beruht auf einem zentralen Prinzip: **Menschen sind entsprechend ihrer Stärken[7] einzusetzen.**

Diesem Prinzip trägt sowohl das MBTI-Modell als auch das Big Five Persönlichkeitsmodell Rechnung:

- Mit den MBTI-Typen sind nach Keirsey (Keirsey 2008) typische Talentprofile verbunden. Im Rahmen der Ergebnisdarstellung der im Internet verfügbaren Tests (Keirsey 2009, Philognosie 2009) wird eine Analyse der Talente angeboten.
- Die Facetten des Big-Five-Persönlichkeitsmodells sind die Basis für Talente.

In (Buckingham u. Clifton 2007) wird ein Verfahren zur Ausbildung von Stärken an Talenten beschrieben, das 34 Talente kennt. Diese Talente wurden aufgrund umfangreicher Erhebungen unter Managern erstellt. Auf der Basis der 34 Talente wird über einen Test für eine Person ein Talentprofil bestehend aus den 5 stärksten Talenten ermittelt. Damit ergeben sich 5 aus 34 Talentprofilen (5 aus 34 unter Berücksichtigung der Reihenfolge), also $34!/(34-5)! = 33.390.720$ Variationen. Darüber hinaus machen die verfügbaren Testergebnisse keine Aussage über die jeweilige Stärke der Talente im Talentprofil. Damit ist eine Vergleichbarkeit zwischen Personen nicht möglich. Aufgrund der Anzahl der Talentprofile und der fehlenden Verdichtung zu Faktoren oder Temperamentdimensionen ist eine direkte Anwendbarkeit in der projektbezogenen Praxis sehr schwierig, so dass wir das Arbeiten mit diesen oder ähnlichen Talentprofilen lediglich als Ergänzung zu den Persönlichkeitsmodellen ansehen.

Zum Abschluss dieses Kapitels begründen wir, weshalb wir in diesem Buch die MBTI-Typologie verwenden:

- Die Anzahl an Typen steigt mit der Dimension n wie 2^n: Damit ergeben sich für MBTI mit n = 4 die im Anhang aufgeführten 16 Persönlichkeitsprofile. Für Big Five, mit n = 5, ergeben sich 32 Persönlichkeitsprofile. Big Five legt Wert auf die Feststellung, dass die Typisierung durch ein individuelles Persönlichkeitsprofil ersetzt wurde. Wir verwenden die 16 Persönlichkeitstypen lediglich als Hilfestellung, das individuelle MBTI-Profil einer Person wird dagegen durch ein

---

[7] Eine Stärke ist eine Eigenschaft, in der Talent, Wissen und Können zusammenkommen.

MBTI-Diagramm dargestellt. Die Variabilität, die durch fünf Dimensionen entsteht, ist unseres Erachtens zu hoch, um in der Projektpraxis angewendet werden zu können, und der damit verbundene Nutzen ist nicht erkennbar.
- Die S-N-Dimension ist nach unserer Erfahrung die zentrale Dimension im MBTI-Modell und hilft wesentlich bei der Aufklärung des Themas Soft Skills in Projekten. Hier verweisen wir auf die Bedeutung dieser Dimension für die Projektdynamik und die Ausgestaltung des Collective Mind für S- bzw. N-Typen.
- Die durch das Big Five Modell festgestellte „Ungenauigkeit" in der T-F-Dimension und in der J-P-Dimension ist unseres Erachtens für die Gestaltung der Teamheterogenität nicht wesentlich.
- Mit den Organisationstemperamenten von Bridges liegt für Organisationen eine MBTI-Typologie vor, die sich direkt auf Projekte anwenden lässt.[8]

Priesberg nickt anerkennend, als Ehrlich seine Ausführungen abgeschlossen hat. „Da haben Sie sich ja ein umfangreiches psychologisches Wissen angeeignet, Respekt, Herr Ehrlich." Heiner Priesberg fährt fort: „Durch die Tests kann ich also feststellen, welchen Typ eine Person hat. Was bedeutet das denn für den Collective Mind? Mir fehlen noch die Anwendungen dieser theoretischen Überlegungen."

Ehrlich lacht: „Genau darauf will ich hinaus. Ich möchte Ihnen zeigen, wie man mit Hilfe der Typologie einen Collective Mind aufbauen kann, der sowohl die N-, wie auch die S-Typen berücksichtigt. Wenn Sie das beherrschen, haben Sie schon verdammt viel erreicht!"

6.4 Der Collective Mind aus S- und N-Sicht

Die Kommunikation zwischen Menschen ist dann besonders schwierig, wenn es sich um die Kommunikation zwischen faktenorientierten und intuitiven, also S-Typen und N-Typen handelt. Diese Tatsache ist von so fundamentaler Wichtigkeit, dass wir sie hier ausführlich behandeln. Wir zeigen einen Weg, diese beiden Typen in einem Collective Mind miteinander zu verknüpfen. Gelingt dies nämlich nicht, wird ein Projekt keinen stabilen Collective Mind aufbauen können und sehr wahrscheinlich scheitern.

Gleichzeitig führt uns das zu einer Struktur für den Collective Mind.

S-Typen lieben konkrete Fakten und eine klar definierte Vorgehensweise, N-Typen dagegen reicht eine abstrakte Vorstellung aus, um eine Lösung in Angriff zu nehmen. Anders ausgedrückt: S-Typen verlieren leicht den Überblick über „das

---

[8] Die Collective Mind Methode beruht damit nicht wesentlich auf der MBTI-Typologie. Für die Collective Mind Methode hätten wir auch die Big-Five-Typologie verwenden können. Jedoch wäre es notwendig gewesen, diese zusätzlich auf Organisationen anzuwenden. Den damit verbundenen Mehrwert haben wir nicht gesehen. Die Typologie ist in diesem Falle feingranularer, jedoch nicht unbedingt genauer. In der neuesten Forschung wird die Big-Five-Typologie durch eine Typologie in sechs oder sieben Dimensionen ersetzt. Die Psychologie ist sich durchaus der damit verbundenen Problematik bewusst (Asendorpf 2007). Eine Erhöhung der Dimensionen führt, wie in der theoretischen Physik zu sehen ist, nicht notwendigerweise zu einer qualitativen Verbesserung der Erkenntnis.

6.4 Der Collective Mind aus S- und N-Sicht

große Ganze", N-Typen fehlt es an Konkretem, sie bleiben in ihren Ideen gefangen und arbeiten an gebräuchlichen Vorstellungen vorbei.

Wir möchten dies kurz an einem alltäglichen Beispiel erläutern: Bei der Formulierung der Hausordnung in einem Mehrparteienhaus nehmen wir uns den Punkt „Mittagsruhe" heraus.

Ein S-Typ würde an folgende Formulierung denken: „Von 13:00 bis 15:00 darf keine handwerkliche Arbeit verrichtet werden, Kinder dürfen nicht spielen und Musik ist auf Zimmerlautstärke zu hören."

Ein N-Typ würde dagegen denken: „Gegen die Mittagszeit ist ein verringerter Lärmpegel sicherzustellen." Stellen wir uns jetzt vor, dass beide Parteien nicht über die Formulierungen gesprochen haben.

Der potentielle Konflikt bei den unterschiedlichen Vorstellungen desselben Sachverhalts kann dann folgendermaßen aussehen: Spielen Kinder in der Mittagszeit, so stellt das für den S-Typen auf jeden Fall eine Störung dar, für den N-Typen nicht, wenn das Spielen von Kindern in seiner Vorstellung prinzipiell nicht als störend, d.h. Lärm, empfunden wird. Womöglich hat er das Bild oder das Prinzip im Kopf: „Spielen verbieten müsste verboten werden." Er wird es aber explizit nicht kommunizieren (können). Und hier genau liegt der Konflikt bzw. die Schwierigkeit, die „N-Welt" in die „S-Welt" zu übertragen: Dem S-Typen ist meist sehr konkret bewusst, was er will, und er artikuliert das auch, der N-Typ hat eine Vorstellung im Kopf und artikuliert diese nicht direkt oder gar nicht. Jetzt werden Sie sicher denken, dass es sich hier um ein triviales Beispiel handelt, dessen Konflikt schnell geklärt werden kann. Das ist natürlich auch der Fall. Aber gerade in der Einfachheit dieses Beispiels liegt der Reiz, die Unterschiede zwischen S- und N-Typen in der Kommunikation herauszuarbeiten. Anhand einer Projektsituation wäre das deutlich schwieriger.

Wir wollen daher hier etwas verweilen und zeigen, wie dieser Konflikt im Vorfeld geklärt werden kann. Damit erhalten wir ein Schema, das hilft, die Barriere zwischen S-Typen und N-Typen aufzubrechen (Wentzel et al. 2007).

An unsere Geschichte anknüpfend nennen wir den S-Typen „Heiner Priesberg" und den N-Typen „Tobias Ehrlich".

Als erstes müssen sich Ehrlich und Priesberg darüber bewusst sein, welcher Typ sie sind und welcher Typ der andere ist und was das bedeutet. Damit ist die Situation im Vorfeld entschärft und keiner hält den anderen für „kleinkariert" (Ehrlich über Priesberg) oder umgekehrt „begriffsstutzig" (Priesberg über Ehrlich).

Als nächstes lässt Priesberg seinen Nachbarn Tobias Ehrlich dessen Vorstellung von Mittagsruhe erläutern. Ehrlich wird sagen: „Wir müssen halt in der Mittagszeit leise sein".

Mehr können Sie von einem N-Typen am Anfang nicht erwarten. Übertragen Sie das mal auf eine Projektteamsitzung zur Erstellung eines komplexen IT-Systems, wenn es darum geht, die Spezifikationen des Systems zu ermitteln. Der N-Typ zeichnet am Anfang ein Bild – mehr nicht!

Dann stellt Priesberg konkrete Fragen:

- „Auf welche Zeit beziehen Sie sich, Herr Ehrlich?"
- „Wer muss alles leise sein: Handwerker, Kinder, Bewohner, Hunde?"

- „Wie stellen wir das sicher: Publikation der Hausordnung, regelmäßige Erinnerungsschreiben, direktes Ansprechen im Fall der Verletzung der Hausordnung, Einschalten des Ordnungsamts?"

Durch diese Fragen wird Tobias Ehrlich, der N-Typ, mit den Vorstellungen von Heiner Priesberg, dem S-Typ, konfrontiert und zwar in einem sehr feinen Raster, Stück für Stück. Das feine Raster stellt sicher, dass die intuitive Vorstellung des N-Typen Ehrlich gegen das Raster von Priesberg abgeglichen wird. Stellen Sie sich Gunter Dueck (Dueck 2004) folgend dabei die Gedankenstruktur von Priesberg als PC-Filesystem (alles logisch in Ordnern abgelegt) und die Gedankenstruktur von Tobias Ehrlich als komplexes Netz mit wirren Verbindungen vor (intuitive Typen erzeugen gerne solche Netze, die nur sie selbst „lesen" können). Durch das „Priesbergsche PC-Raster" wird das „Ehrlich-Netz" Stück für Stück „ausgelesen" und so werden mögliche Lücken beider Vorstellungswelten für beide offenbar.

Irgendwann nämlich wird Heiner Priesberg seinen Nachbarn Tobias Ehrlich im Verlauf der Diskussion darauf aufmerksam machen, dass er keinen Kinderlärm wünscht. An dieser Stelle erst wird Ehrlich bewusst, dass spielende Kinder für andere Personen Lärm bedeuten können. Anders gesagt: Hätte Priesberg diesen Punkt nicht angesprochen, so würde dieses Missverständnis weiter bestehen. Es würde deshalb weiter bestehen, weil Ehrlich von sich aus nicht geäußert hätte, dass spielende Kinder für ihn nichts mit Lärm zu tun haben. Die Feinstrukturierungsleistung kann in solch einem Fall viel besser durch den S-Typ erfolgen. Es wird (je nach Sympathie und Verständnis) eine kurze oder auch längere Diskussion zwischen Ehrlich und Priesberg einsetzen. Das Ergebnis wird dann hoffentlich ein Kompromiss sein, mit dem beide Nachbarn leben können.

Der durch die hier beschriebene Vorgehensweise sehr effizient erzeugte Collective Mind stellt sicher, dass dieser Kompromiss (vorausgesetzt, beide Nachbarn wollen sich nicht gegenseitig ärgern) automatisch eingehalten wird.

Vielleicht fragen Sie sich, weshalb nicht Priesberg seine Vorstellungen zuerst ausdrückt und Ehrlich daran seine Intuition abgleicht. In dem hier bewusst sehr einfach gewählten Beispiel wäre das kein Problem. Bei einem komplexen Sachverhalt (beispielsweise bei der Erstellung eines Pflichtenhefts eines IT-Systems) verlieren sich die S-Typen sehr schnell in Details, wenn mit dem Feinstrukturraster begonnen wird. Stellen Sie sich vor, Sie beginnen mit den kleinsten Details möglicher Anwendungsfälle eines IT-Systems. Irgendwann verlieren Sie aufgrund der entstehenden Komplexität den Zusammenhang zu dem eigentlichen Ziel des IT-Systems. Die Diskussionen werden ermüdend und langweilig (gerade für N-Typen).

Hier ist das intuitive Bild eines N-Typen als übergeordnete Klammer sehr hilfreich. Deswegen sollte es früh formuliert werden. Durch die Fragen der S-Typen wird es konkretisiert und es bildet sich eine gemeinsame Vorstellung zwischen S und N aus. In Projektteamsitzungen stellt ein Moderator die Abarbeitung dieses Schemas (Intuitives Bild → Fragen → genaueres Bild → weitere Fragen ... → stabiler Collective Mind) sicher. Er muss darauf achten, dass S- und N-Typen gleichermaßen zum Zuge kommen: Das intuitive Bild stellt sicher, dass wesentliche

6.4 Der Collective Mind aus S- und N-Sicht

Aspekte, wie ein Projektziel, nicht verloren gehen, die Details stellen sicher, dass nichts Wesentliches vergessen wird.

Dieser Konflikt der S-N-Schnittstelle ist, falls er richtig gemanagt wird, die Grundlage für einen stabilen Collective Mind, der von allen Projektteammitgliedern verstanden und getragen wird. Erst daraus ergibt sich eine wertbeitragende Lösung. Wichtig ist, dass sich S- und N-Typen ihrer Denkstruktur im Vorfeld bewusst sind und beiden Vorstellungen Rechnung getragen wird.

In Projektteams haben wir es meistens mit einem heterogenen Team von S- und N-Typen zu tun. Die Herausforderung des Moderators besteht darin, beide Typen bei der Bildung des Collective Mind zu synchronisieren und zu integrieren. Nachdem wir das einfache Beispiel „Hausordnung" abgeschlossen haben, wollen wir diese Erkenntnis auf eine typische Situation in Projekten anwenden.

Wir beginnen mit einigen Vorbemerkungen:

Wie oben ausgeführt, erfordert die Ausbildung eines CM vom Moderator eine temperamentspezifische Kommunikation. N-Temperamente neigen sehr zur schnellen Abstraktion und vereinfachenden Abbildung der Lösung in einem CM-Bild. Im Gegensatz dazu benötigen S-Temperamente wesentlich mehr Detail- und Fakteninformationen, um über diese die Abstraktion oder die vereinfachte Abbildung einer Lösung mental unterstützen zu können. _N_P-Temperamente[9] können die Abstraktion gut nachvollziehen, neigen aber dazu, sich immer wieder neuen „Einsichten" zuzuwenden, und es gelingt ihnen deshalb nicht, den Aufbau und die Nachhaltigkeit des CM zu unterstützen.

Die Projektsituation sieht wie folgt aus:

Der Projektleiter mit NT-Temperament hat nach einigen Workshops zwei Bilder mit dazugehörigen Metaphern als CM für die Konzeption eines IT-Systems „auserkoren": Eine Darstellung des Projektziels und eine Darstellung, was zu tun ist.

Die Projektgruppe erhält ein neues Teammitglied (den Projektcoach) vom _NFP-Temperamenttyp. Die übrigen Teammitglieder sind vom ST-Temperamenttyp. Das Projekt schreitet voran, aber es will sich kein stabiler Collective Mind ausbilden. Der Projektcoach fühlt die aufsteigende Unruhe im Team am ehesten, er reagiert deshalb auf die nicht kohärente Sicht der anderen Teammitglieder und schlägt als Antwort hierauf immer wieder neue Sichten, die das System charakterisieren sollen, vor. Dies trägt jedoch nicht zu Verbesserung der Effizienz bei, sondern birgt die Gefahr, dass das Ziel aus den Augen verloren wird, also die Effektivität leidet. Projektleiter und Projektcoach analysieren die Situation und kommen zu dem Schluss, dass der Collective Mind die anderen Teammitglieder nicht erreicht, da der CM für ST-Temperamenttypen anders übermittelt werden muss. Es fehlt die konkrete „Wie-Ebene", also die Schritte, wie das konkrete Projektziel zu erreichen ist. Sie entschließen sich dazu, die mit dem CM verbundene Begriffswelt, die Relationen zwischen den Begriffen, Business Rules, die auf die Begriffe angewendet werden, sowie Beispiele (entsprechend einer Ontologie) gemeinsam mit den Teammitgliedern aufzubereiten. Es beginnt ein langwieriger Prozess von einigen Wochen. Die

---

[9] _N_P-Temperament bedeutet, dass die E-I-Dimension und die T-F-Dimension für diese Betrachtung keine Rolle spielen.

„Wie-Ebene" wird aus der Taufe gehoben. Am Ende des Prozesses steht ein Collective Mind, das von allen Teammitgliedern getragen wird. Das wollen wir konkret erläutern.

Der Collective Mind der N-Typen ist durch wenige, teilweise vereinfachende Informationen gegeben. Wir sprechen von der „Ziel-Ebene" des Collective Mind: beispielsweise eine fachliche Gesamtarchitektur, welche die Architektur eines Systems auf oberster Ebene beschreibt, die durch eine plakative Metapher ergänzt wird. Dies ist in der Abb. 6.7 dargestellt: Hier handelt es sich um die Facharchitektur einer IT-Anwendung, die einen Prozess in der LifeScience-Industrie unterstützen soll und aus den Subsystemen „Chemie-Synthese", „Hochdurchsatztest, Klinik Teststufe 1" und „Klinik Teststufe 2" besteht. Die wichtige Information dieser Abbildung besteht darin, dass das gesamte System aus drei Subsystemen besteht, wobei eines der Subsysteme aus zwei Komponenten (Hochdurchsatztest und Klinik Teststufe 1) gebildet wird. Die enge Kopplung von Hochdurchsatztest und Klinik Teststufe 1 ist aus fachlich-organisatorischen Anforderungen notwendig:

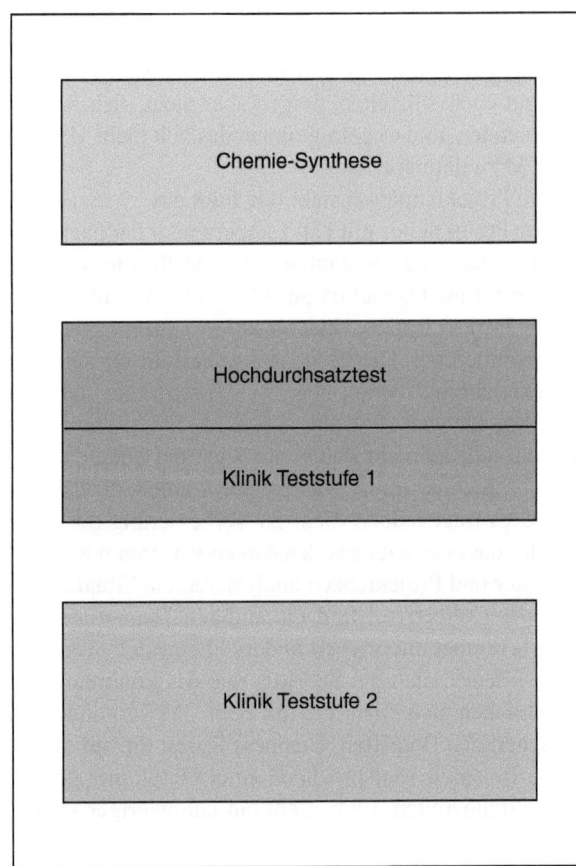

Abb. 6.7 Beispiel für eine „Ziel-Ebene" in einem Collective Mind für die Entwicklung eines neuen IT-Systems. N-Typen entwickeln in diesem Stadium abstrakte Vorstellungen, wie das System später aussieht und wie es den Prozess unterstützt. Spricht in dieser Phase ein N-Typ mit einem S-Typ, so wird der S-Typ „nur den Kopf schütteln", weil ihm die Details zum Anknüpfen fehlen und er die Darstellung aus seiner Sicht als zu oberflächlich bezeichnen wird.

6.4 Der Collective Mind aus S- und N-Sicht

Abb. 6.8 Beispiel für eine „Was-Ebene" in einem Collective Mind: Die „Was-Ebene" zeigt hier, welche Subsystem-Ausprägungen es gibt, welche Aufgaben diese haben und welche Subsysteme mit welchen verbunden sind.

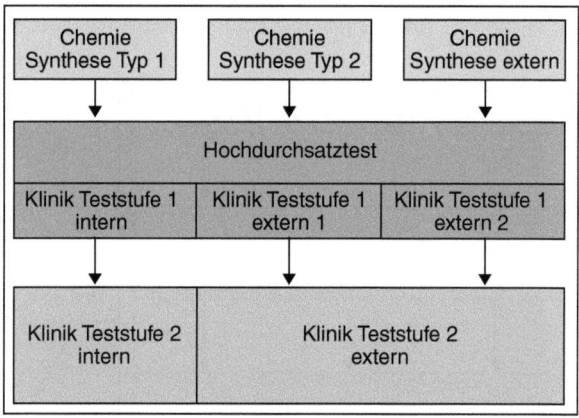

Um die „Wie-Ebene" (der S-Typen) mit der „Ziel-Ebene" (der N-Typen) zu verbinden, benötigen wir eine vermittelnde Ebene. Dies ist die „Was-Ebene". Sie definiert das „Was" des Ziels und des Weges dorthin. Das ist beispielhaft in der Abb. 6.8 dargestellt: Sie zeigt plakativ die Hauptprozesse, die das System unterstützen soll. Es sind Teilaufgaben des Systems zu erkennen, aber noch keine Details. Beispielsweise ist ersichtlich, welche Ausprägungen von Subsystemen es gibt, welche Aufgaben diese haben und wie diese Subsysteme miteinander verbunden sind. Auf der „Was-Ebene" ist noch nicht geklärt, wie die Prozesse im Detail funktionieren. Die „Was-Ebene" enthält lediglich die Information, welche Prozesse es gibt und welche Aufgabe mit jedem Prozess erfüllt wird. Die „Was-Ebene" ist für N-Typen (oft) ausreichend, teilweise schon zu detailliert. N-Typen entwickeln bereits hier eine für sie ausreichende Vorstellung, wie der Prozess funktionieren könnte. Sie werden ihr „Wie" aber nicht explizit formulieren, so dass S-Typen damit etwas anfangen können. Entsprechend bleibt die „Was-Ebene" für die S-Typen oft unverständlich, da sie deren Informationen nicht mit ihren eigenen Vorstellungen verbinden können. Sie brauchen nachvollziehbare Schritte, die explizit formuliert werden müssen.

Die „Wie-Ebene" beschreibt das „Wie" und ist damit die Ebene, auf der sich den S-Typen der CM erschließt: Konkrete Prozessschritte (das „Wie") detaillieren die plakativen Prozesse der „Was-Ebene". Man erkennt in der Abb. 6.9 auf der rechten Seite die Detailverästelung eines Prozesses. S-Typen ist es sehr wichtig, diese Detailverästelung genau zu kennen und einordnen zu können. Aus N-Sicht spielt dieser Aspekt eine geringe Rolle, obwohl er natürlich für die Ausgestaltung des Systems und die Überprüfung auf Konsistenz der Lösung sehr wichtig ist.

Hierarchisch hängen damit die drei Ebenen folgendermaßen zusammen:

Die „Ziel-Ebene" ist das Leitbild. Sie muss Anknüpfungspunkte und Assoziationen haben, die auf die „Was-Ebene" verweisen. Ebenso muss die „Was-Ebene" Verweise auf die „Wie-Ebene" haben. Es empfiehlt sich, die „Ziel-Ebene" als Kommunikationsanker für die wesentlichen Aspekte der Aufgabenstellung und der Lösung zu verwenden.

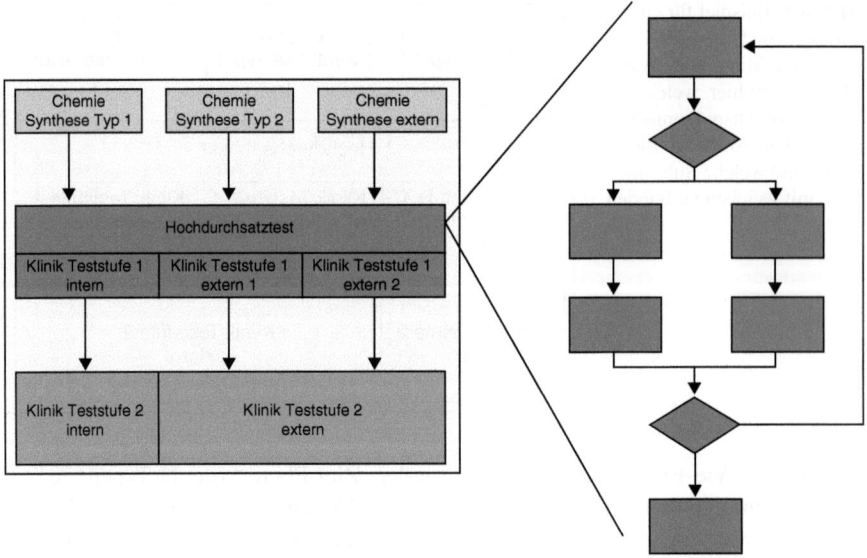

Abb. 6.9 Beispiel für eine „Wie-Ebene" in einem Collective Mind. Hier: Schematische Erläuterung, welche detaillierten Prozessschritte mit welchem Subsystem verbunden sind.

In der Praxis sollte darauf geachtet werden unabhängig vom Projekttyp, mit der „Ziel-Ebene" im CM zu beginnen. Hier werden sich vor allem die N-Typen einbringen und ihren Vorstellungen entsprechende Entwürfe der weiteren Ebenen vorlegen. Den S-Typen ist diese Ebene noch zu ungenau, daher neigen sie dazu, in dieser frühen Phase mit Detaildiskussionen zu beginnen. Der Moderator hat darauf zu achten, dass diese Detaildiskussionen „eingefangen" werden und ausgehend von der „Was-Ebene" in der „Wie-Ebene" festgehalten werden. Die N-Typen werden sich in dieser Phase eher langweilen. Für sie ist das jedoch die Chance, ihr individuelles Bild des IT-Systems mit den Vorstellungen der S-Typen abzugleichen. Wenn dies erfolgt ist, reicht später für die N-Typen und die S-Typen die „Ziel-Ebene" aus, um als Collective Mind verwendet zu werden (Abb. 6.10).

Zusammenfassend halten wir folgendes CM-Schema fest:

- Der CM besteht aus bis zu drei Informationsebenen.
- Die drei Ebenen bezeichnen wir als „Ziel-Ebene", „Was-Ebene" und „Wie-Ebene".
- Die drei Ebenen sprechen die N-Typen und S-Typen unterschiedlich an. Die „Ziel-" und die „Was-Ebene" adressieren in erster Linie die N-Typen, wohingegen die S-Typen vorwiegend durch die „Wie-" und die „Was-Ebene" angesprochen werden. Die „Was-Ebene" hilft, die „Ziel-Ebene" der N-Typen mit der „Wie-Ebene" der S-Typen zu verbinden.
- Der Collective Mind wird durch die „Ziel-Ebene" repräsentiert: Die tieferen Ebenen werden in die Vorstellung der Teammitglieder über die „Ziel-Ebene"

6.4 Der Collective Mind aus S- und N-Sicht

Ziel-Ebene (z.B. Gesamtarchitektur, Metapher, Endtermin, Gesamtkosten)	„Ziel-Ebene" des Systems: Ansprechebene der N-Typen. Diese entwickeln bereits hier ihre Vorstellungen, die mit denen der S-Typen meist nicht übereinstimmen. S-Typen beginnen eher mit Detaildiskussionen. Deshalb muss das Ziel „geerdet" werden. Ein einheitliches „Was" ist zu spezifizieren.
Was-Ebene (z.B. Prozesskategorien, Funktionsblöcke/Module, Klassen, Modulkosten, Meilensteine, ...)	Ebene der Verknüpfung zwischen S-Typen und N-Typen; Definition und Konkretisierung des „Was": Welche Komponente des IT-Systems unterstützt welche Prozesse? N-Typen wird es hierdurch ermöglicht, ihre Vorstellungen an ein gemeinsames Verständnis anzupassen. Für S-Typen werden Anknüpfungspunkte für ihr Verlangen nach Details geschaffen.
Wie-Ebene (z.B. detaillierte Beschreibung von Prozessen, Funktionen, Objekten, Einzelkosten, Projektplänen,...)	„Wie-Ebene" des Systems: Aus dem „Was" wird das „Wie" abgeleitet. Die Detailebene ist die Ansprechebene der S-Typen: Wie funktioniert jeder Prozessschritt? N-Typen führen hier einen „Soll-Ist"-Abgleich durch. Die so erarbeiteten Vorstellungen und Assoziationen werden über die „Was-Ebene" an die „Ziel-Ebene" gebunden.

Abb. 6.10 „Ziel-Ebene", „Was-Ebene", „Wie-Ebene"

verankert und durch das Hinzuziehen der „Ziel-Ebene" assoziativ „freigesetzt": Ein S-Typ hat bei der Betrachtung des CM die „Wie-Ebene" sofort vor Augen, ein N-Typ benötigt diese nicht, gleicht seine Vorstellung jedoch mit der erarbeiteten „Wie-Ebene" ab.
- Allgemein gilt das Prinzip: „Ein CM sollte dasjenige Wissen enthalten, das, wenn es nicht enthalten ist, zu einem hohen Risiko für das Projekt führt."

Wir möchten eine kurze abschließende Bemerkung machen: Sicher werden Sie sich fragen, warum wir so ausführlich diese Form der Strukturierung besprochen haben. An sich sollte das doch klar sein. Denn auf den ersten Blick erschließt sich dieses Vorgehen dem ein oder anderen intuitiv. Auf den zweiten Blick sieht das jedoch anders aus: Die Erfahrung zeigt, dass Projektführungskräfte sich in der Projekt-Praxis in den seltensten Fällen des obigen Drei-Ebenen-Schemas für den CM bewusst sind und danach handeln.

6.5 Teamheterogenität

Ein Projektteam wird in der Regel einmal zusammengestellt und nur durch äußere Einflussfaktoren (siehe dazu auch das Kapitel *Projektumwelt*) verändert. Bei der Zusammensetzung spielen sehr oft in erster Linie die fachliche Erfahrung und Kompetenz eine Rolle. Wie unter dem Einflussfaktor „Temperament" geschildert, sollte in einem Team zusätzlich auf die Zusammensetzung der Temperamente geachtet werden. Jeder, der schon in Teams gearbeitet hat, hat sicherlich die Erfahrung gemacht, dass Teams, in denen die Temperamente sehr nahe beieinander liegen, entweder fruchtlos sind, weil keine Ideen geboren und ausgestaltet werden, oder ergebnislos sind, weil zwar Ideen geboren werden, man sich aber auf keinen gemeinsamen Nenner einigen kann. Intuitiv ist klar, dass man das Team so auswählen muss, dass ein Gradient im Team existiert, der so groß ist, dass Neues entstehen kann, und gleichzeitig so gering, dass das Team sich hinreichend gut versteht, um ein kollektives Verständnis, ein CM, aufkommen zu lassen.

Was man von den Teammitgliedern objektiv weiß, ist ihre fachliche Kompetenz; die durch Erfahrung erworbene Ausprägung ihrer mentalen Modelle entzieht sich dagegen einer Objektivierung und ihr Temperament ist in den wenigsten Fällen bekannt.

Unser Modell für die Teamheterogenität ermöglicht es uns, die Rollen projektbezogen so zu besetzen, dass ein stabiler Collective Mind entstehen kann und damit ein Projektfortschritt möglich ist.

Die Teamheterogenität lässt sich durch das Zusammenspiel der folgenden Rollen und ihrer Ausprägungen charakterisieren:

Rolle Projektleiter: Der Projektleiter ist im Sinne der oben definierten Erfolgsfaktoren für den Erfolg des Projektes verantwortlich und gibt den „Denkrahmen" vor. Er sollte möglichst kein fachlicher Experte sein, der zu sehr auf bestimmte fachliche Details fixiert ist und demnach allen fachlichen Lösungsmethoden eines Projektes offen gegenüberstehen. Ist der Projektleiter dennoch ein fachlicher Experte, der bestimmte Aspekte seines Arbeitsgebiets bevorzugt, so muss er auch in der Lage sein, alternative Lösungen zuzulassen. Das ist leicht gesagt, stellt sich in der Praxis aber als schwierig heraus.

Auch sollte der Projektleiter mögliches Konfliktpotenzial mit den anderen Projektteammitgliedern aufgrund deren Typs erkennen und damit entsprechend umgehen können. Wie wir noch sehen werden, ist das Temperament des Projektleiters ein entscheidender Faktor für den Erfolg des Projektes. Aus diesem Grunde raten wir, bei der Auswahl neben Erfahrung und Kompetenz bewusst das Temperament des Projektleiters mit einfließen zu lassen.

Nach Auffassung der „klassischen Lehre" hat der Projektleiter die Aufgabe, ein Projekt zu planen, zu steuern und zu überwachen. Hierfür ist eine stark strukturierende Qualifikation notwendig. Falls ein Projektleiter diese Qualifikation nicht besitzt, kann sie von einem anderen Teammitglied, dem Projektcoach (siehe unten), erbracht werden. Nach der Collective Mind Methode ist die zentrale Führungsaufgabe eines Projektleiters, für den Aufbau des Collective Mind zu sorgen und den

6.5 Teamheterogenität

Collective Mind mit der Aufgabenstellung und dem Ziel so zu verbinden, dass das Projektteam den Weg von der Aufgabenstellung zum Ziel findet und auch geht.

Rolle fachliche(r) Experte(n): Die fachlichen Experten werden überwiegend aufgrund ihrer fachlichen Expertise ausgewählt. Denn in vielen Fällen hat nur einer oder eine diese Expertise. Die zusätzliche Auswahl nach MBTI-Typ ist meist nicht möglich, da dieser nicht bekannt ist oder es nicht opportun erscheint, diesen zu ermitteln. Bei der Auswahl des Teams kann es durchaus hilfreich sein, Annahmen über das MBTI-Temperament der Teammitglieder zu machen: Damit gibt man der intuitiven Menschenkenntnis eine analytische Struktur.

„Ich habe Ihnen jetzt einige Rollen in den Projektteams erläutert, Herr Priesberg. Sie wissen jetzt, was MBTI-Typen sind. Wir haben sogar Vermutungen über einige der Typen in Ihrem Projekt angestellt: Peter Schnell ist ein Mastermind, ein N-Typ. Er muss sich in den Mustern, in den chemischen Strukturen, wiederfinden. Nur dadurch kann sein Gehirn Impulse für neue Synthesewege erzeugen. Er ist übrigens ein Stiller, genauso wie Sie. Deswegen hat er in den Sitzungen nie auf den Putz gehauen. Bernd Pfiffig dagegen ist ein Mann der Tat. Er interessiert sich für Daten und Fakten. Daher möchte er möglichst viele seiner biologischen Daten sehen und kombinieren. Und wenn er alle Daten gesammelt und verstanden hat, dann legt er los. Dann macht er Versuche, um neue Daten zu sammeln. Ihr Projektleiterstil, sich zu sehr auf alle technischen Details der zukünftigen IT-Anwendung zu konzentrieren, hindert ihn daran, seine Ideen für das neue System einzubringen. So, jetzt wissen Sie vielleicht auch, weshalb er kein Interesse an Strukturen und Mustern hat: Er ist ein S-Typ, genauso wie Sie. Aber er ist extravertiert, ein Mann der Tat eben!"

Ehrlich ergänzt: „Über die anderen Kollegen in dem Team kann ich nichts sagen, da ist Ihre Beschreibung nicht ausreichend genug! Aber ich vermute zumindest, dass der Kollege aus der IT so ähnlich ist wie ich. Deshalb will er eine neue Technologie ausprobieren und bestimmt die Geschwindigkeit und Richtung im Projekt. Aber wir werden das alles herausfinden."

Priesberg überlegt lange, bevor er antwortet: „Wissen Sie, Herr Ehrlich, Sie unterteilen die Menschheit nach vier Kriterien. Und das gefällt mir nicht."

„Ich weiß", entgegnet Ehrlich. „Und dennoch sind es die hervorstechenden Unterscheidungsmerkmale zwischen Menschen. Glauben Sie, dass ich jemals den Inhalt meines chaotischen Büros katalogisieren könnte? Glauben Sie, dass ich eine Labormannschaft jemals so gut führen könnte, wie Sie es tun?"

„Ich weiß es nicht", antwortet Priesberg. „Zumindest bin ich mir sicher, dass ich mir sehr genau überlege, was und wann meine Leute etwas zu tun bekommen. Ich nehme mir immer viel Zeit für sie. Viele Kolleginnen und Kollegen aus den anderen Labors wollen bei mir arbeiten. Bis jetzt bin ich immer davon ausgegangen, dass ich das Projekt wegen meines Führungsstils bekommen habe. Und ausgerechnet jetzt klappt nichts mehr."

Die Tür geht auf und jemand aus Ehrlichs Mannschaft kommt herein und spricht: „Tobias, wir haben am Kernforschungszentrum wieder keine Strahlzeit bekommen, da gerade eine neue Ionenquelle installiert wird."

„Ruf den Operateur an! Wir haben für die Strahlzeit bezahlt, ich habe echt keinen Bock, mir ständig neue Ausreden anhören zu müssen." Der Mitarbeiter geht beruhigt und Ehrlich wendet sich wieder Heiner Priesberg zu, der entsetzt ausruft: „Jetzt lassen Sie den Kollegen alleine und was ist, wenn der keinen Erfolg hat? So frustrieren Sie doch nur Ihre Leute. Das ist Ihre Führungsaufgabe, sich um so etwas zu kümmern!"

„Nein, lieber Kollege Priesberg, ich mache sie fit, genauso wie ich Sie fit machen werde. Der Mensch ruft jetzt den Operateur an, und siehe da, wir werden morgen wieder Strahl mit der alten Ionenquelle haben. Der weiß, wie er dort verhandeln muss. Sie dagegen leben im Hier und Jetzt. Sie planen zu sehr. Das können Sie vielleicht in einem kleinen Laborteam mit klaren Aufgaben und wenigen Unwägbarkeiten tun, aber nie und nimmer in einem

interdisziplinären Projekt mit gleichberechtigten Projektpartnern. Hier haben Sie gar keinen einheitlichen Kontext, keine klaren Aufgaben und keine immerwährende Begeisterung. Sie müssen Ihren Leuten einen Horizont zeigen und sie alle dort hinbewegen. Frei nach Exupéry: 'Wenn Du willst, dass Leute ein Floß bauen, dann lehre sie nicht Holz zu hacken und zusammenzubinden, sondern erwecke in ihnen die Sehnsucht von der Weite des Meeres.' Keine neue Erfindung oder Entdeckung der Menschheit ist durch pures Abarbeiten entstanden. Vergiss es auf diese Art, Priesberg! A propos: Die wichtigste Rolle habe ich Ihnen noch gar nicht erläutert, obwohl wir schon mittendrin sind." Ehrlich steht auf, geht zur Tafel und zeichnet dort die Skizze eines Fliehkraftreglers.

Rolle Projektcoach: Eine wichtige Rolle im Teamgefüge spielt der Projektcoach, der in Bezug auf das Temperament des Projektleiters ein „Gegengewicht" darstellt. Es handelt sich also um eine Person, die nicht mit dem Projektleiter identisch sein darf. Sie soll die „Schwächen" des Projektleiters, die sich aus dessen MBTI-Typ ergeben, kompensieren, um einen möglichst gleichmäßigen Projektfortschritt zu erreichen. Man denke hierbei an den Fliehkraftregler einer Dampfmaschine. Beispielsweise sollte einem „Ideenreichen Initiator (Visionär)" (ENTP) als Projektleiter daher ein „Intuitiver Denker (Mastermind)" (INTJ) als Coach gegenübergestellt werden: Der Visionär entwickelt Ideen, welche der Mastermind hinterfragt, ergänzt und verfestigt.

Aufgrund unserer Erfahrung postulieren wir folgendes Prinzip für die Teamauswahl: Denkt der Projektleiter eher intuitiv (man spricht sehr oft alternativ auch von rechtshirnigem Denken), so sollte auch der „Projektcoach" in seinem Denken intuitiv, also rechtshirnig, veranlagt sein.[10] Entsprechend sollte das Gegengewicht für einen Projektleiter, der sich eher durch ein auf Fakten geprägtes Denken auszeichnet (man spricht alternativ von linkshirnigem Denken), das Denken eines S-Typen vorweisen. Ein Visionär kann durch einen N-Typ-Projektcoach besser verstanden werden, da die Kommunikation zwischen beiden vermehrt ganzheitlich in Bildern und Assoziationen erfolgt und weniger auf einem Informationsaustausch mittels Details stattfindet.

Die Rolle des Projektcoachs kann durch einen externen Berater oder durch einen fachlichen Experten ausgefüllt werden. Der externe Berater hat zusätzlich den Vorteil, den „Blick von Außen" auf das Projekt einnehmen zu können.

Aufgrund der zum Projektleiter komplementären Wahl des MBTI-Typs des Projektcoachs merkt der Projektcoach automatisch, wenn das Projekt stecken bleibt oder je nach Typ des Projektleiters zu schnell oder zu oberflächlich wird. Als Sparringspartner greift der Projektcoach regulierend, also stabilisierend, in die Dynamik des Projektteams ein. Projektleiter und Projektcoach bilden eine Einheit, die ein gleichmäßiges Voranschreiten des Projektes gewährleistet. Voraussetzung ist, dass die Rolle des Projektcoachs im Projektteam kommuniziert, verstanden und akzeptiert wird. In den seltensten Fällen wird man den Projektcoach, wie auch alle anderen Rollen, aufgrund seines oder ihres Temperament-Typs auswählen können, da dieser in den wenigsten Fällen bekannt sein dürfte. Aber auch hier gilt die Aussage, dass die Beschäftigung mit der MBTI-Typologie hilft, das Projektteam passend zusammenzustellen.

---

[10] Wir werden später sehen, dass im Idealfall der Typ des Projektleiters und des Projektcoachs zueinander und zum Projekt passen sollten. Falls der Typ des Projektleiters nicht zum Projekt passt, kann es notwendig sein, von der obigen Regel abzuweichen und einem S-Typ-Projektleiter einen N-Typ-Projektcoach an die Seite zu stellen, damit das Projekt erfolgreich wird.

6.6 Projektorganisation

Es ist schon spät und die Lichter in den meisten Büros sind bereits gelöscht. Trotz vieler Zweifel glaubt Heiner Priesberg langsam, dass in den Überlegungen seines verrückten Kollegen ein Körnchen Wahrheit stecken könnte. Oder ist es doch der Strohhalm, an den er sich klammert? Wie dem auch sei, Priesberg ist nicht müde und vergisst sogar, zuhause anzurufen, dass er heute später kommt.

„Kollege Priesberg, Ihr MBTI-Typ ist doch ISTJ. Sind Sie denn tatsächlich der passende Projektleiter für Ihr Projekt?", fordert Ehrlich ihn heraus.

Priesberg rekapituliert: „Die Datenbankanwendung soll es den Benutzern ermöglichen, chemische und klinische Daten in Reports zu verknüpfen. Neue Auswerteverfahren und Data Mining sind auch vorgesehen. Also sollte es sich um ein Projekt mit innovativem Charakter für viele Anwender handeln. Hm...mir fehlt dann wohl ein wenig Extraversion, um zu pushen, und Intuition, um die Details loszulassen."

„Ja", sagt Ehrlich. „Aber dafür bin ich ja auch Ihr Coach, ich gebe Ihnen mein „E". „N" haben Sie sicherlich, Sie müssen es nur herausholen. Ich werde Sie dazu immer wieder ermutigen."

Ehrlich grinst schelmisch und fährt fort: „Themenwechsel, Priesberg, jetzt sprechen wir über etwas, das Sie eigentlich aus dem ff beherrschen sollten: Organisationsformen von Projektteams."

Ehrlich holt aus: „Wie viel Projektorganisation brauchen Sie? Wann, glauben Sie, hat ein Projektteam überhaupt die Chance, einen Collective Mind aufzubauen?"

„Naja, bis jetzt bin ich davon ausgegangen, möglichst wenige Projektteamsitzungen durchzuführen, denn Meetings sind ja bekanntlich der Zeitfresser Nummer 1", erwidert Priesberg, „aber da ich Sie jetzt ein wenig kenne, werden Sie mir bestimmt gleich das Gegenteil beweisen."

„Ja, natürlich!" Ehrlich springt auf und zieht sich einen Espresso aus der Maschine. Das Gerät quiekt und faucht, bevor der Espresso in die Tassen fließt. „Wissen Sie was, Heiner Priesberg, dieses Geräusch der Espressomaschinen sollten wir uns patentieren lassen. Wir würden eine Menge Geld damit verdienen...kleiner Scherz." Ehrlich bringt Priesberg seinen Espresso.

„Wenn Sie als Kind ertappt wurden, nachdem Sie, sagen wir, heimlich ein bisschen Blödsinn gemacht hatten, stellte sich da bei Ihnen ein schlechtes Gewissen ein?"

„Natürlich", sagt Priesberg mit dem Brustton der Überzeugung. „Wenn man etwas ausgefressen hatte, musste man immer damit rechnen, dafür geradestehen zu müssen."

„Sehen Sie, Herr Priesberg, und hier machen Sie gerade wieder einen Kardinalfehler. Sie meinen, dass die Erwachsenen, die Sie vielleicht früher mal ertappt haben, genau wussten, was Sie angestellt haben. Deswegen fühlten Sie sich vermutlich immer ertappt und redeten los. Aber die Erwachsenen waren doch gar nicht dabei! Die konnten im ersten Moment gar nicht wissen, was los war. Hätten Sie den Mund gehalten, wäre gar nichts passiert, Sie hätten keine Sanktionen erhalten."

„Herr Ehrlich, langsam verstehe ich Ihre Sprünge nicht mehr..." Heiner Priesberg schaut Tobias Ehrlich mit leerem Blick an. Der fährt unbekümmert fort: „Und das ist genau die Situation, die in vielen Projektteams herrscht. Sie unterstellen Ihren Projektteammitgliedern, dass diese genau dasselbe wüssten wie Sie, genau so, wie Sie den Erwachsenen unterstellt haben, dass die alles über Sie gewusst haben...deswegen haben Sie auch nichts dagegen, wenn plötzlich neue Projektteammitglieder hinzukommen oder andere einfach wieder verschwinden, sich Unterteams bilden, wie auf einem Basar, all das sind die Zeitfresser. Sie müssen ständig neue Leute einarbeiten oder sich das Gelaber neuer Teammitglieder anhören. Mein Rat an dieser Stelle ist: Denken Sie genau über die Organisation des Projektteams nach, bevor Sie loslegen! Machen Sie regelmäßige Sitzungen! Denken Sie auch darüber nach, aus welcher Organisation Ihre Projektteammitglieder stammen,

sozusagen aus welchem Kulturkreis. Und denken Sie darüber nach, warum diese Leute von deren Organisation in Ihr Team geschickt worden sind, falls Sie diese nicht von sich aus angefordert haben. Und fordern Sie vom Management ein, dass Ihnen und den Projektteammitgliedern genügend zeitliche Ressourcen zur Verfügung gestellt werden. Es gibt nichts Schwierigeres als On-Top-Projekte. Wenn Sie nicht einen wesentlichen Teil Ihrer Zeit auf das Projekt verwenden können, dann lassen Sie es besser!"

Nach unserer Erfahrung hat die Projektorganisation einen wesentlichen Einfluss auf die Ausbildung und die Nachhaltigkeit eines CM. Wir möchten dies im Folgenden an drei Organisationsmustern verdeutlichen:

- Einzentren-Projektorganisation
- Multizentren-Projektorganisation
- Satelliten-Projektorganisation

Die nachfolgende Abbildung zeigt die Einzentren-Projektorganisation zu zwei verschiedenen Zeitpunkten t_1 und t_2. Die Projektorganisation ist also für den Zeitraum von t_1 bis t_2 in der Struktur gleich, lediglich die Teamzusammensetzung hat sich vielleicht geändert: Zu den Zeitpunkten t_1 und t_2 besteht die Projektorganisation aus einem Kernteam, das nach Bedarf um weitere Mitglieder ergänzt wird. Diese Mitglieder, die zum Kernteam hinzustoßen, bilden mit diesem das erweiterte Team. Kernteam und erweitertes Team treffen sich in Sitzungen, um gemeinsam die Aufgabenstellung oder Teile der Aufgabenstellung zu bearbeiten. Das erweiterte Team sollte im Idealfall erst ins Leben gerufen werden, wenn sich das Kernteam so weit gefestigt hat, dass ein CM entstanden ist.[11] Erfolgt die Erweiterung des Kernteams zu früh und zu wechselhaft, stoßen also immer wieder andere Mitglieder zum erweiterten Team hinzu, müssen diese immer wieder neu in das Team integriert werden und mit dem CM vertraut gemacht werden. Falls das erweiterte Team wesentlich größer ist als das Kernteam, besteht sogar die Gefahr der Instabilität für das Kernteam: Die Sitzungen werden unfruchtbar, man tritt auf der Stelle und im schlimmsten Fall verschwindet der vorher erarbeitete CM. Daraus leitet sich Folgendes für die Fluktuation und die Größenverhältnisse der Teams ab: Die Fluktuation des Kernteams sollte möglichst klein sein. Kernteammitglieder, die unregelmäßig an Zusammenkünften teilnehmen, stören den Aufbau eines CM mehr als dass sie durch das Experten-Know-How beitragen. Das erweiterte Team sollte nach unserer Erfahrung zu einem Zeitpunkt bezüglich der Teammitgliederzahl nicht mehr als ca. 30% des Kernteams ausmachen, anderenfalls wird der Integrationsaufwand, den man treiben muss, viel zu hoch.

Um sicherzustellen, dass der CM und damit die im Team erarbeitete Lösung für die nachfolgenden Aktivitäten verfügbar ist, ist es notwendig, dass eine bestimmte Anzahl an Teammitgliedern kontinuierlich im Kernteam verbleibt. In der Abb. 6.11 verdeutlicht ein kleiner Kreis die im Kernteam verbliebenen Mitglieder. Falls die Teams ca. 8–10 Mitglieder umfassen, sollten also 2–3 Teammitglieder über die Zeit

---

[11] Es kann in bestimmten Situationen angebracht sein, von dieser Regel abzuweichen: Falls ein Projekt eine negative Vorgeschichte hat und alle Stakeholder wieder ins Boot zu holen sind, ist es sinnvoll, dass dies am Anfang des Projektes erfolgt und die ersten Projektsitzungen im erweiterten Team stattfinden.

6.6 Projektorganisation

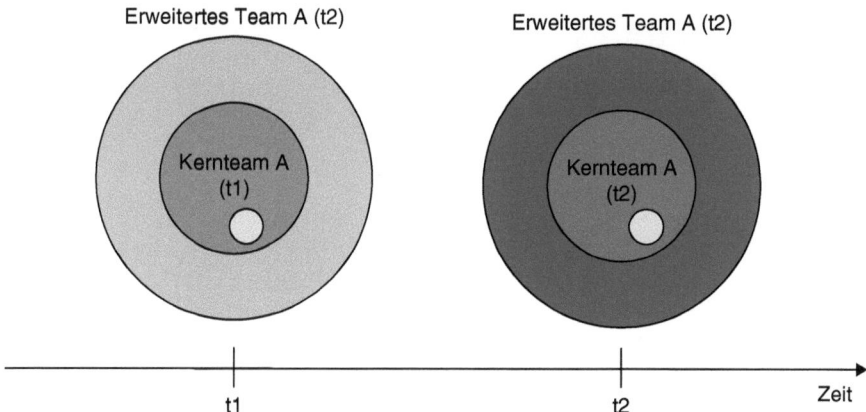

Abb. 6.11 Einzentren-Projektorganisation: Die kleinen Kreise in der Abbildung verdeutlichen die Teammitglieder, die kontinuierlich in den Teams verbleiben.

im Kernteam verbleiben, im Idealfall der Projektleiter, sein Projektcoach und ein Experte.

Unter diesen Rahmenbedingungen ist die Einzentren-Projektorganisation ideal für die effiziente und effektive Ausbildung eines CM und damit eine optimale Lösung.

Die Multizentren-Projektorganisation ist eine Organisationsform, die sehr oft aus der „Not" heraus geboren wird: Einzelne Stakeholdergruppen, die aus irgendwelchen Gründen über wenig Zeit verfügen, um sich gemeinsam am Projekt zu beteiligen, werden als separate Teams definiert. In IT-Projekten tritt dies sehr oft auf, wenn die Anwender eines zukünftigen Systems mit den Mühen der Systemkonzeption und Erstellung nicht belastet werden sollen oder dürfen: In diesem Fall wird ein Anwenderteam gebildet, das sich nur sehr kurz und nicht oft trifft. Die eigentliche Arbeit wird in einem anderen Team, das aus Vertretern der IT besteht, getan. Dieses Team trifft sich wesentlich öfter und erarbeitet sich ein CM und eine entsprechende Lösung. Der Projektleiter oder eine andere Person ist Mitglied beider Teams und hat die undankbare Aufgabe, zwischen den Teams den CM und die Lösung zu „transferieren", was in den wenigsten Fällen gelingt. Besonders schlimm wird es, wenn die Teamzusammensetzungen mit der Zeit starken Fluktuationen unterliegen.

Es ist verständlich, dass diese Multizentren-Projektorganisation die Ausbildung eines CM und damit eine nachhaltige Lösung nicht fördert, sondern oft behindert (Abb. 6.12).

Die Satelliten-Projektorganisation versucht die negativen Aspekte der Multizentren-Projektorganisation durch Einbau von Elementen der Einzentren-Projektorganisation abzumildern. Es gibt ein Hauptteam (in der Abb. 6.13 Team A) und mehrere andere Satellitenteams (in der Abb. 6.13 Team A2 bis A6). Um die Kommunikation zwischen Kernteam und Satellitenteam sicherzustellen, gibt es verschiedene Ausprägungen der Interteamkommunikation:

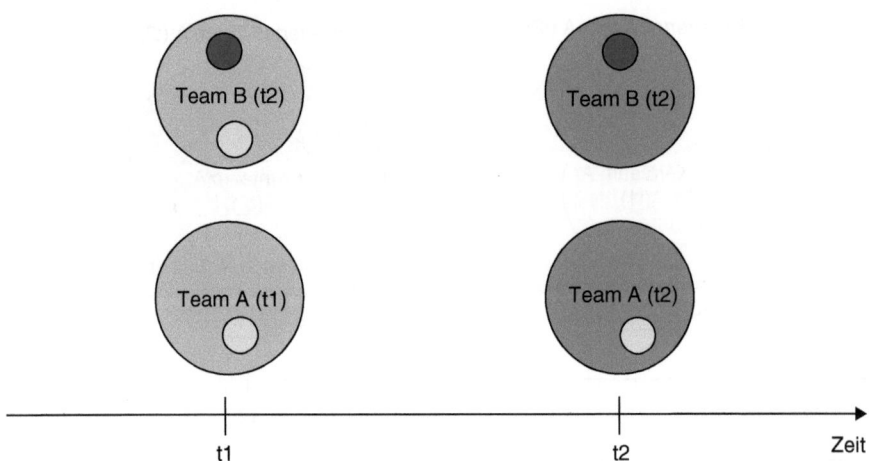

Abb. 6.12 Multizentren-Projektorganisation. Die kleinen Kreise in der Abbildung verdeutlichen die Teammitglieder, die kontinuierlich in den Teams verbleiben oder Teams miteinander „verbinden".

- Der Projektleiter oder andere Teammitglieder sind gleichzeitig Teammitglieder in den Satellitenteams.
- Das Kernteam trifft sich mit einem oder mehreren Satellitenteams zu Projektsitzungen.

Dies ist eine Organisationsform, die dann Anwendung findet, wenn die konzeptionelle Lösung in Subteams detailliert oder über Subteams implementiert wird. Dies

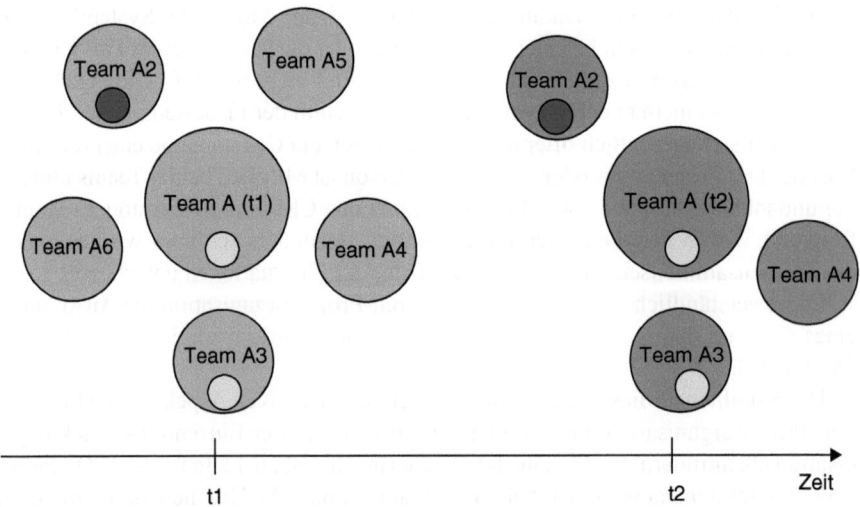

Abb. 6.13 Satelliten-Projektorganisation: Die kleinen Kreise in der Abbildung verdeutlichen die Teammitglieder, die kontinuierlich in den Teams verbleiben.

6.6 Projektorganisation

ist zum Beispiel der Fall, wenn konzeptionelle IT-Lösungen in Subteams implementiert werden sollen. Falls diese Organisationsform bewusst gewählt wird und der Charakter des Hauptteams als Hauptteam erhalten bleibt und die Kommunikation zwischen Hauptteam und Subteams sichergestellt ist, besteht eine gute Chance für die Ausbildung oder Stabilisierung des CM.

Es kann jedoch auch geschehen, dass sich eine Satelliten-Projektorganisation als „Schattenorganisation" etabliert, ohne dass dies vom Hauptteam als solches wahrgenommen wird. Dies geschieht dann, wenn die Teammitglieder in ihren Organisationen (z. B. in ihren Abteilungen) unbewusst „Schattenteams" aufbauen, oder ihnen dies durch ihre Organisation bzw. ihre Vorgesetzten nahegelegt wird. In diesem Fall werden die Ergebnisse des Hauptteams in den „Schattenteams" diskutiert, hinterfragt und Lösungsalternativen erarbeitet. Dies geschieht oft so, dass das Teammitglied des Hauptteams in den Hauptteamsitzungen Gedanken einstreut, die nicht im Sinne des CM sind. Es gibt durchaus Praxisfälle, in denen der Projektleiter erst nach Wochen diese Zusammenhänge erkennt und sich schwer tut zu handeln, indem er die Schattenorganisation entweder unterbindet oder bewusst als CM-Multiplikator nutzt.

Die oben geschilderten Typen der Projektorganisation können sich im Laufe eines Projektes ändern. So kann ein Projekt für die prinzipielle Erarbeitung einer Problemlösung mit einer Einzentren-Projektorganisation starten. Anschließend wird diese Lösung in verschiedenen Projektteams eines multinationalen Konzerns an lokale Gegebenheiten angepasst, um sie anschließend lokal über Satellitenteams zu implementieren. Wie wir in einem späteren Kapitel zeigen werden, hat hierbei der Collective Mind eine herausragende, integrierende Rolle.

Kapitel 7
Temperament der Projekte

Projekte haben wie Menschen ein Temperament. In diesem Kapitel erläutern wir, dass sich vier Fundamental-Projekttypen ableiten lassen, mit denen IT-Projekte charakterisiert werden können:

- **Erfinderprojekt**
- **Missionarsprojekt**
- **Baumeisterprojekt**
- **Zimmermannsprojekt**

Wir definieren eine Metrik, anhand derer sich Projekte in diese vier Projekttypen einteilen lassen. Darauf aufbauend, ordnen wir jedem Projekttyp das optimale Temperament des Projektleiters und des Projektcoachs zu.

> *„Sie sehen, Priesberg, wir haben gemeinsam eine besondere Schwierigkeit zu überwinden: Sie sind ein S-Typ und ich bin ein N-Typ. Wegen dieses kleinen Unterschieds werden wir immer wieder über den Sinn und Zweck der von mir vorgeschlagenen Art des Wissenstransfers streiten. Sie werden immer wieder versuchen, meine Gedanken in Ihre Zahlen, Daten und Fakten zu pressen. Aber was soll's. Ob Ihr MBTI-Typ zu dem von Ihnen geleiteten Projekt passt, haben wir bereits festgestellt."*
>
> *Ehrlich gießt sich ein Glas Wasser ein, trinkt es in einem Zug aus, wobei er sich einen kleinen Teil des Inhalts auf sein Hemd schüttet. Er fährt fort: „Als nächstes erarbeiten wir ein zentrales Kernstück: Die Verbindung zwischen den unterschiedlichen Projekttypen und den MBTI-Typen des Projektleiters und des Projektcoachs. Nur wenn dieser Zusammenhang stimmt, also wenn der Projekttyp zum Typ des Projektleiters, zum Typ des Coachs und sogar zum ganzen Team passt, wird es mit großer Wahrscheinlichkeit keine Reibungsverluste geben. Ansonsten muss man über seinen ‚MBTI-Schatten' springen und das erzeugt Reibung und damit Energieverlust."*

In diesem Kapitel wenden wir uns der Typologie der Aufgabenstellung zu. Wir folgen hierbei der Darstellung in (Oswald u. Köhler 2009).

Um das Temperament der noch zu bildenden Organisation „Projekt" bewusst herbeizuführen, lassen wir uns von folgenden Gedanken leiten: Die Aufgabenstellung erfordert bestimmte Fähigkeiten, die von den Menschen im Team zu erbringen sind. Die Fähigkeiten charakterisieren wir durch die MBTI-Temperamente. Also typisieren wir die Aufgabenstellung durch Dimensionen, die den „Gegensatz"-Paaren E-I, S-N, T-F und J-P entsprechen:

Missionsgrad (E-I-Dimension): Diese Temperamentdimension gibt an, in welchem Maße die Aufgabenstellung oder die Lösung im Kreis der Stakeholder zu bewerben ist, um in diesem eine entsprechende Akzeptanz zu erzielen. Der notwendige Missionsgrad einer Lösung hängt damit sehr stark von der Anzahl der Personen, die vom Projekt betroffen sind, und der individuellen Auswirkung im jeweiligen Arbeitsfeld ab. Die Größe und Heterogenität des Stakeholderkreises und das stakeholderbezogene Lernen neuer Strukturen, Prozesse und Technologien spielen eine zentrale Rolle. Je nachdem, ob ein großer oder kleiner Personenkreis durch ein Projekt erreicht werden soll, muss das Projekt ein extravertiertes oder introvertiertes Temperament haben.

Innovationsgrad (S-N-Dimension): Der Innovationsgrad einer Lösung ist sehr stark mit den Begriffen Intuition, Vision oder Originalität verbunden. Von einer Innovation sprechen wir, wenn die Lösung das Leben (privates Leben oder Arbeitsleben) einer beträchtlichen Anzahl an Personen nachhaltig beeinflusst. Durch innovative Strukturen, Prozesse und Technologien können ganze Arbeitsfelder revolutioniert werden. Ist der Innovationsgrad gering, werden also bekannte Strukturen, Prozesse und Technologien eingesetzt, liegt eine Weiterentwicklung vor. Analog zur MBTI-Typologie sprechen wir hier von dem „Gegensatz"-Paar Innovation -Weiterentwicklung. Dieses „Gegensatz"-Paar wird durch das N-S-Paar der MBTI-Typologie repräsentiert:

Innovative Projekte entsprechen einer intuitiven Organisation und haben daher NF- oder NT-Temperament. Weiterentwicklungen oder standardisierte Aufgabenstellungen erfordern ein hohes Maß an Strukturierung und die Übertragung von Bekanntem auf andere Anwendungsbereiche. Dies ist durch das SF- oder ST-Temperament gewährleistet.

Um den Innovationsgrad innerhalb eines Projektes besser abschätzen zu können, ist es sinnvoll, das Projekt hinsichtlich folgender Aspekte zu beleuchten:

- Hat die Lösung einen stark visionären Charakter und damit Potential für eine Innovation?
- Setzt die Lösung beim Betrachter überraschende Assoziationen frei? Kann man von Originalität sprechen, die die Lösung in einem neuem Licht erscheinen lässt?
- Führt die Lösung zu neuem, mit der Lösung verbundenem Domänwissen? Oder ist neues methodisches Wissen für die Erarbeitung der Lösung erforderlich?
- Sind die nicht im Projektteam vertretenen Stakeholder über Lernen an die neue erarbeitete Lösung heranzuführen? Eröffnet die Lösung selbst neue Möglichkeiten des Lernens in der Domäne?

Abstraktionsgrad (T-F-Dimension): Wir sprechen von Abstraktion, wenn die Aufgabenstellung und die Lösung durch Fähigkeiten der analytischen Intelligenz (T-Ausrichtung) und emotionalen Intelligenz (F-Ausrichtung) zu strukturieren und zu systematisieren sind. Insbesondere komplexe Aufgabenstellungen enthalten eine Vielzahl von Elementen mit einer hohen Vernetzung zwischen den Elementen. Nachdem eine Lösung intuitiv erschlossen wurde, ist diese Lösung durch Abstraktion auszugestalten.

Um den Abstraktionsgrad innerhalb eines Projektes besser abschätzen zu können, ist es sinnvoll, das Projekt z. B. hinsichtlich folgender Aspekte zu beleuchten:

- Ist die Aufgabenstellung komplex? Sind viele Komponenten oder Aspekte zu einer Lösung zu integrieren? In diesem Fall sind umfangreiche strukturierende Maßnahmen notwendig, um die Komplexität zu beherrschen.
- Erfordert die Aufgabenstellung ausgeprägte analytische Fähigkeiten?
- Ist die Stakeholderstruktur komplex? Sind also viele unterschiedliche Interessen im Spiel? In diesem Fall sind diese zu erfassen, zu strukturieren und zu kanalisieren.

Dieses Temperament des Projektes entspricht dem T-F-Paar der MBTI-Typologie.

Managementgrad (J-P-Dimension): Der Managementgrad gibt an, in welchem Maße das Projekt ein zielorientiertes Management erfordert. Zielorientierung ist zu jedem Zeitpunkt erforderlich, die Stringenz, mit der das Ziel (z. B. in Termin, Qualität und Kosten) verfolgt wird, hängt jedoch sehr stark von der Phase ab, in der sich das Projekt befindet. Ein Projekt in der Anfangsphase benötigt mehr „Spielraum", um einen Lösungsweg zu finden, als ein Projekt, das sich im Abschluss befindet und schon auf ein definiertes Ziel ausgerichtet ist. Dieses durch das Projektdesign einzustellende Temperament eines Projektes entspricht in der MBTI-Typologie dem J-P-Paar.

7.1 Projekttypen

Analog zu den 16 MBTI-Temperamenttypen lassen sich auf der Basis der obigen Temperamentdimensionen der Projekte 16 MBTI-Projekttemperamente definieren. In dem nachfolgenden Kapitel *Projektumwelt* gehen wir auf dieses Thema aus Sicht der Organisationstemperamente ein.

Auf der Basis unserer Erfahrungen ist es für die IT-Projektpraxis ausreichend, lediglich vier Projekttypen, die wir als Fundamental-Projekttypen bezeichnen, zu betrachten.

Der Anschaulichkeit halber beschreiben wir diese vier Projekttypen mittels vier Berufsgruppen und geben die MBTI-Temperamente an (in den Fällen, in denen eine Temperamentdimension durch „_" gekennzeichnet ist, ist diese konkrete Ausprägung kein Unterscheidungskriterium):

- Der **Erfinder**, der als ideenreicher Forscher Neuland betritt [INT_].
- Der **Missionar**, der als Prophet mit neuen Ideen das Leben zahlreicher Menschen verändern will [EN_P, EN_J].
- Der **Baumeister**, der große Bauwerke erstellt, die von vielen Menschen wahrgenommen und genutzt werden [ES_J].
- Der **Zimmermann**, der Rohbauten ausgestaltet [ISTJ].

Während die ersten beiden Berufsgruppen visionär, manchmal sprunghaft und eigenbrötlerisch sind, zeichnen sich die beiden letzten Berufsgruppen vor allen Dingen durch Genauigkeit und Ordnung aus. Im Folgenden übertragen wir dies als Metapher auf die IT-Projekttypen.

Projekte, bei denen die Innovation im Vordergrund steht, nennen wir Erfinderprojekt oder Missionarsprojekt.

Beim **Erfinderprojekt** handelt es sich um eine visionäre, schwierige, originelle Aufgabe in anzahlmäßig beschränktem Stakeholderkreis. Die Interessen sind relativ homogen. Es kann sich um eine Aufgabe wie beispielsweise die Einführung einer völlig neuen Forschungsmethode in der Pharmaindustrie handeln. Schwierig ist die Aufgabe auch deswegen, weil viele unterschiedliche Aspekte (z. B. unterschiedliche Prozessabläufe) zu integrieren sind und damit ein ganzheitlicher Ansatz gesucht ist, für den neue Basistechnologien einzusetzen sind. Die Lösung wird nur in einem kleinen Kreis verwendet. Beim typischen Erfinderprojekt sind Innovations- und Abstraktionsgrad sehr hoch.

Das **Missionarsprojekt** ist durch eine visionäre, schwierige, originelle Aufgabe gekennzeichnet, deren Lösung jedoch für einen größeren Stakeholderkreis von Bedeutung ist: Falls es gelingt, die Lösung zu implementieren, soll z. B. mit ihrer Hilfe das Geschäftsmodell verändert werden oder das Arbeitsumfeld vieler Mitarbeiter sich so erheblich ändern, dass neue Wege der Produkterfindung möglich sind. Das in der begleitenden Geschichte erwähnte Projekt gehört hierzu. Beim typischen Missionarsprojekt dominiert ein hoher Missions- und Innovationsgrad.

Projekte, bei denen die Weiterentwicklung in bekanntem Umfeld im Vordergrund steht, nennen wir Baumeisterprojekt oder Zimmermannsprojekt.

Das **Baumeisterprojekt** ist eine strukturierte Aufgabe, deren Lösung für einen größeren Stakeholderkreis wichtig ist: Dies ist eine Aufgabenstellung, die mit weitgehend bekannten Methoden und Verfahren bearbeitet wird, einem größeren Stakeholderkreis verständlich zu vermitteln ist und für diesen implementiert wird. Hierzu zählt beispielsweise die Entwicklung von graphischen Oberflächen für SAP-Anwendungen. Beim typischen Baumeisterprojekt dominiert ein hoher Missionsgrad verknüpft mit einem hohem Abstraktions- und Managementgrad.

Das **Zimmermannsprojekt** ist eine strukturierte Aufgabe für einen anzahlmäßig beschränkten Stakeholderkreis**:** Es ist eine Aufgabenstellung, die mit weitgehend bekannten Methoden und Verfahren bearbeitet wird und deren Lösung einem kleinen Stakeholderkreis verständlich zu vermitteln und in diesem zu implementieren ist. Hierunter fällt beispielsweise die Einrichtung eines WiKis in einer kleinen Community. Beim typischen Zimmermannsprojekt dominiert der Managementgrad.

7.2 Projekttypmetriken

Der als nächstes wichtige Punkt ist: Wie kann festgestellt werden, um welchen Projekttyp es sich handelt? Was ist also die Metrik, die die Projekttypen typisiert?

Briggs Myers u. Myers (1980) sowie Bridges (1998) haben für die Ermittlung eines bestehenden Temperaments bei einem Menschen bzw. einer Organisation ihre berühmt gewordenen Fragenkataloge[1] entwickelt.

---

[1] ür die Durchführung der Tests verweisen wir für den Personen-MBTI-Test auf das Buch von Keirsey (Keirsey 1990) oder auf die Internetseiten (Keirsey 2009; Philognosie 2009) und für den Organisations-MBTI-Test auf das Buch von Bridges (Bridges 1998). Beim Organisations-MBTI-Test hat der Testdurchführende zu beachten, dass der Test für Unternehmen geschrieben wurde und dementsprechend für Projekte in der Semantik (gedanklich) anzupassen ist.

Auf der Basis unserer Erfahrungen schlagen wir eine vereinfachte Methode vor, die sich bisher schon in verschiedenen Projekten bewährt hat. Die Bewertung der Temperamentausprägungen erfolgt auf subjektiver Basis mittels einer Skala von 1 bis 10: „1" heißt, dass der Grad der Dimension sehr gering ist, „10" heißt, dass der Grad der Dimension sehr hoch ist. Dementsprechend ist die Gesamteinordnung des Projektes im Ergebnis subjektiver Natur.

Die nachfolgende Tab. 7.1 gibt eine einfache Metrik für die Projekttypen an (falls eine Eigenschaft durch * gekennzeichnet ist, so stellt diese Eigenschaft für den jeweiligen Typ keine Entscheidungseigenschaft dar, kann jedoch auch hier einen hohen Grad besitzen).

Aus unserer Erfahrung hat sich gezeigt, dass sich trotz der Bandbreite der subjektiven Einschätzung von mehreren Personen der Projekttyp sehr oft invariant verhält.

Dies setzt allerdings voraus, dass die die Einschätzung vornehmenden Personen den gleichen Kontext haben. Die nachfolgenden Beispiele mögen dies für den Innovationsgrad verdeutlichen:

Ein Projekt wird von einem Unternehmen durchgeführt und dieses vergibt die Umsetzung der Lösung an einen Auftragnehmer. Der Auftraggeber kann zu dem Ergebnis kommen, dass das Projekt durchaus visionäre, originelle Temperamentzüge trägt: Seine Organisation hat bisher noch nie ein solches Projekt durchgeführt und die Projektdurchführung wird erheblichen Einfluss auf sein Unternehmen haben. Andererseits kann der Auftragnehmer zu dem Schluss kommen, dass es für ihn keine visionären Züge trägt, da die eingesetzten Ressourcen und Methoden schon aus anderen Projekten bekannt sind.

Umgekehrt kann eine Lösung für einen Auftraggeber keine besondere Herausforderung darstellen, der Auftragnehmer ist jedoch gezwungen, neue Technologien einzusetzen und kommt so zum Schluss, dass er ein visionäres Projekt durchführt.

Der festgestellte Innovationsgrad ist also sehr vom Kontext abhängig oder für das Unternehmen sehr spezifisch: Ein Megabit-Chip war zu gewissen Zeiten für Intel eine Fingerübung und für ein anderes Unternehmen der Chipindustrie unmöglich zu bauen.

Da Projekte von Menschen durchgeführt werden, ist deren persönlicher Kontext für die Bewertung, ob es sich um ein Projekt mit hohem oder niedrigem Innovationsgrad handelt, entscheidend, denn diese Menschen müssen auf ihrer Wissensbasis das Projekt aufbauen.

Die obige Projekttypisierung und die vereinfachte Metrik wurden an bisher 30 Projekten der Autoren erfolgreich angewendet, so dass eine Verallgemeinerung der

Tab. 7.1 Metriken zur Projekttypisierung (Oswald u. Köhler 2009)

Projekttemperamentdimension	Erfinderprojekt	Missionarsprojekt	Baumeisterprojekt	Zimmermannsprojekt
Missionsgrad	<= 5	>5	>5	<= 5
Innovationsgrad	>5	>5	<= 5	<= 5
Abstraktionsgrad	>5	*	>5	<= 5
Managementgrad	*	*	>5	>5

Gültigkeit der Methode plausibel erscheint. Im Kapitel *Projektbeispiele* werden einige dieser Projekte erläutert.

7.3 Welcher Projekttyp braucht welches Setting?

Die Tabelle 7.2 fasst die bisherigen Ergebnisse zusammen. Wir ordnen die Faktoren Temperament und Teamheterogenität dem Projekttyp zu und beschreiben, wie sich dies auf den Collective Mind auswirkt. Dadurch können in Abhängigkeit des Projekttyps die im Projekt zu erwartenden Schwächen und Konflikte aufgezeigt werden. Es werden Wege gezeigt, diese nicht wirksam werden zu lassen. Der Einfachheit halber beziehen wir uns auf die kritische Projektphase „Solution Search". Das Thema „Projektorganisation" klammern wir hier aus, da dessen Einfluss auf den Collective Mind bei allen Projekttypen nahezu gleich ist.

Die Tab. 7.2 fasst für jeden Projekttyp das dazugehörige Temperament des Projektes, des Projektleiters und des Projektcoachs zusammen. Für den Projektcoach skizzieren wir die Coaching-Aufgabe, welche die Schwäche des Temperaments des Projektleiters auszugleichen hilft.

7.3 Welcher Projekttyp braucht welches Setting?

Tab. 7.2 Projektsetting für die Fundamental-Projekttypen

Projekttyp	Projekttemperament	MBTI-Typ Projektleiter	MBTI-Typ Projektcoach	Dynamik, Detailtiefe, induziertes Klima, mögliche Konflikte des Projektleiters	Auswirkungen auf den Collective Mind (siehe auch Kapitel Collective Mind und Projekterfolg)
Erfinderprojekt	Missionsgrad: gering Innovationsgrad: hoch Abstraktionsgrad: hoch Managementgrad: irrelevant	INTJ	ENT_ Coaching-Aufgabe: Der ENT_-Projektcoach ist ein weiterer Ideenlieferant, wobei seine Hauptaufgabe darin besteht, das „Festbeißen" an schwierigen Problemen, wozu der Projektleiter evtl. neigt, zu verhindern.	Der Arbeitsstil eines INTJ-Projektleiters ist durch Kontinuität und Sachlichkeit geprägt. Eine hohe Dynamik ergibt sich dann, wenn Konflikte mit E_P-Typen oder S-Typen entstehen. Konflikte mit E_P-Typen sind dadurch gekennzeichnet, dass diese sehr oft neue Ideen einbringen und den CM immer wieder infrage stellen. Konflikte mit S-Typen entstehen, wenn diesen der Detaillierungsgrad nicht hoch genug ist, und das „Wie" der Lösung nicht hinreichend erläutert ist und damit der CM nicht erfahrbar wird.	Die Bedeutung eines CM für den Projekterfolg ist sehr hoch: Der CM sollte die drei Informationsebenen „Ziel", „Was" und „Wie" abdecken, wobei das „Was" und insbesondere das „Wie" nur in geringem Umfang enthalten ist. Aufgrund des Temperaments des Projektleiters besteht die Gefahr, dass Strukturen von den anderen Teammitgliedern nicht erkannt oder nicht akzeptiert werden, wenn lediglich die CM-„Ziel-Ebene" berücksichtigt wird und sich daraufhin der CM nicht ausbilden kann.

Tabelle 7.2 (Fortsetzung)

Projekttyp	Projekttemperament	MBTI-Typ Projektleiter	MBTI-Typ Projektcoach	Dynamik, Detailtiefe, induziertes Klima, mögliche Konflikte des Projektleiters	Auswirkungen auf den Collective Mind (siehe auch Kapitel Collective Mind und Projekterfolg)
Missionars-projekt	Missionsgrad: hoch Innovationsgrad: hoch Abstraktionsgrad: irrelevant Managementgrad: irrelevant	EN__	INTJ Coaching-Aufgabe: Der INTJ-Projektcoach wirkt strukturierend und damit auch korrigierend auf die Geschwindigkeit, mit der der Projektleiter das Projekt vorantreiben will. Darüber hinaus übernimmt er für Aufgaben mit hohem analytischem Abstraktionsgrad deren Ausarbeitung. Da im Missionarsprojekt ein hoher Innovationsgrad vorliegt bzw. gefordert ist, ist es notwendig den Lösungsraum „breit" abzusuchen. Der INTJ-Projektcoach unterstützt den Projektleiter bei der Vernachlässigung von „verrückten" Ideen und der Fokussierung der Lösung beitragen.	Die Projektdynamik hängt sehr stark vom Temperament des Projektleiters ab: Ist der Projektleiter ein EN_P ist per se eine hohe Dynamik zu erwarten, d. h. der Projektleiter bringt selbst immer wieder neue Ideen in das Projektteam ein und trägt damit nicht zur Stabilisierung des CM bei. Die Aufgabe des Projektcoachs ist es, diese Dynamik durch einen kontinuierlichen Arbeitsstil abzumildern: Der Coach hat die Aufgabe, das Auftreten von Gedankensprüngen und nicht fokussierenden Diskussionen zu reduzieren und gleichzeitig die Detailtiefe so weit zu erhöhen, dass Risiken aufgrund einer oberflächlichen Betrachtungsweise nicht auftreten. EN__-Projektleiter neigen zu Konflikten mit I-J-Typen, und S-Typen. ENF_-Projektleiter haben einen eher beziehungsorientierten Kommunikationsstil und ENT_-Projektleiter einen eher sachorientierten. In eher sachorientierten Projekten, wie IT-Projekten, kann der beziehungsorientierte Kommunikationsstil zu einer Verdeckung der Sachthemen führen.	Die Bedeutung eines CM für den Projekterfolg ist sehr hoch: Der CM sollte die drei Informationsebenen „Ziel", „Was" und „Wie" abdecken, wobei das „Was" und insbesondere das „Wie" nur in geringem Umfang enthalten ist. Aufgrund des Temperaments des Projektleiters besteht die Gefahr, dass die konzeptionellen Strukturen für ein CM nicht sauber herausgearbeitet werden wenn nur die CM-„Ziel-Ebene" berücksichtigt wird und sich daraufhin der CM nicht ausbilden kann.

7.3 Welcher Projekttyp braucht welches Setting? 65

Tabelle 7.2 (Fortsetzung)

Projekttyp	Projekttemperament	MBTI-Typ Projektleiter	MBTI-Typ Projektcoach	Dynamik, Detailtiefe, induziertes Klima, mögliche Konflikte des Projektleiters	Auswirkungen auf den Collective Mind (siehe auch Kapitel Collective Mind und Projekterfolg
Baumeister-projekt	Missionsgrad: hoch Innovationsgrad: gering Abstraktionsgrad: hoch Managementgrad: hoch	ES_J	IS_J Coaching-Aufgabe: Der IS_J-Projektcoach wirkt detaillierend und damit auch bremsend auf die Geschwindigkeit, mit der der Projektleiter das Projekt vorantreiben will. Darüber hinaus übernimmt er für Aufgaben mit hohem analytischem Abstraktionsgrad deren Ausarbeitung.	Die Projektdynamik, wie sie vom Projektleiter vorgelebt wird, ist mittel: Es ist nicht zu erwarten, dass neue Ideen und das Reagieren auf situative Gegebenheiten die Kontinuität des Arbeitsstils zu sehr verletzen. Die Kommunikation des ESTJ-Projektleiters ist eher sachbezogen, diejenige des ESFJ ist eher beziehungsorientiert. Konflikte des Projektleiters ergeben sich vorwiegend mit Teammitgliedern vom I_ P-Typ, die nicht zielorientierte, eigene Ideen einbringen, und mit N-Typen, denen der visionäre Charakter im Projekt fehlt.	Die Bedeutung eines CM für den Projekterfolg ist hoch, jedoch wird die CM-„Ziel-Ebene" zugunsten der „Was"- und „Wie-Ebene" des CM reduziert. Der CM ist also wesentlich näher an der Erfahrung der Teammitglieder.

Tabelle 7.2 (Fortsetzung)

Projekttyp	Projekttemperament	MBTI-Typ Projektleiter	MBTI-Typ Projektcoach	Dynamik, Detailtiefe, induziertes Klima, mögliche Konflikte des Projektleiters	Auswirkungen auf den Collective Mind (siehe auch Kapitel Collective Mind und Projekterfolg)
Zimmermanns-projekt	Missionsgrad: gering Innovationsgrad: gering Abstraktionsgrad: gering Managementgrad: hoch	ISTJ	ESTJ Coaching-Aufgabe: Die Hauptaufgabe des ESTJ-Projektcoachs besteht darin, das „Festbeißen" an Detail-Themen, wozu der Projektleiter neigt, zu verhindern.	Der Projektleiter gibt durch sein Temperament eine geringe Dynamik mit einer hohen Detailtiefe vor. Das Projektklima ist vorwiegend sachbezogen. Konflikte werden mit Teammitgliedern vom E_P-Typ erwartet, die missionierend neue Ideen vorschlagen. ISTP-Typen können ebenfalls zu einer Instabilität des CM beitragen, indem neue Ideen situativ aufgegriffen und detailliert werden. N-Typen sollten im Allgemeinen in Zimmermannsprojekten am besten nicht vertreten sein, da diese Projekte sehr weit von ihrem Temperament entfernt sind. Lediglich in der Anfangsphase kann es sinnvoll sein, wenn die grobe Struktur der Lösung aufzusetzen ist.	Die Bedeutung eines CM mit den Ebenen „Ziel" und „Was" für den Projekterfolg ist eher gering: Das „Wie" dominiert.

Kapitel 8
Projektumwelt

In diesem Kapitel wenden wir uns der Projektumwelt zu. Hier werden folgende Einflussfaktoren berücksichtigt:

- die Organisationen, deren Interessen mit dem Projekt berührt werden,
- die Stakeholder des Projektes.

Diese Einflussfaktoren sind nur mittelbar oder teilweise überhaupt nicht durch den Projektleiter beeinflussbar. Um einen stabilen Collective Mind zu erhalten, ist es wichtig zu wissen, wie man auf die Projektumwelt reagiert.

Wir zeigen, dass Organisationen ebenfalls ein Temperament haben und damit typologisiert werden können. Organisationen unterliegen außerdem einem Lebenszyklus: Wir übertragen das Modell von Lebenszyklus und Organisationstemperament auf die Organisationsform „Projekt".

8.1 Organisation(en)

Projektteams werden sehr oft aus Mitarbeitern verschiedener Organisationen zusammengesetzt. Beispiele sind:

- IT-Projektteam, bestehend aus IT- und Business-Mitarbeitern,
- globales Team, bestehend aus Mitgliedern verschiedener Kulturkreise,
- Merger und Akquisition Team, bestehend aus Mitarbeitern der beteiligten Organisationen.

In allen drei Fällen ist es offensichtlich, dass der organisatorische Hintergrund der Teammitglieder einen nicht unerheblichen Einfluss auf ihre Mitarbeit im Projektteam hat. Insbesondere in der Startphase des Teams, wenn sich noch kein CM ausgebildet hat, ist dies besonders auffällig: In besonders schwierigen Fällen kann dies die Ausbildung des CM verhindern oder zumindest deutlich verzögern.

Falls zum Beispiel in einem Projektteam für ein IT-Projekt die Vertreter des Business und die Vertreter der IT ein unterschiedliches Verständnis ihrer Rollen haben, hat dies einen Einfluss darauf, wie sich die Teammitglieder in das Team einbringen: Erwartet das Business eine IT, die lediglich seine Anforderungen umsetzt, und umgekehrt, fühlt sich die IT als Businessgestalter, sind die Konflikte vorprogrammiert.

Teammitglieder eines Merger und Akquisition Teams, die zu einer Organisation gehören, die sich als „feindlich übernommen" empfindet, werden ein CM als CM der übernehmenden Organisation empfinden und damit ablehnen. Abbildung 8.1 versucht dies dadurch zu verdeutlichen, dass die Herkunftsorganisationen der Teammitglieder unterschiedlich gekennzeichnet sind. Das Projektteam hat eine eigene Kennzeichnung, da das Projektteam ein eigenes CM ausbilden muss, um erfolgreich zu sein.

Darüber hinaus können durch Änderungen von Organisationen die Projektteammitglieder oder der Projektleiter ausgetauscht werden. Neue Projektteammitglieder müssen in den Collective Mind einbezogen werden. Falls die Teamzusammensetzung nicht den Projektleiter oder deutlich weniger als 30% der Teammitglieder betrifft, wird sich der CM zwar ändern, aber im Wesentlichen erhalten bleiben. Das Projektteam durchlebt während der Integrationsphase der neuen Teammitglieder eine Phase, die durch Ineffizienz gekennzeichnet ist, da die neuen Teammitglieder der CM erst verinnerlichen müssen. Falls der Projektleiter wechselt oder sich nach unserer Erfahrung mehr als ca. 30% der Teamzusammensetzung ändert, wird es schwer, den bestehenden CM beizubehalten. Es kommt zur Ausbildung eines neuen CM und das Team durchlebt eine Phase, die derjenigen des Projektbeginns

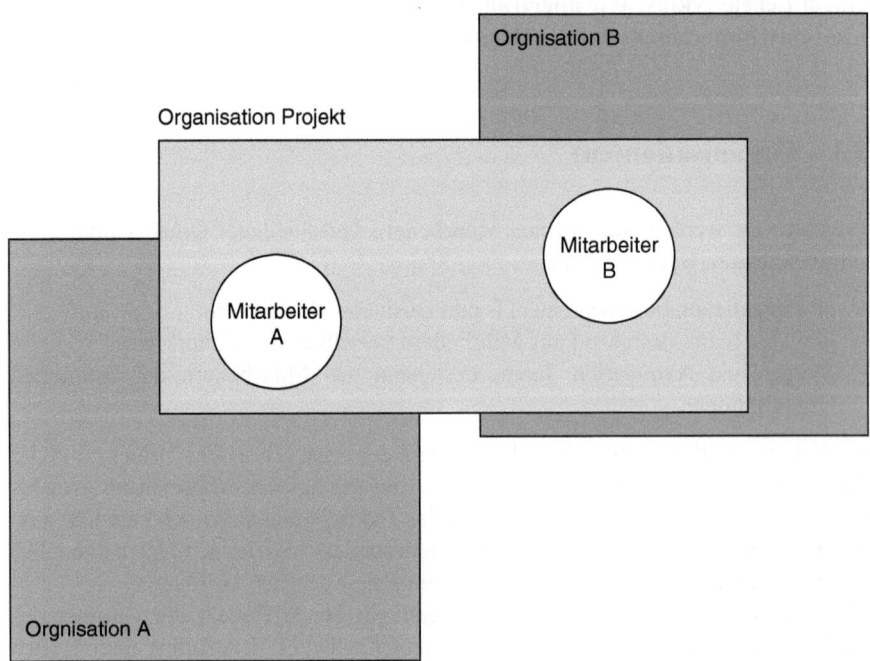

Abb. 8.1 Projekt und Umwelt

entspricht, denn es ist ein CM auszubilden, das der neuen Teamzusammensetzung Rechnung trägt. Das Team bildet eine neue Dynamik und andere Gewohnheiten aus. Es stellt ein System dar, das einer äußeren Störung ausgesetzt wurde, über einen Einschwingvorgang seinen stabilen Zustand findet und danach bis zur nächsten Störung ein gleichmäßiges, effizientes Verhalten ausbildet.

8.2 Projektlebenszyklus und Projekttemperament

Bislang haben wir die einzelnen Projektphasen definiert und beschrieben. Wir haben auch gezeigt, dass es unterschiedliche Projekttypen gibt, die verschiedene Projektleitungstypen erfordern. In diesem Abschnitt wollen wir zeigen, dass die früher definierten Projektphasen unterschiedlichen Projekttemperamenten (im Sinne der MBTI-Typologie) entsprechen. Für die Praxis ist das hochrelevant, bedeutet es doch, dass ein Projektleiter, der in einem Missionarsprojekt die Phasen Initialisation, Projektsetting und Solution Search erfolgreich gestemmt hat, für die Phasen Roll-Out und Utilisation womöglich nicht geeignet ist.

Um für die Beschreibung von Projekttemperamenten ein Modell anwenden zu können, führen wir die Temperamente[1,2] von Organisationen ein und wenden dieses Konzept dann auf Projekte an. Wir vertiefen damit das im vorherigen Kapitel „Temperament der Projekte" beschriebene Konzept der Projekttypisierung.

William Bridges (1998) überträgt in seinem Buch „Charaktere von Organisationen" die Idee der 16 MBTI-Temperamente auf die Charakterisierung einer Organisation. Bridges schreibt: „Der Charakter einer Organisation ist wie eine Holzmaserung. Es gibt keine gute oder schlechte Maserung. Die eine Maserung hält starkem Druck stand, eine andere lässt sich kaum biegen.... Andere Metaphern: Charakter ist das typische Klima einer Organisationslandschaft; die Persönlichkeit einer bestimmten Organisation; die DNA-Struktur einer Organisation. Der Organisationscharakter ist für das Grundgefühl und für bestimmte Handlungsmuster verantwortlich."

Es gibt einen Zusammenhang zwischen dem personenbezogenen MBTI-Typ und der Häufigkeit des Auftretens in verschiedenen Berufen oder Geschäftsbereichen. Beispielsweise ordnen sich viele Personen im Finanzbereich dem ST-Typus zu. Die meisten Arbeitsplätze im Verkauf oder in kundenbezogenen Berufen sind mit SF-Typen besetzt. N-Typen dominieren den Beratungsbereich und bevölkern die universitären Forschungslabore im Bereich Mathematik und Naturwissenschaften.

---

[1] Bridges spricht vom Charakter einer Organisation. Dieser Charakter wird bei ihm über eine MBTI-Typologie beschrieben. Um konsistent mit unseren bisherigen Begriffen zu bleiben, verwenden wir statt des Begriffes Charakter den Begriff Temperament.

[2] Bridges weist darauf hin, dass er den Charakter einer Organisation durch die Typologie und die damit verbundenen Eigenschaften klar definiert sieht. Verwandte Begriffe wie die Unternehmenskultur, die stark durch Werte und Prinzipien einer Organisation bestimmt wird, möchte er von seinem Begriff des Organisationscharakters klar getrennt wissen.

Das Temperament einer Organisation hängt vom Lebenszyklus des Unternehmens ab.

Bridges schreibt: „Das kleine, junge Unternehmen stützt sich wahrscheinlich auf direkte Kommunikation und spontane Sitzungen, um sein Geschäft zu betreiben. Das ist auch sein Stil, wenn es mit größeren introvertierten Organisationen zu tun hat, die grundsätzlich alles schriftlich vermitteln. Aufgrund dieses Unterschiedes setzt sich die Meinung in der extravertierten Organisation fest, dass die introvertierte Organisation „bürokratisch" ist. Aber dieselbe extravertierte Organisation wird im Laufe der Zeit selbst introvertiert (und benutzt mehr die schriftliche Form der Mitteilung), wenn sie wächst. Die alten Hasen interpretieren diese Notwendigkeit dann als „Charakterschwäche" und halten es für eine „unglückliche und (fälschlicherweise) unnötige Entwicklung."

Falls ein Mitarbeiter in einer Organisation arbeitet, deren Organisationstemperament nicht zu seinem Temperamenttyp passt, sind Konflikte vorhersehbar: In einer NF-Organisation erzeugt ein neuer NT-Manager durch seinen sachlichen Kommunikationsstil Unbehagen und sondert sich ungewollt von den Mitarbeitern ab.

Stellvertretend für die 16 MBTI-Temperamenttypen von Organisationen geben wir zwei Beispiele von Bridges an.

Eine INTJ-Organisation wird in Tab. 8.1 charakterisiert.

INTJ-Organisationen findet man im High-Tech-Bereich.

Eine ENTP-Organisation wird hingegen in Tab. 8.2 charakterisiert.

ENTP-Organisationen findet man im Bereich von Forschung und Entwicklung, als Beratungsunternehmen oder als Start-up im IT-Bereich.

Projekte sind zeitlich begrenzte Organisationen, die für einen bestimmten Zweck ins Leben gerufen werden. Für die Organisation „Projekt" ergeben sich hieraus folgende Konsequenzen:

- Die Organisation „Projekt" hat zu jedem Zeitpunkt ein Organisationstemperament.

Tab. 8.1 Die INTJ-Organisation

Temperamentdimension	Eigenschaften und Verhalten
Introversion	Die INTJ-Organisation konzentriert sich auf die eigenen Fähigkeiten und läuft damit Gefahr, für Kritik unzugänglich zu sein.
Intuition	Richtet sich an der Zukunft aus, beschäftigt sich mehr mit dem Möglichen und strebt nach ganzheitlichen Ansätzen. Eine intuitive Organisation denkt in Konzepten, Modellen, Strukturen und Mustern.
Thinking	Eine Stärke ist die Strategieentwicklung. Richtet sich in ihren Geschäftsprozessen und Entscheidungen nach logischen Abläufen und Prinzipien. Diese Organisationen sind auf der fachlichen Ebene kreativ.
Judging	Ihre Stärke ist nicht die Entwicklung von Menschen. Eine INTJ-Organisation arbeitet zielorientiert und schafft sich dafür klare Strukturen.

Tab. 8.2 Die ENTP-Organisation

Temperamentdimension	Eigenschaften und Verhalten
Extraversion	Eine ENTP-Organisation reagiert auf Reize von außen und setzt Akzente für Themen, die sie interessieren.
Intuitiv	Richtet sich an der Zukunft aus, beschäftigt sich mehr mit dem Möglichen und strebt nach ganzheitlichen Ansätzen. Eine intuitive Organisation denkt in Konzepten, Modellen, Strukturen und Mustern.
	Eine Stärke ist die schnelllebige Strategie.
Thinking	Eine ENTP-Organisation richtet sich nach logischen Abläufen und denkt in Prinzipien.
	In einer ENTP-Organisation debattiert man gerne.
Perceiving	Eine ENTP-Organisation legt Wert auf Entstehungsprozesse und nicht auf fertige Ergebnisse. Sie hält sich Optionen offen und ist misstrauisch, wenn zuviel definiert wird.
	Sie nimmt formale Abläufe oder ein praktisches Regelwerk nicht wahr.
	Eine ENTP-Organisation schätzt Schnelligkeit.

- Das Organisationstemperament hängt von der „Lebensphase" des Projektes ab.
- Da Projekte einen kürzeren Lebenszyklus als eine Unternehmensorganisation haben, werden Teammitglieder, die das Projekt von Anfang bis Ende begleiten, alle Lebensphasen des Projektes durchleben. Daher ist es wichtig, sich diese neue Erfahrung bewusst zu machen, da man das aus seiner Unternehmensorganisation nicht kennt. Dort kann es Jahrzehnte dauern, bis sich das Temperament der Organisation ändert.
- Das Organisationstemperament wird durch das Temperament der Teammitglieder, insbesondere durch das des Projektleiters und des Projektcoachs beeinflusst.
- Jede Organisation bildet durch ihr Temperament – analog zu einer Person – einen Schatten, blinde Flecken aus, die sie in ihrem Verhalten einschränken.
- Die Teammitglieder werden in ihrer Erwartungshaltung bezüglich des Organisationstemperaments des Projektes durch das Temperament der Herkunftsorganisation beeinflusst. Das bedeutet, dass die Teammitglieder sehr wahrscheinlich davon ausgehen, dass sich das Projekt wie die eigene Organisation verhält.

Die nachfolgende Abb. 8.2 setzt die Projektphasen in Beziehung zu den Phasen des Lebenszyklus einer Organisation. Nach William Bridges hat jede der Phasen typischerweise ein anderes Organisationstemperament.

Bridges unterscheidet folgende Lebenszyklus-Phasen einer Organisation: Traum, Unternehmung, Organisation, Erfolg, Institutionalisierung, Einigeln, Tod. Die nachfolgende Abb. 8.2 ordnet die Bridges-Phasen unseren Projektphasen zu. Man erkennt sofort die hohe Übereinstimmung der beiden Phasenmodelle. Dies ist insoweit nicht verwunderlich, da ein Projekt, wie oben bereits erwähnt, eine zeitlich begrenzte Organisation darstellt und aus dem Grunde ins Leben gerufen wird, um eine Idee, einen Traum, zu verwirklichen. In der Phase „Traum" (Initialisierung)

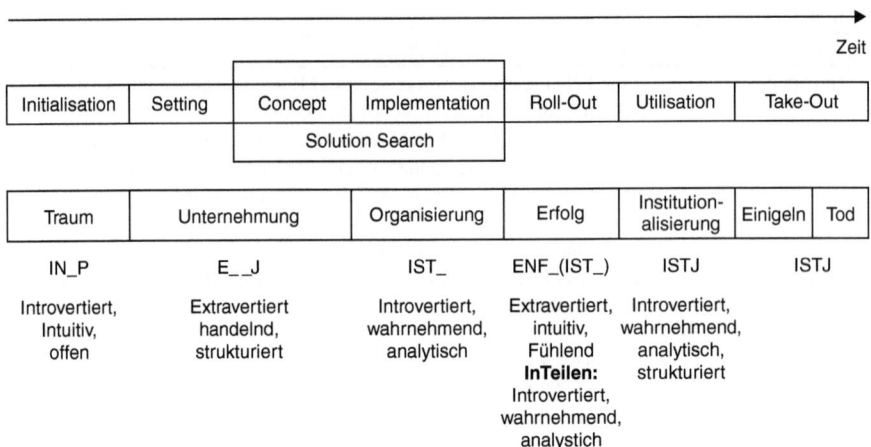

Abb. 8.2 MBTI-Temperamente von Projekten und Organisationen: Oben Projektphasen, unten Phasen einer Organisation nach Bridges (Oswald u. Köhler 2009)

herrscht die introvertierte, offene und intuitive Organisation vor, charakterisiert durch das Organisationstemperament IN_P (die Dimension der Entscheidungsfindung (F oder T) spielt in dieser Phase keine wichtige Rolle; deshalb dient dieses Temperament hier nicht der Organisationsunterscheidung und wird mit „_" gekennzeichnet).

Da es sich im Falle einer Unternehmensgründung per se um eine visionäre, originelle Aufgabe handelt, die für einen größeren Stakeholderkreis von Bedeutung ist, wird das Organisationstemperament E__J gefordert. Die Phase „Unternehmung" entspricht der Projektphase Setting und Concept. Dem Temperament dieser Phase entspricht unsere Forderung nach einem extravertierten, offenen Projektleiter und einem introvertierten, strukturierenden Projektcoach. Das gilt besonders dann, wenn es sich um ein Missionarsprojekt oder ein Baumeisterprojekt handelt. Das dem Lebenszyklus des Projektes angepasste Organisationstemperament spiegelt sich also im Idealfall im Persönlichkeitstemperament der Führung des Projektes wider.

Ein Unternehmen gelangt danach in die Phase „Organisierung", in der Strukturen und Prozesse aufgebaut und implementiert werden. In einem Projekt entspricht dies der Phase „Implementation". Im Falle eines IT-Projektes ist aus der Spezifikation ein IT-System zu realisieren. Hierfür ist sehr viel konzentrierte, analytisch geprägte Detailarbeit notwendig. Das Projekt muss einer Organisationsentwicklung unterzogen werden, die einem introvertierten, am konkreten System ausgerichteten analytischen Temperament entspricht. In dieser Phase nehmen alle Projekte ein introvertiert-analytisches (I__J)-Temperament an. Für das Baumeister- oder Missionarsprojekt ergibt sich hier eine besondere Herausforderung: Die Projektleitung muss akzeptieren und sicherstellen, dass in dieser Phase eine Konzentration „nach innen" stattfindet, also „extravertierter Aktionismus" zu unterbleiben ist.

Die nächste Phase eines Unternehmens wird mit „Erfolg" bezeichnet. In dieser Phase bringt das Unternehmen ein erfolgreich entwickeltes Produkt auf den Markt.

8.2 Projektlebenszyklus und Projekttemperament

In einem Projekt entspricht diese Phase dem Roll-Out: Das realisierte System wird einem größeren Stakeholderkreis bekannt gemacht und es muss erreicht werden, dass das System von dem Stakeholderkreis angenommen wird. In dieser Phase sollte das Projektteam ein extravertiertes, ganzheitliches und fühlendes Temperament haben: Das System ist den nicht im Projektteam vertretenen Stakeholdern „zu verkaufen": Das Projektteam begeistert die Stakeholder proaktiv (extravertiert), ohne das Verlieren in Details (intuitiv) auf der Gefühlsebene (fühlend) für das System.

Nachdem ein Produkt erfolgreich im Markt ist, wird der Erfolg vom Unternehmen benutzt, das Unternehmen verdient Geld. Bei einem Projekt entspricht dies der Annahme durch die Stakeholder. Es erfolgt das „Arbeiten" mit dem System (Institutionalisierung). Üblicherweise ist damit die Projektaufgabenstellung gelöst. Es beginnt die Phase der Nutzung und damit der Pflege und Wartung des erstellten Systems. Diese Phase hat ein starkes S-Temperament. Hier tun sich N-Typen meist sehr schwer, da ihnen die gleichmäßige S-Struktur, die ja nicht aus ihrer Intuition entspringt, Probleme bereitet. N-Typen verspüren einen großen „Druck", neue Anwendungsbereiche auszuprobieren und zu verwirklichen, was in dieser Phase völlig fehl am Platz ist. Beispielsweise könnte ein Projektleiter vom N-Typ bei einem Laborinformationssystem gewillt sein, neue Funktionalitäten einzubauen: Er ist in dieser Phase eine Fehlbesetzung, da ihn das System jetzt langweilt (er kann es ja nicht erweitern oder ändern). Seine kreative Energie wird durch das von dieser Phase geforderte ST-Temperament aufgesogen und er wird zur „Emulation" eines ST-Temperaments gezwungen. Der N-Typ arbeitet also suboptimal.

Die das System anwendenden Stakeholder (die Anwender) und das unterstützende Pflege- und Wartungsteam konzentrieren sich hier auf die Strukturierung der Tagesarbeit. Das damit verbundene Organisationstemperament ist ISTJ und bleibt so bis zur Ablösung des Systems durch ein neues System. Mit Beginn der Phase Utilisation (Institutionalisierung) beginnt die Ausprägung des Verhaltensmusters „not invented here": Die ehemals neue Lösung etabliert sich als Institution (siehe auch das Kapitel Projektdynamik). Diese Institution ist Neuem nicht aufgeschlossen und verteidigt dadurch ihr Dasein. Falls in diesem Zeitraum ein neues Projekt ins Leben gerufen wird, das die Unzulänglichkeiten des alten, vorhandenen Systems beseitigen soll, werden die Teammitglieder sehr oft aus den Anwendern des vorhandenen Systems rekrutiert. Diese Teammitglieder müssen wieder in Projekten lernen, bekannte Routine zu verlernen und offen für die Potentiale der Zukunft zu werden. Es beginnt ein neuer Projektlebenszyklus.

Für ein Unternehmen bedeutet dies, dass es in der Phase „Institutionalisierung" beginnen sollte, sich neu zu erfinden, d.h. neue Produkte oder Leistungen neben den bestehenden Produkten zu entwickeln. Ein Teil der Mitarbeiter des Unternehmens beginnt wieder mit der Phase „Traum". Unternehmen benötigen also eine Forschungs- und Entwicklungseinheit, um sich neu zu erfinden und überleben zu können.

Wir beschreiben im Folgenden anhand eines Beispiels, wie die Temperamente verschiedener Organisationen in einem Projektteam wirken. Wir betonen, dass die Organisationstemperamente mit den individuellen Temperamenten der Projektteammitglieder nicht zu verwechseln sind.

Angenommen, zwei Projektteammitglieder eines IT-Projekts stammen aus unterschiedlichen Organisationen. Der eine ist ein fachlicher Experte, dessen Organisation das Temperament ISTJ hat, der andere ein IT-Entwickler, dessen Organisation das Temperament ENTP hat. Somit ist der fachliche Experte gewohnt, schriftlich (I-Temperament) und detailliert (S-Temperament) zu kommunizieren (selbst wenn er ein anderes individuelles Temperament hat), da dies in seiner Organisation so üblich ist. Der IT-Entwickler hingegen ist aus seiner Organisation die schnelle, mündliche Kommunikation (E__P-Temperament) gewohnt. Es wird dort wenig dokumentiert und meist in Bildern und Metaphern (N-Temperament) kommuniziert.

Wenn jetzt der fachliche Experte seine Anforderungen an das zukünftige IT-System detailliert schriftlich niederlegt, so kann man zunächst davon ausgehen, dass der IT-Entwickler diese nicht lesen wird. Er wird sich vielmehr aus den mündlichen Äußerungen des fachlichen Experten ein Bild machen und dessen Ideen vermutlich nicht mit dem hohen Detaillierungsgrad umsetzen, den der fachliche Experte gewohnt ist. Ein Konflikt entsteht: Der fachliche Experte fühlt sich nicht verstanden und der Entwickler hält den fachlichen Experten für kleinkariert. In solchen Fällen muss die Projektleitung das Bewusstsein haben, dass Probleme in der Zusammenarbeit auch von den unterschiedlichen Organisationstemperamenten der beteiligten Personen herrühren können. Die Projektleitung ist aufgefordert sich klarzumachen, welches Temperament (Organisationstemperament oder individuelles Temperament) gerade wirkt.

Haben der fachliche Experte und der IT-Entwickler verwandte individuelle Temperamente (beispielsweise INTJ und ENTJ), so werden sie die Organisationstemperamente hinter sich lassen und das Temperament des Projektes annehmen. Dies kann von der Projektleitung dadurch begünstigt werden, dass sie dies explizit anspricht und fördert. Haben dagegen der fachliche Experte und der IT-Entwickler individuelle Temperamente, die den jeweiligen Organisationstemperamenten entsprechen, so wird die Zusammenarbeit dieser beiden Personen weiterhin schwierig sein und es sind Maßnahmen zu ergreifen, wie wir sie in den Kapiteln *Projektsetting* und *Kommunikation in Projekten* beschrieben haben bzw. beschreiben werden, damit eine gute Zusammenarbeit zwischen den beiden Projektteammitgliedern möglich ist.

Zusammenfassend kann man sagen: Organisationen haben ein Temperament. Dieses Temperament beeinflusst das Verhalten der Menschen in dieser Organisation. Teammitglieder verschiedener Organisationen bringen das in ihren Organisationen gelebte Verhalten mit in die Organisationsform „Projekt". Dort beeinflussen diese Organisationstemperamente das Verhalten der Teammitglieder im Projekt.

8.3 Stakeholder

Heiner Priesberg sitzt neben Tobias Ehrlich im Auto, während beide in die vierzig Kilometer entfernte Niederlassung der klinischen Forschung von MedicalFit über die nasse Autobahn fahren. Priesberg ärgert sich über seinen Kollegen Tobias Ehrlich, der den bevorstehenden Termin nicht ernst zu nehmen scheint und sich mehr auf seinen zwanzig Jahre alten Coupé aus der Oberklasse konzentriert.

8.3 Stakeholder

„So, das war der dritte Gang", sagt Ehrlich, als er bei Tempo einhundertachtzig den vierten Gang einlegt. „Schnelle Autos brauchen ein gut ausgelegtes Getriebe." Durch den Turbolader beschleunigt er zeitweise auf zweihundertfünfzig Kilometer pro Stunde, während Priesberg denkt, er sitze in einem Kampfjet.

Der bevorstehende Termin, zu dem sie fahren, steht unter keinem guten Stern. Der Leiter der klinischen Entwicklung, ein Dr. Wolfgang Fuchs, hat Heiner Priesberg einbestellt, da er in der Fortführung des Projektes keinen Sinn mehr sieht.

Bernd Pfiffig, der Mediziner im Projektteam, hat angeregt, ein eigenes Datenmanagementprojekt aufzusetzen, da er der Meinung ist, von Priesberg nicht ernst genommen zu werden. Insbesondere sind die Interessen der zukünftigen Nutzer des Systems bis jetzt scheinbar berücksichtigt worden.

Ehrlich fährt mit seinem Wagen auf den Firmenparkplatz und stellt sich jovial in die zweite Reihe. Beide passieren zu Fuß das Eingangstor der klinischen Entwicklung und begeben sich in das Büro von Wolfgang Fuchs.

Fuchs sitzt an seinem Schreibtisch und winkt Priesberg und Ehrlich mit einer knappen Handbewegung rein. „Sie haben sicher nichts dagegen, wenn ich Herrn Pfiffig und Herrn Klaus Klein zu uns bitte. Nehmen Sie doch an meinem Besprechungstisch Platz."

Priesberg zieht sich etwas verschämt die Krawatte gerade und ordnet seine Projektunterlagen, während Ehrlich sich die Molekülmodelle in einem der Regale im Büro von Herrn Fuchs anschaut. Manche nimmt er heraus und betrachtet sie von allen Seiten. Fuchs beobachtet ihn aus den Augenwinkeln und kommentiert seine Neugier.

„Das sind die ersten β-Blocker die wir damals auf den Markt gebracht haben. Ich habe damals die Synthesen durchgeführt...sind wir uns nicht einmal früher begegnet?" Fuchs ging auf Ehrlich zu und gibt ihm die Hand. Ehrlich stellt sich kurz vor.

„Offen gesagt, ich weiß es nicht. Als Ingenieur habe ich wenig mit der Synthese von Molekülen zu tun. Sie müssen wissen, ich baue medizinische Apparate."

Fuchs stutzt und ruft: „Dann haben Sie den neuen Computertomographen SpeedXXL entworfen?"

„Naja, entworfen ist zu viel gesagt, aber zumindest an dessen Entwicklung gearbeitet".

Priesberg sieht inzwischen auf die Uhr und wirft Ehrlich einen strafenden Blick zu. Ehrlich sieht scharf zurück und ärgert sich über Priesberg, denn durch die Konversation mit Wolfgang Fuchs schafft er einen Einstieg in die schwierige Besprechung. Das ist manchmal wichtiger, als die Ausbreitung von Fakten...

Bernd Pfiffig betritt den Raum und begrüßt die Anwesenden knapp. „Klaus Klein wird sich ein wenig verspäten, wir sollen schon mal ohne ihn anfangen." Alle sitzen um den Konferenztisch und Fuchs eröffnet die Sitzung. „Herr Priesberg, es geht um Ihr Datenintegrationsprojekt. Ich habe den Eindruck, dass Sie uns gar nicht wahrnehmen", sagt Fuchs ziemlich direkt, um die Sache auf den Punkt zu bringen. Pfiffig nickt zustimmend.

Priesberg breitet den Projektplan aus, Unterkapitel Projektorganisation. „Herr Fuchs, Sie sehen, dass es hier ein Kästchen gibt, auf dem klinische Entwicklung steht. Und darunter steht: Bernd Pfiffig. Also habe ich Ihre Abteilung sehr wohl in das Projekt integriert."

„Auf dem Papier, wie so vieles in dem Projekt, sind wir integriert. Aber ich glaube nicht, dass Sie sich je inhaltlich für das interessieren, was wir tun", fällt Pfiffig ihm ins Wort. „Deswegen haben wir auch unser eigenes Projekt gestartet. Und falls Frankenberg mir deswegen in die Quere kommt, ist mir das auch egal. Ich muss schließlich meine Daten ordnen und kann nicht weiter in dem Datenchaos leben. Ihr Vorschlag, Priesberg, ist viel zu unflexibel."

„Moment", Fuchs deutet mit einer Handbewegung Bernd Pfiffig an, dass er sich mäßigen solle. „Ich kann meinem Chef, Herrn Frankenberg, auch nicht damit kommen, dass wir ein neues Projekt starten wollen, zumindest nicht sofort. Aber auf die Dauer kann ich natürlich die berechtigte Kritik meiner Leute nicht zurückhalten. Wie wollen Sie als Projektleiter den Konflikt lösen? Auf Ihre Vorschläge bin ich gespannt."

Priesberg entgegnet: „Wir haben doch Ihre Anforderungen mit aufgenommen, Herr Pfiffig. Also werden wir diese an die Kollegen von der IT weitergeben und programmieren lassen. Ich habe dafür die Meilensteine 3,4 und 5 vorgesehen." Priesberg raschelt in dem Projektplan und legt ihn Bernd Pfiffig demonstrativ auf dem Tisch.

Es klopft und Klaus Klein betritt den Besprechungsraum. „Entschuldigung, aber ein graues Coupé hat mich zugeparkt. Ich wollte noch in die Apotheke. Es wird etwas dauern, bis der Werkschutz das Fahrzeug abgeschleppt hat. Ach übrigens, ich bin Klaus Klein, Klinische Teststufe II, die Weiterprüfung von Bernd Pfiffigs erfolgreichen Testsubstanzen."

Ehrlich fällt das Herz in die Hose aber er will die Besprechung jetzt nicht noch mit seinen privaten Problemen überschatten und nimmt es einfach hin, dass sein Wagen wohl gerade abgeschleppt werden wird.

Klein sieht auf den Projektplan und lacht. „Ach ja, das Datenintegrationsprojekt. Supi. Da wird was losgetreten und niemand fragt die Anwender. Alle denken so! Alle!"

„Ich glaube, wir müssen uns darüber im Klaren sein, die Stakeholder, in diesem Fall die Anwender aus der Abteilung klinische Forschung, aktiv einzubeziehen. Aus meiner Sicht hat das Projekt noch keinen globalen Projektverstand, ein 'Collective Mind', führt Ehrlich aus.

„Jedes Projekt besteht aus einem irgendwie gearteten Projektteam und den Stakeholdern, die sozusagen eine Schattenorganisation bilden. Im Idealfall ist diese durch die Projektteammitglieder abgedeckt, in der Praxis muss man sich die Stakeholder bewusst machen. Um wen handelt es sich? Welche Interessen haben sie in Bezug auf das Projekt? Wie kann ich diese Interessen andauernd in den Projektfortgang einbauen? Und ich meine damit nicht irgendwelche Projektpläne." Ehrlich deutet auf die Papiere von Heiner Priesberg, Klein lacht böse.

Fuchs steht auf. „Herr Ehrlich. Wenn Sie es schaffen, die Stakeholder mit einzubeziehen, dann machen wir weiter mit. Unterstützen Sie Herrn Priesberg, Sie beide scheinen sich ganz gut zu ergänzen. Herr Pfiffig wird mir von der nächsten Projektteamsitzung berichten und dann sehen wir weiter."

Die Entscheidung ist gefallen und Fuchs löst die Sitzung auf. „Mist!" Ehrlich schaut auf die Parklücke, in der einmal sein Wagen gestanden hatte. Er läuft zum Werkschutz, aber schnell ist klar, dass er wohl mit Hilfe eines Taxis zum Sammelplatz für abgeschleppte Fahrzeuge wird fahren müssen. Er beschließt, die freie Zeit zu nutzen, um mit Heiner Priesberg die Bedeutung der Stakeholder zu vertiefen.

„Sie haben sicher gespürt, dass unser Projekt noch von der Akzeptanz weiterer Personen abhängt", beginnt Ehrlich zu sprechen, „Wolfgang Fuchs ist uns wohlgesonnen. Aber er muss natürlich die Bedürfnisse seiner Leute berücksichtigen. Wenn die nicht mitziehen, dann wird er das Projekt nicht weiter unterstützen. Ich glaube, wenn Sie Bernd Pfiffig überzeugen, dann sollte eigentlich nichts schief gehen."

„Und was ist mit Klaus Klein?", ergänzt Priesberg. „Ich glaube, dass er uns noch schaden kann und dem Projekt gegenüber sehr kritisch eingestellt ist."

„Das stimmt", entgegnet Ehrlich. „Er zählt zu den größten Kritikern. Nehmen Sie ihn ins Projektteam und lassen Sie ihn seine Wünsche äußern. Und wenn möglich, versuchen Sie, diese abzubilden. Es gibt nichts Besseres, als die größten Kritiker ins Geschehen mit einzubeziehen, selbst wenn es wehtut und einen erheblichen Mehraufwand bedeutet."

„Und was ist, wenn er sich überhaupt nicht überzeugen lässt und eine versteckte Agenda hat?", gibt Priesberg zu bedenken.

„Wenn er komplett abblockt, dann haben wir natürlich ein massives Problem. Aber vielleicht muss es gar nicht so weit kommen. Wir müssen versuchen, mit ihm typengerecht zu kommunizieren. Wenn wir sehen, dass er dazu bereit ist, haben wir schon gewonnen. Gehen wir's an und warten wir's dann ab!" Ehrlich macht Heiner Priesberg Mut und hofft, dass die Abschleppgebühr nicht zu hoch sein wird, als er schließlich das Taxi kommen sieht.

Die Umwelt eines Projektes besteht einerseits aus den Organisationen, die Teammitglieder an die Organisation „Projekt" entsenden, andererseits auch aus einzelnen Personen, die nicht im Namen einer Organisation, sondern aus individuellen Interessen heraus, Interesse am Projekt haben und entsprechend Einfluss nehmen wollen. Typisches Beispiel ist der Vorgesetzte eines Teammitgliedes, der seinen Mitarbeiter in das Team entsandt hat. Der Vorgesetzte hat beispielsweise dem Teammitglied formal die Rolle des Vertreters seiner Organisation mit allen Rechten und Pflichten übergeben, de facto nimmt der Vorgesetzte Einfluss und ist damit ein „Schattenteammitglied", das nicht Träger des CM ist. Daher sind Vorgesetzte und Entscheidungsträger in den Collective Mind mit einzubeziehen. Dadurch kann zusätzlich die Unterstützung des Managements verankert werden.

Häufig gibt es bei Projekten einen Lenkungskreis, der über strategische Aspekte des Projektes entscheidet, während das Projektteam für das operative Umsetzen des Projektes verantwortlich ist. Im Lenkungskreis bietet sich daher die Gelegenheit, die Entscheidungsträger in den Collective Mind einzubinden.

Die zukünftigen Nutznießer eines IT-Projektes sind hauptsächlich die Anwender. Diese gehören selbstverständlich ebenso zum Stakeholderkreis und sind formal in der Regel durch die Projektteammitglieder vertreten. Jedes Projektteammitglied hat naturgemäß seine Sicht der Dinge im Vordergrund. Dies erfolgt weniger aus Eigennutz (aber das wollen wir hier natürlich nicht völlig ausschließen), sondern eher, weil eine Person nicht die Sichtweise von beispielsweise fünfzig Anwendern abdecken kann. Hierzu bedarf es einer entsprechenden Subteamstruktur, die ein Collective Mind dieser Anwender erzeugt und in das Projektteam einbringt. Aufgrund der üblichen hohen Arbeitsbelastung stößt diese Subteamstruktur normalerweise in einer Organisation auf wenig Gegenliebe.

Daher ist es besser, gezielt „kritische" Stakeholder in die Projektteamsitzungen und damit in die Bildung des Collective Mind einzubinden. „Kritisch" ist hier sowohl im positiven als auch im negativen Sinn, also in der ursprünglichen Bedeutung dieses Begriffs zu verstehen. „Kritiker", sofern es sich nicht um in der sozialen Struktur einer Organisation isolierte Individuen handelt, spiegeln häufig die Meinung vieler Mitglieder der Organisation wider. Oder mit anderen Worten: Wer „Kritiker" frühzeitig einbindet, dem gelingt es mit hoher Wahrscheinlichkeit, dass sich deren Umfeld, also ein Teil oder sogar die Mehrzahl der Stakeholder, mit einbezogen fühlt. Insofern sind die Kommentare und Meinungen von „Meckerern" und „Jubelnden" ernst zu nehmen und in den Collective Mind mit einzubeziehen, wobei ersteres natürlich weitaus mehr Energie kostet. Der Preis dafür ist aber ein Projekt, dessen Ergebnis tatsächlich akzeptiert wird. Bei den „Jubelnden" besteht die Gefahr, dass man sie nur unzureichend einbezieht, da dieser Stakeholderkreis das Projekt sowieso befürwortet. Trotzdem können gerade diese Personen gute Argumente liefern, Gegner zu überzeugen.

Um sich die Bedeutung der Stakeholder bewusst zu machen, wird in (Vigenschow (2007) vorgeschlagen, die Stakeholder in einer Stakeholdermap (Abb. 8.3) einzutragen. Dort wird vorgeschlagen, die Stakeholder nach aktiven Unterstützern (Promotoren), Unterstützern, Duldern (Unentschlossenen) und Gegnern einzuteilen. Dadurch gibt man dem Stakeholderkreis eine Struktur, um die Stakeholder entsprechend ihrer Haltung in die Bildung des Collective Mind einzubinden.

Wir ergänzen dies, indem wir empfehlen, die MBTI-Typen der Stakeholder mit aufzunehmen und an Hand der Typologie empfänger-orientierte Kommunikationsmaßnahmen einzuleiten, um die Stakeholder entsprechend ihrer Bedeutung zu Unterstützern des Projektes zu machen. Wir werden das im Kapitel *Kommunikation in Projekten* vertiefen.

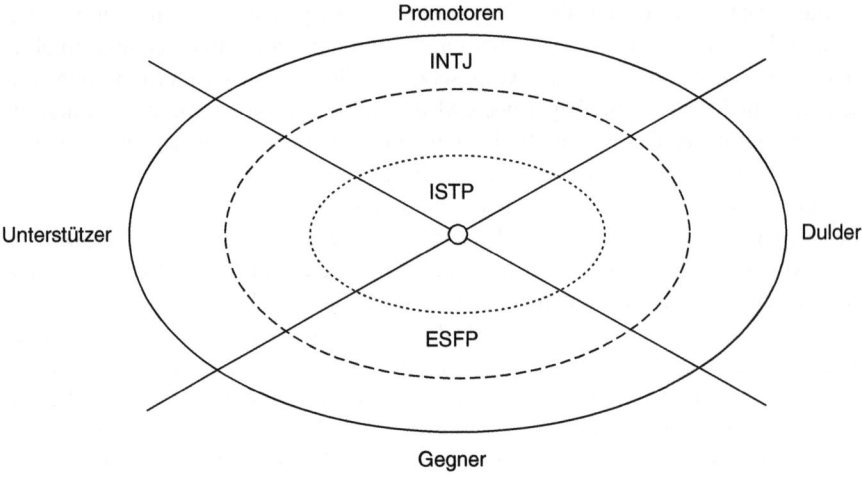

Abb. 8.3 Stakeholdermap

Beispielsweise wird ein zukünftiger Benutzer vom Typ „_STJ", also ein faktenorientierter Mensch, sofern er zu den Gegnern zählt, bei einer IT-Anwendung neue, unbekannte technische Aspekte kritisieren.

Der ST-Typ sollte mit konkreten, praktischen Argumenten überzeugt werden, die auf den Punkt gebracht werden müssen: „Die Anwendung deckt genau die Business Cases 1, 2 und 3 ab und ist performant. Die Benutzer werden geschult und zwar nach folgendem Plan....".

Ein Gegner vom Typ „_NTJ" könnte gerade das Fehlen neuer Technologien kritisieren. Beide Gegner müssen also unterschiedlich angesprochen werden.

Der NT-Typ, dem vielleicht eine bestimmte Technologie fehlt, sollte von diesem Fehlen „abgelenkt" werden, indem er auf bestimmte trickreiche Aspekte der Anwendung hingewiesen wird: „Wenn Du das und das mit der Anwendung machst, dann erschließen sich folgende neue Bereiche..."

Anders gesprochen, wird ein Promotor vom Typ Supervisor (ESTJ) demnach einen Gegner, bei dem es sich um einen Mastermind (INTJ) handelt, nicht dadurch überzeugen können, dass eine zukünftige IT-Anwendung nun besonders gut in die neue Organisation passt und gleichzeitig keinen Fokus auf neue, „spinnerte" Technologie legt. Dem Mastermind wird im Zweifelsfall die Organisation egal sein, er wird sie sogar womöglich als „feindlich" ansehen, falls die vorangegangene Umorganisation aus betriebswirtschaftlichen Aspekten und nicht aus fachlichen Gründen erfolgt ist. Dem Fehlen neuer Technologie wird er ebenfalls kritisch gegenüberstehen. Auf diese Weise kann der Promotor vom Typ Supervisor wenig beim Mastermind erreichen. Letzterer wird sich dessen Argumente anhören, vielleicht sogar kritisch kommentieren und den Dialog nicht weiter verfolgen.

Es ist demnach extrem wichtig, dass die Einforderung von Unterstützung durch die Stakeholder durch den Projektleiter und den Projektcoach koordiniert wird. Dies geschieht am besten, wenn die „Kritiker", wie wir sie weiter oben definiert haben, in Projektteamsitzungen die Gelegenheit bekommen, ihre Vorstellungen in den Collective Mind mit einzubringen.

Wir wollen dies noch an anderen Beispielen ausführen:

In einem Missionarsprojekt werden die Gegner meist vom Typ „ST" sein, die Promotoren vom intuitiven Typ „NT/NF". Die ST-Typen werden Bedenken anmelden, dass die bisherigen Standardabläufe zukünftig nicht berücksichtigt werden. Hier kann ein Ausweg darin bestehen, die Standardabläufe in das Projekt einzubeziehen ohne den Missionarsanspruch über Bord zu werfen.

In einem Zimmermannsprojekt werden womöglich gerade die NT-Typen das Projekt aufgrund seiner klaren, strukturierten, „trivialen" Ziele an sich schon als „lächerlich" bezeichnen. Hier besteht die Kunst darin, den NT-Typen das Projekt für womöglich zukünftige technische Potentiale oder andere Anwendungsbereiche (wie oben angedeutet) „schmackhaft" zu machen. Beispielsweise könnte die Einrichtung einer Kommunikationsplattform für eine kleine Gruppe zur Dokumentation der Arbeitsergebnisse für NT-Typen dann interessant werden, wenn diese Plattform irgendwann der Ausgangspunkt für die Entwicklung neuer Features ist (die der ST-Typ womöglich als nutzlos und Zeitverschwendung interpretieren würde). Oder vielleicht ist es möglich, diese Plattform einem anderen Anwenderkreis zugänglich zu machen, dessen Arbeitsabläufe dadurch erheblich verbessert werden, – auch das ist ein Thema, mit dem man ein Zimmermannsprojekt NT-Typen „schmackhaft" machen kann.

Zusammenfassend kann man also sagen, dass der „Verkauf" von Aspekten eines Projektes so zu erfolgen hat, dass die Stakeholder typengerecht in den Collective Mind eingebunden werden.

Kapitel 9
Projektdynamik

In diesem Kapitel beschäftigen wir uns mit den dynamischen Einflussfaktoren. Diese Einflussfaktoren berücksichtigen die Dynamik, die in Projektteamsitzungen dazu führt, dass sich der Collective Mind ausbilden kann.

Wir stellen vier Modelle vor, durch deren Anwendung ein Collective Mind in Projektteamsitzungen aufgebaut werden kann. Die Modelle sind:

- Das Z-Modell, um individuelles Wissen für alle transparent zu machen,
- das Lern-Modell, um eine Lernkultur zu etablieren,
- das evolutionäre Modell, um Lösungsalternativen zu finden, zu selektieren und zu verfeinern,
- das Transition-Modell, um Menschen zu helfen, neues Wissen in Handlungen zu transformieren.

„Liebe Projektteammitglieder, ich möchte Ihnen heute ein neues Mitglied vorstellen, Herrn Tobias Ehrlich. Er ist Teamleiter in der Sparte Medizintechnik, die mit einem 25% Anteil vom Jahresergebnis in unserer Firma schon einen großen Beitrag leistet. Er berichtet auch an unseren Hauptabteilungsleiter der Forschung, Dr. Frankenberg, der seine Mitgliedschaft genehmigt hat. Herr Ehrlich hat aufgrund seiner beruflichen Tätigkeiten viel Erfahrung in interdisziplinären Projekten. Ich habe mich lange mit ihm unterhalten und den Eindruck gewonnen, dass er helfen wird, unsere verschiedenen Vorstellungen zu einer einzigen zusammenzufügen. Wir werden einem gedanklichen Modell folgen, welches iterativ zu einer gemeinsamen Sichtweise der Aufgabenstellung, Inhalte und Ziele des Projektes führen wird. Ich finde es außerordentlich beachtlich und hilfreich, dass Sie freiwillig einen so genannten MBTI-Test durchgeführt haben. So lernen wir alle, besser miteinander umzugehen. Selbstverständlich wird niemand außer uns von unseren MBTI-Typen erfahren. Ich möchte Sie daher bitten, die Verschwiegenheitserklärung, die ich Ihnen jetzt gebe, zu unterschreiben. Und nun werde ich in den Hintergrund treten und Herrn Ehrlich das Wort übergeben."

Priesberg lässt die Liste kursieren und setzt sich an das Kopfende des Konferenztisches.

Während Priesbergs Einführung muss Ehrlich über die belehrende Präzision von dessen Worte grinsen. So etwas war typisch für faktenorientierte Typen, auf die Organisation und den detaillierten Gesamtkontext Wert zu legen. Er hätte das so niemals hinbekommen und wünscht sich manchmal, dass er es auch könnte.

Ehrlich steht auf, steckt sich sein Hemd in die Hose und beginnt zu sprechen. Seine Wortwahl ist der von Heiner Priesberg völlig entgegengesetzt.

„Also, wie gesagt, ich heiße Tobias Ehrlich und arbeite mit Synchrotronstrahlung. Ich werde jetzt Interviews führen und ein gemeinsames Bild aller unserer Wünsche und Sehn-

süchte erarbeiten, was da heißt: Projektziel und Aufgaben, Inhalte, wie Herr Priesberg das ja gerade erwähnt hat. Das geht aber nur, wenn wir uns an ein paar Spielregeln halten.
Erstens: Wir sind alle bei allen Projektteamsitzungen anwesend. Die einzigen Ausnahmen, die Herr Priesberg akzeptieren wird, sind Urlaub, Krankheit oder Tod. Selbst wenn der Kopf ab ist und Sie dennoch sprechen können, müssen Sie kommen."
Priesberg schaut entsetzt in die Runde, aber die Kollegen hören Tobias Ehrlich aufmerksam und amüsiert zu.
„Zweitens. Wir reden über alles offen. Jeder darf und muss alles wissen, was in diesem Projekt abgeht. Das beinhaltet Rollen, Prozesse und Aufgaben und Inhalte, einfach alles."
„Drittens: Jeder darf mit jedem sprechen. Das ist die gute Nachricht. Herr Priesberg und ich werden es aber nicht dulden, wenn Unterteams entstehen, die ihre eigene Zielrichtung verfolgen. Das ist die schlechte Nachricht."

Die Einflussfaktoren „Projektsetting" und „Projektumwelt" bestimmen den Charakter des Collective Mind, gewissermaßen dessen „Klangfarbe". Womit wir uns noch nicht beschäftigt haben, sind die dynamischen Einflussfaktoren, die den Collective Mind in Projektteamsitzungen erzeugen (konstruieren). Mit dem Projektsetting sind die Projektteammitglieder ausgewählt, die Organisationsform des Projektes ist festgelegt und die externen Stakeholder sind eingebunden. Die erste Sitzung ist einberufen und alle sind anwesend. Jetzt liegt es am Projektleiter, die Sitzung zu eröffnen und Maßnahmen zu ergreifen. Im Laufe der Treffen soll sich ein stabiler Collective Mind ausgebildet haben, mit dem die Aufgabenstellung des Projektes gelöst werden kann.

Wir sind also in der Projektphase „Solution Search" und das Ziel dieser Phase ist es,

- alle wesentlichen Lösungsalternativen zur Aufgabenstellung zu finden,
- die beste Lösung unter den gegebenen Rahmenbedingungen zur Aufgabenstellung zu finden.

Mit anderen Worten:

- Das in den Köpfen der Teammitglieder befindliche individuelle Wissen ist im Sinne des Projektes zu aktivieren. Es ist also in für alle Teammitglieder erkennbares und nachvollziehbares Wissen zu transformieren.
- Aus dem vorhandenen Wissen und der menschlichen Kreativität ist neues Wissen zu kreieren, also ein Lern- und Veränderungsprozess anzustoßen.
- Das neue Wissen ist im Sinne der Aufgabenstellung zu selektieren und zu fokussieren.
- Das neue Wissen ist innerhalb des Teams so zu etablieren, dass das Wissen nachfolgendes Handeln bestimmt.

Die folgenden Einflussfaktoren bestimmen die Projektdynamik. Der Einflussfaktor „Lösungsstrategie", mit dem wir uns in diesem Abschnitt hauptsächlich befassen wollen, ist dabei zentral.

Präsenz: Hierunter ist der Grad der persönlichen Präsenz in Projektteamsitzungen zu verstehen. Gerade in der Anfangsphase eines Projektes ist dies ein entscheidender Faktor zur Bildung eines CM. Werden zu viele Meetings abgehalten, so kann eine gewisse Routine oder sogar ein Projektfrust entstehen. Werden zu wenige Meetings abgehalten, so besteht die Gefahr, dass sich kein CM aufbauen kann.

Transparenz: Gefordert wird Transparenz in den Rollen, Aufgaben, Ergebnissen und Zielen sowie Prozessen und Prinzipien des Projektes. Werden diese Größen verdeckt, so besteht die Gefahr, dass Projektteammitglieder dadurch unterschiedliche Vorstellungen von dem Projekt entwickeln und somit die Entstehung eines CM verhindert wird.

Vernetzung und Führung: Die Führung des Teams erfolgt in Abhängigkeit der Projektsituation aufgaben-, ziel- oder auch beziehungsorientiert. Kontakte zwischen den Projektteammitgliedern sind ausdrücklich erwünscht, wichtig ist an dieser Stelle jedoch, dass das Projektführungsteam, bestehend aus Projektleiter und Projektcoach, im Sinne des Ziels die Fäden zusammenhält.

Lösungsstrategie: Unter der Lösungsstrategie verstehen wir ein iteratives, evolutionäres Vorgehen zur Erzeugung der Lösung und des Collective Mind, der die Lösung repräsentiert. Es ist die zentrale Aufgabe des Projektleiters oder des Projektcoachs, für die Ausgestaltung dieser Lösungsstrategie zu sorgen.

Die Rolle des Projektleiters oder Projektcoachs steht damit im Gegensatz zu der herkömmlichen Praxis dieser Rollen. Sehr oft wird insbesondere vom Projektleiter gefordert, dass er die Lösung der zu bewältigenden Aufgabenstellung im Kopf hat und den anderen Projektteammitgliedern lediglich Arbeitspakete zuweist: Meist fehlt auch der „Projektcoach" und so wird der Projektverlauf vom Typ und dem Wissen des Projektleiters alleine bestimmt. Dies mag in einem mono-disziplinären Umfeld funktionieren. In einem interdisziplinären Umfeld hingegen, führt diese klassische Rollenauffassung mit hoher Wahrscheinlichkeit zum Scheitern, da der Projektleiter nicht die volle fachliche Breite abdecken kann. Es besteht also die Gefahr, dass die Lösung unbewusst nicht alle Anforderungen der Aufgabenstellung abdeckt und damit letztendlich nicht alle Stakeholder zufriedengestellt werden.

Die Collective Mind Lösungsstrategie besteht aus vier Modellen, die die vier Aufgaben der Phase „Solution Search" abdecken:

- Individuelles Wissen für alle transparent zu machen: Das Z-Modell
- Etablierung einer Lernkultur: Das Lern-Modell
- Lösungsalternativen finden, selektieren und verfeinern: Das evolutionäre Modell
- Wissen in Handlungen transformieren: Das Transition-Modell

Diese vier Modelle werden im Folgenden einzeln beschrieben. In der Projektpraxis ist es notwendig und sinnvoll, alle vier Modelle integriert anzuwenden.

9.1 Das Z-Modell

Die erste Aufgabe bei der Erarbeitung eines Collective Mind in der Phase „Solution Search" ist das Sichtbarmachen von Expertenwissen und das Extrahieren von Mustern aus diesem Wissen.

Unser Zeitalter der elektronischen Vernetzung legt es nahe, die Teamkommunikation weitgehend auf elektronische Medien abzustützen. Nach unserer Erfahrung ist dies keine Basis, auf der sich ein CM entwickeln kann. Vielmehr gehen wir davon aus, dass Präsenz-Teamsitzungen in Form von Workshops die zentrale Voraussetzung sind, um einen „Nährboden" für den CM bereitzustellen. Projektteamsitzungen sind damit kein „lästiges Übel", keine Zeitverschwendung, sondern sie stellen eine wichtige produktive Basis der CM-Ausbildung dar.

Teamsitzungen werden nur dann produktiv, wenn Ziele für alle sichtbar sind und eine Lösungsstrategie existiert, die es erlaubt den roten Faden zum Ziel zu verfolgen.

Auf dieser Basis gehen wir von folgenden Rahmenbedingungen für die Erfüllung der Aufgabe „Solution Search" aus:

- Es werden regelmäßige Teamsitzungen durchgeführt.
- Die Teamsitzungen werden als Workshops durchgeführt.
- Workshops werden transparent geführt, d.h. das Ziel und der Weg dorthin sind immer für alle Teammitglieder klar erkennbar.

Nachdem in einer ersten Teamsitzung, der Kick-off-Sitzung, Themen wie Ziel, Vorstellung der Teammitglieder, Vorgehensweise oder Organisatorisches erstmals angesprochen wurde, beginnt die nächste Teamsitzung als Workshop, in dem erstmals die Experten des Teams als Experten zu Wort kommen. Es wird mit dem Sammeln von Daten, Fakten, Begriffen, Prozessen und Ansichten begonnen. Gefordert ist die sensorische Wahrnehmung, unterstützt durch eine starke Extraversion der Teammitglieder oder zumindest einiger Teammitglieder. Der Moderator des Workshops, typischerweise der Projektleiter oder der Projektcoach, hat die Aufgabe, diese Informationen zu sammeln und möglichst visuell, für alle sichtbar an einem Flipchart oder Copyboard festzuhalten. In diesem Schritt der Extraktion des Expertenwissens sind also die Temperamentausprägungen Extraversion (E) und Sensorik (S) stark gefordert. Stellt man sich die Frage, welche weiteren Schritte anschließend notwendig sind und welche Temperamentausprägungen hierfür erforderlich sind, so stößt man auf das Z-Modell von Kroeger, Thuesen und Rutledge (Vigenschow u. Schneider 2007), das auf dem MBTI-Modell beruht und genau diese Fragen beantwortet. Abbildung 9.1 zeigt das Z-Modell:

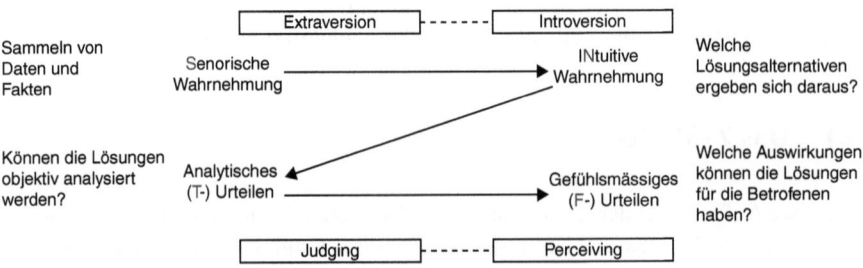

Abb. 9.1 Z-Modell

9.1 Das Z-Modell

Nach dem Sammeln und Sichtbarmachen von Experteninformationen ist ein kreativer Prozess auf der Basis von Intuition notwendig. – Der Moderator wirkt wie ein Katalysator und im Team bilden sich Rohentwürfe von Mustern und Modellen heraus. Diese Muster und Modelle sind erste Entwürfe noch konkurrierender, alternativer Collective Mind. Dieser Vorgang ist ein eher introvertierter Vorgang, der schon während des Sammelns der Informationen anläuft und während der gesamten Informationsbeschaffung bestehen bleibt. Der Moderator hat die Aufgabe, im Sammeln der Informationen diese Informationen permanent intuitiv zu bewerten. Er bewertet die Informationen im Hinblick auf die Relevanz für die Aufgabenstellung und das verfolgte Ziel. Der Moderator ist in dieser Phase des Workshops besonderen mentalen Gefahren ausgesetzt:

- Der Moderator lässt sich vom Strom der Details mitreißen und der Workshop verliert in der Detaillierung seine Orientierung.
- Der Moderator leistet in dieser Phase „Schwerstarbeit", denn er arbeitet parallel an der Informationsaufnahme und der intuitiven Bewertung. Dies kann zu einer Überlastung und letztendlich zum „Stolpern" des Moderators führen. Im schlimmsten Fall verliert der Workshop seine Orientierung.
- Der Moderator hat sein Verständnis von der Aufgabenstellung und dem Ziel des Projektes und nimmt anhand dieser persönlichen Auffassung eine Selektion der Information vor. – Da noch kein CM existiert, hängt die Selektion und Strukturierung der Information sehr stark von der individuellen Sichtweise des Moderators ab. Damit wird der Lösungsraum eventuell unzulässig eingeschränkt und die anderen Teammitglieder vermissen die nötige Transparenz, da sie die Gründe für die Behandlung der Informationen nicht nachvollziehen können.

Der Moderator macht die Rohentwürfe des Collective Mind durch sprachliche oder darstellende Bilder in Form von Mustern und Modellen transparent. Sind die Bilder für alle Teammitglieder sichtbar, werden diese Bilder im Team einer analytischen Überprüfung unterzogen. Die T-Dimension des Teams ist gefordert.

Im Wesentlichen heißt dies, dass es gelingen muss, die Beispiele und Einzelinformationen mit den noch konkurrierenden Collective Mind konsistent abzubilden. Die Lösungsalternative, die sich am ehesten als Lösung der Aufgabenstellung zu eignen scheint, wird als bester „Versuchs"-CM genommen. Hier ist neben den analytischen Fähigkeiten die „Judging"-Kompetenz des Teams oder des Duos Projektleiter-Projektcoach gefordert: Der CM ist an dem Ziel des Projektes zu spiegeln. Beginnt sich eine erste tragfähige Version des CM herauszukristallisieren, ist es erforderlich, die Wirkung, die der CM auf alle Teammitglieder, besser noch auf wichtige andere Stakeholder hat, zu überprüfen: Es ist zu prüfen, ob die Teammitglieder und andere Stakeholder den CM verstehen und ob sie mit dem CM zu Promotoren der Lösung werden. An dieser Stelle des Ablaufes im Z-Modell ist es notwendig, die emotionalen Signale der Projektteammitglieder und anderer Stakeholder zu empfangen und in entsprechende Maßnahmen zur Stärkung des CM umzusetzen. Dies ist eine typische „Perceiving"-Fähigkeit.

Dieser Ablauf wird sich mehrmals wiederholen, denn der CM wird dazu benutzt, um neue Fakten und Daten zu integrieren, das Gesamtbild (das Lösungsmodell) zu erweitern und auf Konsistenz zu überprüfen. Der Iterationsprozess ist erst dann beendet, wenn

- das Modell alle einzelnen Fakten abbilden kann,
- das Modell auf neue Fakten schließen lässt, die an der Realität geprüft werden,
- alle Teammitglieder den CM promoten
- und möglichst alle Stakeholder das Lösungsmodell mittragen.

Der geschilderte Prozess findet sowohl in einer Workshopsitzung, als auch über mehre Workshops verteilt statt. Meistens wird es notwendig sein, mehrere Workshops bis zur ersten Auswahl eines besten „Versuchs"-CM durchzuführen.

Das Z-Modell verdeutlicht, dass zur Lösung einer Aufgabenstellung im Allgemeinen alle Dimensionen der MBTI-Typologie gefordert sind. Es zeigt eindrucksvoll, dass die Innovationsprojekte, also das Erfinder- oder Missionarsprojekt, in besonderem Maße Intuition benötigen. In beiden Fällen wird völliges Neuland betreten. Im Falle der Weiterentwicklungsprojekte, also dem Baumeister- oder Zimmermannsprojekt, ist hingegen vornehmlich die Kombination von S- und T- Fähigkeiten gefordert.

Das Z-Modell zeigt auch, dass in den seltensten Fällen die Spannbreite der geforderten Fähigkeiten von einer Person alleine, insbesondere zu einem Zeitpunkt, erbracht werden kann. Die CM-Methode stützt sich deshalb in der Führung eines Projektes auf zwei Personen, den Projektleiter und den Projektcoach, die zusammen die projektspezifische Spannbreite der notwendigen Fähigkeiten erbringen müssen.

9.2 Das Lern-Modell

Die Entwicklung des Collective Mind in Zeit und Qualität wird sehr stark von der Lernfähigkeit des Projektteams in den Workshops bestimmt. Um die Lernfähigkeit des Teams beurteilen zu können, lehnen wir uns an das Cynefin-Wissensmanagement-Modell (Schütt 2004) an und beschreiben die Lernfähigkeit des Teams durch drei Dimensionen:

- Lern-/Trainingskultur,
- Spezialisierung der Sprache und
- Abstraktion der Inhalte.

Die Dimension „Lern-/Trainingskultur" erfasst, ob die Teammitglieder die Workshops eher als Wissens-Show betrachten, in der sie Wissen unterhaltsam dargebracht bekommen oder eher als Wissens-Arbeit, bei der sie sich im Team das Wissen selbst erarbeiten müssen. Im ersten Fall sprechen wir von einer Trainingskultur und im zweiten Fall von einer Lernkultur.

Die Dimension „Spezialisierung der Sprache" berücksichtigt, dass die Sprache der Experten in den Projektteams sehr stark durch ihre Expertise und ihre Herkunfts-Organisation geprägt wird. Es ist selbstverständlich, dass unterschiedliche

9.2 Das Lern-Modell

Fachgebiete über eine unterschiedliche Spezialisierung in der Sprache verfügen. In sehr vielen Fällen haben unterschiedliche Organisationen mit verwandtem oder identischem Fachgebiet höchst unterschiedliche Sprach-Biotope ausgebildet. Dies führt dazu, dass selbst Experten ähnlicher oder gleicher Fachgebiete mit unterschiedlicher Herkunftsorganisation sich kaum verstehen oder über einen langen Zeitraum unentdeckte Missverständnisse erzeugen. Mit der Bildung eines CM wird die babylonische Sprachvielfalt der Experten durch eine für das Aufgabengebiet und die damit verbundene Lösung einheitliche Semantik ersetzt.

Die Spezialisierung in der Sprache darf nicht mit dem Grad der Abstraktion verwechselt werden. Sehr oft ist es so, dass die Verwendung von Expertensemantik bei dem unbedarften Zuhörer Unverständnis erzeugt und gleichzeitig den Eindruck erweckt, dass die Abstraktion hoch ist. Dies ist meistens jedoch nicht der Fall. In vielen Fällen liegt ein über die Jahre hin tradiertes Wissen mit entsprechender Semantik vor. Das Wissen, in Form von Mustern und Modellen, das ehemals diese Semantik möglich gemacht hat, ist längst nur noch in Teilen vorhanden. Im Rahmen der Ausbildung des CM für die neue Lösung werden Muster und Modelle aus den Details der Informationsaufnahme (siehe Z-Modell) abstrahiert. Mit der Ausbildung des CM steigt also die Abstraktion der Inhalte.

Abbildung 9.2 zeigt die drei Dimensionen der Lernfähigkeit in einem dreidimensionalen Koordinatensystem. Gleichzeitig wird ein typischer Verlauf zur Lernfähigkeit eines Teams über die Stationen 1 bis 4 dargestellt:

Diese Stationen haben wir des besseren Verständnisses wegen als dreidimensionale Vektoren dargestellt (Abb. 9.3).

Die meisten Workshops beginnen bei dem mit „1" gekennzeichneten Stand. Die Mitglieder des Workshops stellen noch kein Team dar, sondern sind vielmehr durch Erwartungshaltungen geprägt wie: „Ist doch alles klar", „nun zeige mir mal, was Du weißt" (insbesondere gegenüber dem Projektleiter, der kein fachlicher Experte aller Themen ist), „und bei mir ist sowieso alles ganz anders", „das

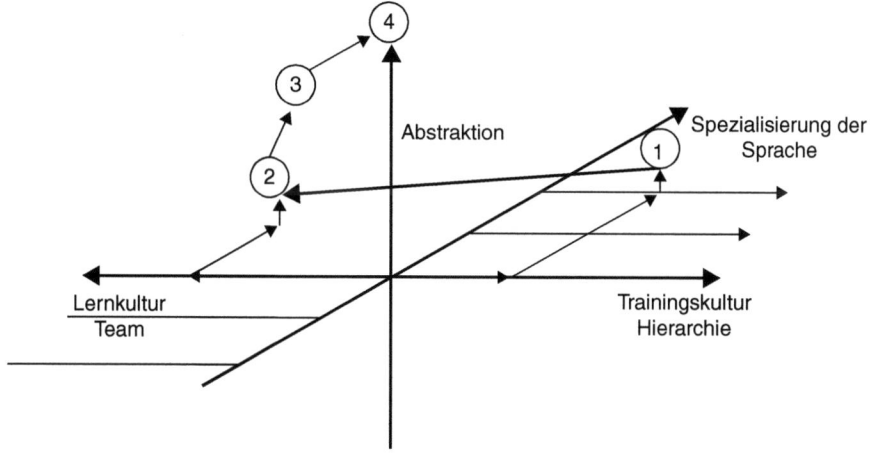

Abb. 9.2 Zustände des CM

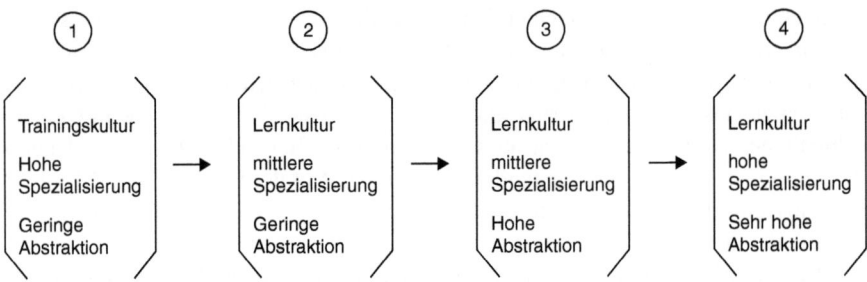

Abb. 9.3 Zustände des CM

habe ich mir nicht ausgedacht, also kann es auch nichts sein". Dies lässt sich sehr gut durch den Begriff „Trainingskultur" charakterisieren. Man lässt sich gerne führen, ohne selbst für Neues offen zu sein. Gleichzeitig ist die Spezialisierung der Sprache sehr hoch: Nahezu jedes Mitglied hat seine eigene (Fach-) Sprache und demonstriert hierüber Professionalität. Die Abstraktion in der Darstellung der Sachverhalte ist oftmals gering; dies drückt sich insbesondere in der Einstellung „bei mir ist sowieso alles ganz anders" aus. Denn es wird sehr oft nicht gesehen, dass die Ausführungen eines anderen Experten mit ein wenig Abstraktionsfähigkeit nahezu den eigenen Ausführungen entsprechen. Die personen-spezifische Spezialisierung in der Sprache der Experten verhindert also einen Wissensaufbau im Team.

Dieser Sachverhalt lässt sich sehr gut durch das Verhaltensmuster „not invented here" verdeutlichen. Die bildliche Darstellung (Abb. 9.4) folgt der systemischen Darstellungsweise in *Die fünfte Disziplin* von Senge (Senge 2001). Die fünfte Disziplin ist das Denken in Systemen:

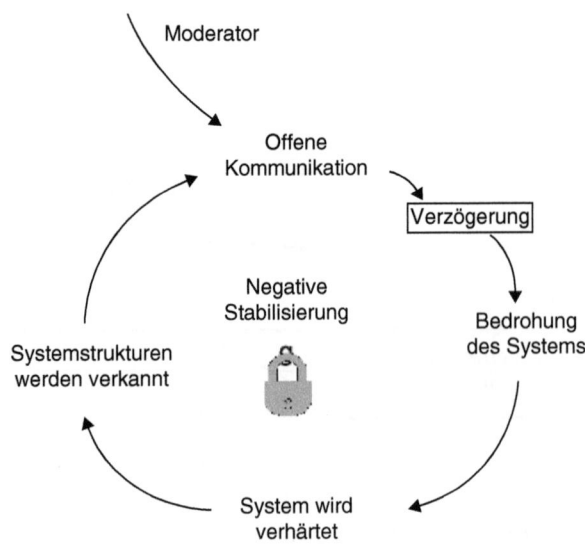

Abb. 9.4 Verhaltensmuster am Anfang der Phase „Solution Search"

9.2 Das Lern-Modell

Jedes Teammitglied lebt in seinem „eignen System" und empfindet die offene zielorientierte Kommunikation als Bedrohung „seines (bisherigen) Systems". Es tritt eine Verhärtung der Positionen ein: Die eigenen (bisherigen) Systemstrukturen und diejenigen der anderen Mitglieder werden nicht erkannt. Aufgabe des Moderators ist es, eine negative Stabilisierung, also das Verharren im eigenen System, zu vermeiden und den Weg für eine Lernkultur im Team zu öffnen. Hierbei ist es das Ziel, in den ersten Workshops die Spezialisierung der Sprache jedes Mitgliedes so zu reduzieren, dass hierüber an einigen Beispielen die Erkenntnis wächst, dass für alle Beteiligten ein Lerneffekt einsetzt, wenn die Spezialisierung der Expertensprachen hinterfragt wird. Dies vermittelt jedem Mitglied neue Einsichten in sein bisheriges System und öffnet damit den Weg für ein neues gemeinsames System. Im Lebenszyklus des Workshops entspricht dieser Vorgang dem Stand „2". Es hat sich noch kein CM ausgeprägt, jedoch sind die Teammitglieder weitgehend offen für Neues.

Ausgedrückt durch ein Muster wird dem negativen Verhaltensmuster „not invented here" ein Anti-Muster „wir erfinden es gemeinsam" entgegengesetzt, das die positive Erfahrung einer teamorientierten Gestaltung eines CM und damit eines „gemeinsamen (neuen) Systems" vermittelt (Abb. 9.5).

Hieraus lässt sich unschwer erkennen, dass oft wechselnde Teamzusammensetzungen den Übergang zum Stand „2" erheblich erschweren und damit der Projektfortschritt bei jedem Wechsel behindert wird, da die Erfahrung mit der Lernkultur des Projektes fehlt. Hinzu kommt, dass neue Teammitglieder erst in die inhaltlichen Aspekte der Lösung eingearbeitet werden müssen.

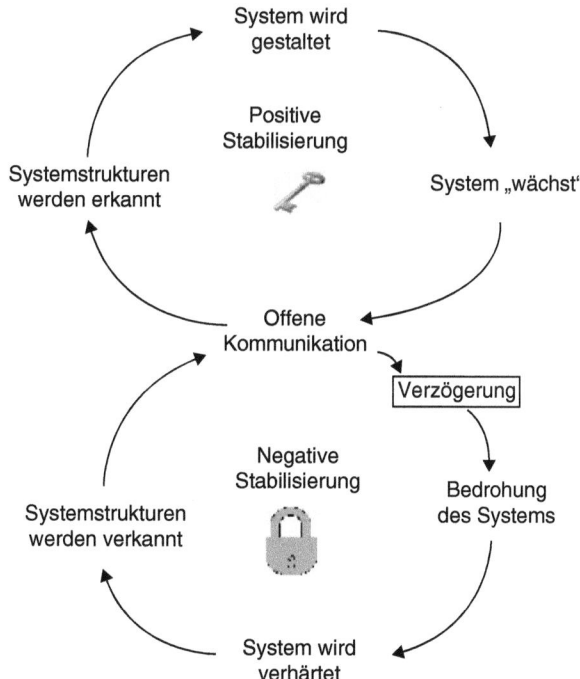

Abb. 9.5 Verhaltensmuster zur Ausbildung eines CM

Ist der Stand „2" erreicht, erhöht sich die Lernkultur im Team mit der Zeit fast von selbst. Der Abstraktionsgrad wird deutlich höher, es bildet sich eine gemeinsame Begriffswelt heraus, vermeintlich unterschiedliche Gedanken werden als gleichartig erkannt. Es wird der Stand „3" im CM-Lebenszyklus erreicht. Der CM nimmt Gestalt an: Die Spezialisierung in der Sprache, die das neue System beschreibt, nimmt immer mehr zu. Hierbei ist zu beachten, dass die verwendete Sprache eine Sprache ist, die von allen Teammitgliedern gleichermaßen verstanden und verwendet wird. Damit wird der Stand „4" erreicht.

Um unserer Forderung nachzukommen, den Einflussfaktor „Transparenz" zu erlangen, ist die Visualisierung von Problemen und deren Lösungen während der gesamten oben geschilderten Kommunikation das Mittel der Wahl.

Hierbei ist es von zentraler Bedeutung, dass der Moderator zuerst für die Ausbildung der Lernkultur sorgt und die Spezialisierung und Abstraktion in der Sprache erst langsam gesteigert wird. Ansonsten besteht die Gefahr, dass der erhoffte Effekt des „Mitdenkens im System", also der Ausbildung des CM, nicht eintritt. Die wiederholende Visualisierung von komplexen Zusammenhängen ist entscheidend für die Güte des Mitdenkens. Wenn das Mitdenken der Teammitglieder aktiviert werden kann, tritt ein maßgeblicher Effekt der Verbesserung des CM durch die Teamarbeit ein. Inkonsistenzen werden schneller und öfter aufgedeckt. Risiken werden erkannt und verschiedene Lösungsalternativen für komplexe Sachverhalte werden diskutiert. Die Lösungsalternativen werden an Hand der Aufgabenstellung und der Risiken gemeinschaftlich ausgewählt.

9.3 Das evolutionäre Modell

Ehrlich schaut in die Runde, als sich der Chemiker Peter Schnell zu Wort meldet. „Bis hierhin ist mir das alles soweit klar. Aber wie können wir verhindern, dass wir uns, wie auf den letzten Sitzungen geschehen, nicht weiterbewegen?"

Ehrlich geht an die Flipchart und nimmt einen Stift in die Hand. „Wie ich Sie verstanden habe, Herr Schnell, möchten Sie mit der Anwendung nach chemischen Strukturen mit denselben Datentypen aus der klinischen Forschung suchen und diese finden."

„Ja, so ist es", entgegnet Schnell.

Ehrlich malt ein großes Rechteck an die Flipchart und schreibt das Wort „Struktur und klinische Daten" darauf.

„Und Sie, Bernd Pfiffig, möchten flexibel nach klinischen Daten recherchieren und sich die Datensätze beliebig zusammenstellen lassen."

„Ja klar, und das sollte möglichst schnell gehen und außerdem, vielleicht ist es ja möglich, noch unser Versuchsplanungstool mit einzubeziehen."

Ehrlich schreibt „Flexible Datenzusammenstellung" in die rechte obere Ecke und malt ein Kästchen darum. „Versuchsplanung" schreibt er außerhalb des großen Rahmens. Dann diskutiert er mit dem Datenmanager, Herrn Kurz, über Datentypen und mögliche Anwendungsfälle. Er ergänzt die Flipchart stückweise. Heraus kommt etwas, das man als eine erste Skizze der Funktionsmodule und Datenflüsse des IT-Systems betrachten kann.

„Moment, das geht nicht", ruft Hans Meier, der IT-Architekt. „Wir können mit unserer Technologie keine Struktursuche mit einem völlig flexiblen Reportingsystem bauen. Des-

9.3 Das evolutionäre Modell

wegen schlage ich vor, das Reporting ein wenig einzuschränken und die Struktursuche möglichst performant zu halten."
Meier geht an die Tafel und fängt an Prozessdiagramme zu zeichnen. „Wenn wir den Prozess mit unserem Prozessmodellierungswerkzeug erfassen, dann können wir daraus automatisch circa achtzig Prozent des Codes generieren. Wollen wir zusätzlich die Flexibilität im Reporting, dann müssen wir unsere Klassenbibliothek umstricken."
Bernd Pfiffig springt auf und wird laut. „Was sollen diese Prozesse hier? Ich möchte meine Reports und mir nicht von der IT die Flexibilität vorschreiben lassen!"
„Was spräche dagegen, die Klassenbibliothek zu erweitern? Wir könnten das Projekt gegebenenfalls verlängern lassen und hätten automatisch eine neue Klassenbibliothek, die für andere IT-Systeme gleich mit verwendet werden kann", sagt Ehrlich. „Wir nehmen das in unseren Collective Mind auf."
„Bravo, endlich mal einer, der mitdenkt", lobt Meier. „Moment!" Unerwartet steht Heiner Priesberg auf. „Wir haben ein bestimmtes Budget und wir haben Benutzeranforderungen, die jetzt hinreichend klar skizziert wurden. Ich verstehe nichts von Java-Klassenbibliotheken. Aber ich glaube, dass wir bei einer Erweiterung der Eigenentwicklung viel mehr Zeit brauchen werden, als hier vermutet wird. Warum nehmen wir nicht Kaufsoftware?"
Meier entgegnet knapp: „Die wird das nicht leisten, nie und nimmer."
„Ich meine nicht, dass wir eine Software kaufen sollten, sondern mehrere Module und dann Schnittstellen programmieren lassen!", ergänzt Priesberg. „Ich möchte, dass Sie, Herr Meier und Herr Kurz, den Markt durchforsten. Sie nehmen sich bitte Herrn Schnell und Herrn Pfiffig mit und kommen mit einem ersten Ergebnis wieder zurück, das wir hier vertiefen werden. Außerdem bitte ich Sie, zu klären, ob Ihre Klassenbibliothek nicht die Schnittstellenprogrammierung leisten kann. „Die Skizze hier", Priesberg deutet auf das Flipchart, „nehmen wir als ersten Entwurf unseres Collective Mind."
Meier ergänzt: „Diese Schnittstellen zu den Kaufmodulen, so was hat noch keiner programmiert. Ich glaube, dass das unsere Klassenbibliothek leisten könnte."
Nachdem die Sitzung zu Ende ist, kann Heiner Priesberg eine spürbare Erleichterung bei jedem einzelnen Teammitglied sehen. Sie sind tatsächlich einen Schritt weitergekommen.
Anschließend treffen sich Heiner Priesberg und Tobias Ehrlich in dessen Büro.
„Bravo, Sportsfreund. Diese Runde ging an Sie", lobt Ehrlich. „Sie haben dort eingegriffen, wo Ihre Stärken sind und ich habe uns zuvor ein ganzes Stück vorangebracht. Sie haben erreicht, dass wir als Gruppe mit einer neuen Idee herausgekommen sind, die wir noch nicht hatten, als jeder einzelne zuvor den Raum betreten hatte."
„Aber das ist doch banal", entgegnet Priesberg. „Kaufsoftware, daran denkt doch jeder. Ich programmiere mir doch mein Windows auch nicht selbst."
„Tja, Sie, Priesberg. Aber gerade Meier, der steckt viel zu sehr in seinen Eigenentwicklungen, als dass er das Wort 'Kaufsoftware' auch nur aussprechen könnte. Er hätte im Leben daran nicht gedacht. Tunnelblick! Und den haben Sie erweitert. Übrigens war ich in der Situation auch befangen, da ich die Erweiterung einer Klassenbibliothek spannender finde, als kommerzielle Software einzusetzen. Und das war mein Tunnelblick! Im Auge des Gefechts haben Sie das Steuer herumgerissen, die Rolle des Coachs übernommen und uns sicher an Land gebracht. Jetzt verstehen Sie auch, weshalb es am Anfang des Projektes so große Schwierigkeiten gab: Meier ist Visionär mit dem gleichen MBTI-Typ wie ich. Daher auch die dominante Rolle. Wir haben ihn eingefangen, da er hoffentlich mit der Klassenbibliothek die Schnittstellen programmieren kann und das ist dann wieder eine echte Herausforderung für ihn."
Ehrlich schweigt eine Weile. „Lassen Sie uns das weitere Vorgehen zur Erarbeitung des Collective Mind skizzieren", sagt er schließlich.

Die dritte Aufgabe im Auffinden einer wertbeitragenden Lösung besteht darin, Lösungsalternativen zu finden, zu selektieren und zu verfeinern.

Unsere Lösungsstrategie enthält einerseits einen zielorientierten und andererseits einen nicht zielgebundenen Anteil im Finden einer Lösung zu gegebener Aufgabenstellung. Das Ziel, die Aufgabenstellung zu lösen, erzeugt eine Sogwirkung im Findungsprozess. Es wird immer wieder durch das Projektteam überprüft, ob die Lösungsidee die Aufgabenstellung erfüllt. Falls ja, wird sie weiterverfolgt, falls nicht, wird sie verworfen. Der nicht zielgebundene Anteil der Lösungsstrategie beruht auf dem Prinzip „Evolution is cleverer than you are" des Biochemikers Leslie Orgel (Beinhocker 2006): Wie Beinhocker in seinem Buch *The Origin of Wealth* zeigt, ist die Evolution die effektivste Form, um Innovationen zu erzeugen.

Das evolutionäre Modell der Collective Mind Methode entspringt folgendem „evolutionären Algorithmus":

1. Der Suchraum für die Lösungen wird mittels „Versuch und Irrtum" abgetastet, in dem alle Vorstellungen aller Teammitglieder berücksichtigt werden.
2. Grundsätzlich sind hierbei alle Vorstellungen und Wege zu den Lösungen offen. Es ist unwahrscheinlich, dass am Ende die Lösung aus der Vorstellung *eines* Teammitgliedes entspringt. Wichtig ist eine skeptische Grundhaltung gegenüber schnellen Lösungen, insbesondere wenn diese mit dem Satz „es ist doch klar" verbunden sind. Wenn man davon ausgeht, dass alle Leute „alles wissen", ist die Wahrscheinlichkeit hoch, dass das Projekt scheitert.
3. Es wird folgendes evolutionäres Prinzip akzeptiert: Durch Erweiterung des Vorstellungsraumes auf alle Mitglieder einer Gruppe steigt die Wahrscheinlichkeit für das Finden einer optimalen Lösung überproportional.
4. S- und N-Typen kommunizieren in der für sie jeweils geeigneten Form: N-Typen adressieren mehr die „Ziel"- und „Was-Ebene" des CM, drücken sich also vornehmlich in Bildern und Metaphern aus. Damit erweitern sie den Suchraum. S-Typen kommunizieren mehr über die „Was"- und „Wie-Ebene" und fordern damit detaillierte Informationen ein. Damit fokussieren sie den Suchraum. Es findet also ein Wechselspiel von Erweiterung und Fokussierung statt. Dadurch bekommt der CM die nötige Qualität um eine wertbeitragende und nachhaltige Lösung auszubilden. Der Moderator sorgt dafür, dass dieses Wechselspiel in einer Lernkultur stattfindet (siehe hierzu auch das Kapitel *Der Collective Mind aus S- und N-Sicht*).
5. Der Projektleiter oder Projektcoach agiert als Moderator und konsolidiert und integriert die Beiträge der Teammitglieder zu einem CM. Der Moderator ermöglicht das zielorientierte Finden einer Lösung, ohne die Lösung vorwegzunehmen. Dies ist „Leadership", wie wir es verstehen.

Der Satz „Wissen wird nicht vom Individuum erzeugt, sondern durch Wechselwirkung zwischen Individuen und mit der Umgebung....." (Ba-SECI-Wissensmanagement-Modell von I. Nonaka (Schütt 2003)) fasst die Bedeutung der Interaktion zwischen Menschen für das Wissen zusammen.

Hiermit soll nicht zum Ausdruck gebracht werden, dass das vorhandene Wissen, der Erwerb von Wissen oder die Kreation von Wissen durch das Individuum von untergeordneter Bedeutung ist.

9.3 Das evolutionäre Modell

Vielmehr bringt der Satz zum einen zum Ausdruck, dass das Individuum in einem entsprechenden Umfeld neugierig ist und seine Neugier mit anderen Individuen teilen will, um zum Wohle des Teams oder des Unternehmens eigenes Wissen zur Verfügung zu stellen und neues Wissen zu schaffen. Zum anderen bringt der Satz zum Ausdruck, dass die Einbettung der Individuen in einen Feedback-Prozess eine katalytische Wirkung für die Initiierung und Schaffung von Wissen hat.

Das Mittel der Wahl, um eine Lernkultur zu etablieren, die dieser Erkenntnis Rechnung trägt, ist der zielorientierte Dialog, der gleichzeitig zu einer Aufgabenstellung einen relevanten Bereich des Lösungsraumes durch „Versuch und Irrtum" absucht.

Im Rahmen vieler Projekte hat sich das in Abb. 9.6 gezeigte Modell für eine zielorientierte, evolutionäre Kommunikation herauskristallisiert. Hierbei kann die Kommunikation zwischen zwei Personen stattfinden oder auch in einem Team, wie z. B. innerhalb von Workshops:

Zentral ist die Erkenntnis, dass jeglicher Wissenserwerb iterativ erfolgt und entsprechend dem Projektverlauf zu adaptieren ist: Das Verständnis der zu erstellenden Lösung wird iterativ erarbeitet, gleichzeitig wird Meta-Wissen im Projekt erarbeitet und neu kreiert. Meta-Wissen ist Wissen, das nicht zur Lösung selbst gehört, sondern Wissen über Wissen darstellt. – Der Inhalt dieses Buches stellt Meta-Wissen dar, das im Laufe von vielen Projekten erworben wurde und aus Methoden und Modellen besteht, die ein Projektteam einsetzt, um Lösungswissen zu erzeugen.

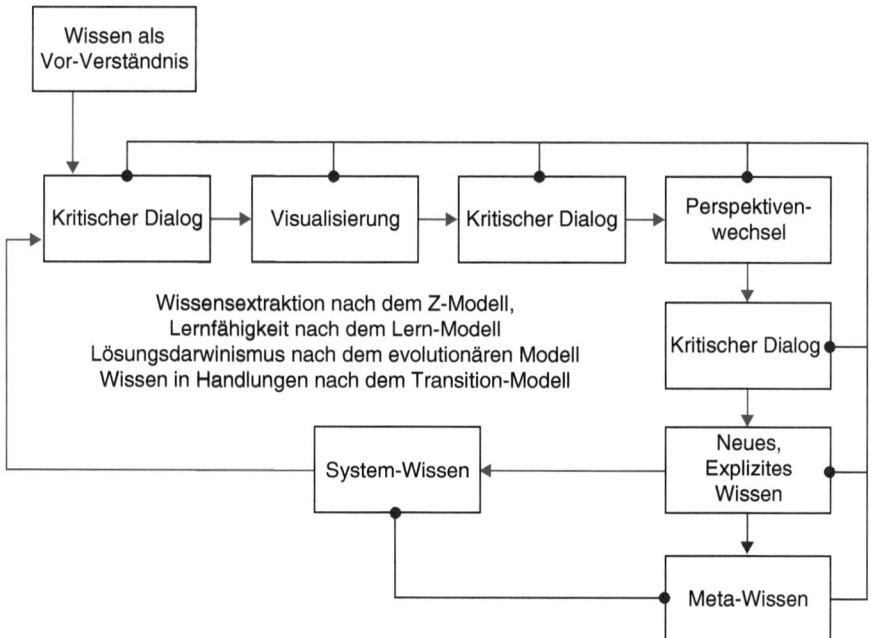

Abb. 9.6 Zielorientierte, evolutionäre Kommunikation

Jede Kommunikation, jeder Workshop und jede Workshopreihe beginnen mit einem gewissen Vor-Verständnis, das sowohl in Form von allgemeinem Wissen als auch in Form von individuellem Wissen (Wissen, das nur in den Köpfen der Experten vorliegt) vorhanden ist. Im Rahmen eines kritischen Dialoges, unterstützt durch die Visualisierung des Problems *und* der angedachten Lösungen (erster Entwurf eines CM) werden diese in unterschiedlichen Perspektiven so lange beleuchtet, bis eine konvergente Lösung mit entsprechendem, nahezu homogenem Wissensstand im Team vorliegt. Aktiv gesteuert wird dies durch den Moderator (Projektleiter oder Projektcoach), der zu einer Reflexion der verwendeten Sprachebenen, zum Geschichtenerzählen, zum Aufzeigen von Analogien sowie zur Wiederholung und Überprüfung des Verständnisses im Team anleitet.

Gelingt es, den CM aufzubauen, stellt sich eine emotionale Zufriedenheit ein und eine größere, spätere Veränderung am CM ist eher selten. Der CM liegt vor, wenn *alle* Teammitglieder die Semantik des CM aktiv verwenden und mit der Begriffs- und Bildwelt des CM operieren. Um sicherzugehen muss der Moderator auf das Vorhandensein des CM im Projektteam testen. Dies kann er auf zweierlei Art tun: Er „streut" den CM in die Teamdialoge ein und überprüft die Reaktion der Teammitglieder. Oder er fordert Teammitglieder auf, Aspekte der Lösung unter Verwendung des CM zu beschreiben. Wird der CM in der Beschreibung der Aspekte nicht verwendet oder es tauchen individuelle Begriffswelten auf, so ist dies ein starkes Indiz für einen nicht (vollständig) vorhandenen CM. Gründe für die Ablehnung können sein:

- Die Teammitglieder können das Alte nicht aufgeben und sich dem Neuen zuwenden.
- Der Moderator (Projektleiter oder Projektcoach) macht „handwerkliche" Fehler: Er geht zu schnell vor oder er ist zu sehr einer Lösung verhaftet, die nicht vom Team getragen wird oder gibt keine Richtungen vor (fehlende „Leadership").
- Die Teamzusammensetzung ist entweder zu homogen oder zu heterogen. Das Projektsetting führt zu Kommunikationsbarrieren.
- Die Teammitglieder tragen das Temperament und die Ziele der Organisation, aus der sie kommen, unbewusst in die Workshopsitzungen hinein.

Falls diese Barrieren aufgelöst werden können, kann sich der CM ausbilden. Falls dies nicht erfolgt, kommt es im Extremfall zum Projektabbruch oder zur Revision der Aufgabenstellung.

9.4 Das Transition-Modell

Der oben geschilderte Ablauf wird von William Bridges (Bridges 2003) in seinem berühmten Buch *Managing Transitions* als der typische Übergang vom Alten zum Neuen beschrieben und als „The Neutral Zone"-Phase bezeichnet. Gleichzeitig liefern die Überlegungen von Bridges eine Empfehlung, wie aus dem Collective Mind Handlungen für den Projektfortschritt generiert werden. Damit wird das im Projekt-

9.4 Das Transition-Modell

team erarbeitete theoretische Wissen, das teilweise noch Informationscharakter hat, zu wirklich gelernter Information, also Wissen (Abb. 9.7).

Durch die Collective Mind Methode lassen sich diese drei Phasen wie folgt beschreiben:

- In der Phase, die das „Alte" repräsentiert, existiert noch kein CM, diese Phase wird dominiert durch die „Herrschaft des Alten": Jedes Teammitglied bringt seine durch die bisherigen Systeme dominierten Vorstellungen (im neurolinguistischen Modell: Landkarten, siehe Kapitel *Kommunikation in Projekten*) ein.
- In der Phase „Neutrale Zone" entwickelt das Team gemeinsam einen CM: In dieser Aufbauphase wird der CM durch die beschriebenen Einflussfaktoren gefördert oder behindert. Der CM ist das Mittel, mit dem man jedem Projektteammitglied hilft, das Alte und Bewährte als solches zu erkennen und aufzugeben und das Neue und Chancenweckende zu gestalten und anzunehmen.
- In der Phase, die das „Neue" repräsentiert, existiert der CM in der „Ziel-Ebene", der „Was-Ebene" und der „Wie-Ebene": Jedes Teammitglied verwendet die „Ziel-Ebene" des CM als Anker für die Kommunikation, unterstützt durch die Ebene die seinem Temperament entspricht. Das Projektteam ist in der Lage, den Collective Mind an die nachfolgenden Projektphasen zu übergeben, indem die Teammitglieder in den nachfolgenden Teams mitarbeiten.

Um die „Neutrale Zone" zu überqueren schlägt Bridges folgende vier Transition-Management-Maßnahmen (Purpose, Picture, Plan, Play) vor:

- Der Zweck (Purpose) des Projektes muss bekannt sein und von allen angenommen werden. Zum Zweck sind transparente Ziele zu definieren, die von allen getragen werden.
- Ist diese zentrale Voraussetzung erfüllt, ist ein gemeinsames Bild (Picture) von der zukünftigen Lösung zu erarbeiten. Dieses gemeinsame Bild enthält alle wesentlichen Aspekte der Lösung. Zweck und Bild zusammen entsprechen unserem CM.
- Der Weg zur Lösung ist für alle sichtbar zu planen (Plan). Dies erzeugt Transparenz und damit Vertrauen in eine gemeinsam getragene Zukunft. Nach unserer

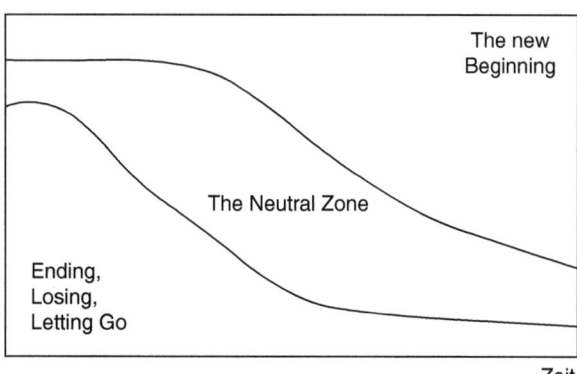

Abb. 9.7 Die Transition-Phasen nach Bridges (Bridges 2003)

eigenen Erfahrung können dies im Rahmen von Workshops folgende Aktivitäten sein:
- Einführung und Einhalten von Projektritualen, z. B. zur Projektplanung, Projektfortschrittsüberwachung, Verfolgung der offenen Punkte,
- Metabetrachtung zur Vorgehensweise, zur Stimmung im Projekt oder zu den mit den Zielen und der Lösung verbundenen Prinzipien,
- Aufdeckung von persönlichen mentalen Modellen (Landkarten) und damit verbundenen unterlegten Prinzipien.
• Die Teammitglieder (und andere Stakeholder) sind aktiv einzubinden (Part/ Play). Durch Übernahme von Aufgaben, in denen der CM verwendet wird, wird jedes Teammitglied im Gebrauch des CM trainiert und nimmt das Neue an. Nach unserer eigenen Erfahrung können dies im Rahmen von Workshops folgende Aktivitäten von Teammitgliedern sein:
- Ausarbeitung von Problem- und Lösungsaspekten auf der Basis des CM,
- Ad-hoc-Schilderungen von Problem- und Lösungsaspekten auf der Basis des CM und der damit verbundenen Semantik,
- zeitweise Übernahme von Moderatoraktivitäten,
- Ausarbeitung und Arbeiten mit Prototypen, die einzelne, schwierige Aspekte der Lösung visualisieren.

Zusammenfassend stellen wir fest, dass das Transition-Management nach Bridges und die damit verbundenen Maßnahmen den wesentlichen Aspekten des CM-Aufbaus entsprechen.

Kapitel 10
Der Collective Mind als Seele des Projektes

Der Collective Mind ist die Klammer, welche das Projekt entlang der Projektphasen zusammenhält. Der Collective Mind ist der Wissensspeicher des Projektes. Meist sind die einzelnen Projektphasen personell unterschiedlich besetzt. Hier hilft der Collective Mind, neue Kollegen in die Wissensbasis des Projektes einzuarbeiten. Dieses Kapitel erläutert die Auswirkungen, die Projektphasen auf den Collective Mind haben.

Ehrlich blättert eine kurze Powerpoint-Präsentation durch, als ob es sich dabei um ein Daumenkino handeln würde. Danach knallt er ein dickes Dokument auf den Tisch. „Sehen Sie, Herr Priesberg, das ist die Materialisierung unseres Collective Mind, die Powerpoint-Präsentation, und das ist unser Lexikon, das Pflichtenheft. Ich glaube, dass nun alle die gleiche Vorstellung von den Aufgaben, Zielen und der Realisierung unseres Projektes haben. Mit Sabine Kaluza war es bis zum Schluss nicht einfach, aber auch sie haben wir in den Collective Mind mit einbezogen. Sie hatte den schwierigsten Part. Selbst Pfiffig und Klein sind jetzt zufrieden."

„Stimmt", entgegnet Priesberg. „durch die gesetzlichen Randbedingungen mussten wir uns einen nicht einfachen Weg erarbeiten, wie wir das abdecken können. Und erst als klar war, dass wir das auch können, war sie mit der Lösung einverstanden. Dabei hat uns immer geholfen, das wir in kurzer prägnanter Form vor Augen hatten, was wir wollten."

„Und jetzt gehen Sie mit Ihrem Collective Mind unter dem Arm schnurstracks zu einer Firma und hoffen, dass diese auch alles brav realisieren wird", fordert ihn Ehrlich heraus.

„Nein, natürlich nicht. So einfach ist das nicht, das ist mir mittlerweile klar. Wir werden einen Teil intern programmieren, da wir Domänwissen aufgebaut haben und das auch halten möchten. Die Spitzen werden wir extern abfangen und uns neues Wissen zukaufen. Dabei müssen alle in den Collective Mind einbezogen beziehungsweise eingearbeitet werden. Es ist ein ständiger, iterativer Dialog: Selbst wenn der Kopf ab ist, muss noch geredet werden. Man kann ihn dann praktischerweise auf den Tisch stellen und einfach zuhören." Priesberg lacht und das war sogar das erste Mal, dass Ehrlich ihn überhaupt lachen hört. Offenbar ist ein bisschen von seiner Verrücktheit auf Priesberg übergesprungen. Die letzte Bemerkung macht Ehrlich dennoch stutzig: Wird Priesberg ihn in Sachen Schrägheit wohl übertrumpfen wollen? Oder hat der Projektwahnsinn erste Spuren hinterlassen? Man wird sehen.....

Der Collective Mind ist kein Selbstzweck. Es dient einzig und allein dazu, die in dem Projekt gegebene Aufgabenstellung erfolgreich zu lösen. Dazu muss er über alle Projektphasen hinweg transportiert und angewendet werden.

Der Collective Mind hat also drei Hauptaufgaben:

- Unterstützung des Projektteams, um das „Alte" zu verlassen und das „Neue" zu beginnen, also zur Aufgabe eine Lösung zu erarbeiten.
- Die Lösungsgrundidee an die nachfolgenden Teams in den weiteren Projektphasen zu übermitteln.
- Im Stakeholderkreis eine Akzeptanz des Projektes und seiner Ergebnisse zu erreichen.

Damit hat der CM die Aufgabe, einen Weg in Richtung der Lösung zu öffnen und diesen Weg beim Übergang in die nachfolgenden Phasen offenzuhalten. Dies ist eine zentrale Voraussetzung, um das Risiko des Projektscheiterns klein zu halten. In den vorherigen Kapiteln lag der Schwerpunkt auf dem Aufbau eines Collective Mind und dessen Beeinflussung durch weiche Faktoren. Dieses Kapitel hat zwei weitere Schwerpunkte:

- Betonung der Wichtigkeit des Collective Mind als „Wissensspeicher" während der Projektphasen.
- Betonung der Wichtigkeit des Collective Mind als Kommunikations- und Führungsinstrument.

Abbildung 10.1 zeigt über die Projektphasen aufgetragen die typische Intensität des CM. Unter der Intensität verstehen wir den Grad der Verinnerlichung des Collective Mind bei den beteiligten Personen.

Wir beschreiben den Verlauf des Collective Mind über den Lebenszyklus des Projektes:

In den Phasen Initialisation und Setting besteht bei den Projektinitiatoren und dem Management ein rudimentärer Collective Mind. Dieser CM verkörpert das Ziel des Projektes auf oberflächliche Art (grobe Aufgabenstellung, Kosten- und Zeitrah-

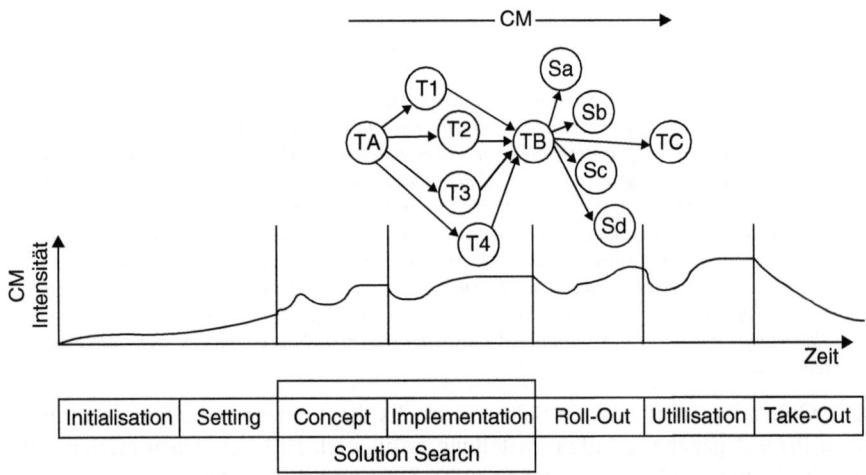

Abb. 10.1 Intensität des Collective Mind in den Projektphasen

men). Da noch keine Lösung vorliegt, ist dieser Collective Mind nicht identisch mit dem Collective Mind der Phase „Solution Search".

Bei jedem Übergang von einer Phase in die nächste Phase sinkt zunächst die Intensität des CM. Dies hängt damit zusammen, dass bei jedem Phasenübergang weitere Personen in den Projektablauf eingebunden werden und die Lösung fortgeführt wird.

Die Phase „Solution Search" ist die Phase, in der sich der Collective Mind, der die Lösung widerspiegelt, ausbildet. In der Phase „Concept" bildet sich für ein erfolgreiches Projekt kurz nach dem Projektbeginn ein CM heraus. Dieser CM erhält nach einiger Zeit, wenn die Detailarbeit der Konzeption beginnt, eine „erste Delle": Aufgrund der vielen abzubildenden Details mittels eines Lösungskonzeptes treten Zweifel an der Gültigkeit des Konzeptes auf. Im Normalfall, wenn der gefundene Lösungsweg der richtige ist, werden die Zweifel verfliegen und die Intensität des CM steigt wieder an und verharrt auf hohem Niveau bis zum Ende der Subphase „Concept".

In der Subphase „Implementation" der Phase „Solution Search" wird die Implementierung auf mehrere Teams verteilt (Satelliten- oder Multizentrenorganisation): Die Intensität des CM bricht ein. Dem kann dadurch entgegengewirkt werden, dass Teammitglieder des konzeptionellen Teams in den implementierenden Teams vertreten sind.

Die Implementierung einer konzeptionellen Lösung erfolgt also sehr oft nicht durch die Projektteammitglieder des konzeptionellen Teams (TA): Aufgrund der fachlichen oder technischen Komplexität von Projekten ist es notwendig, Aufgaben in Arbeitspakete aufzuteilen und von verschiedenen Projektteams (T1 bis T4) implementieren zu lassen. Die Durchführung erfolgt meist räumlich und zeitlich getrennt. Die Definition der Arbeitspakete und die daraus resultierende Teamstruktur ergeben sich aus der Struktur des Collective Mind. Der CM stellt sicher, dass die Risiken beherrschbar bleiben, wobei der Transfer des CM in die Teams durch ein erhöhtes Engagement der Teammitglieder des Ausgangsteams (TA) sicherzustellen ist.

Bei der Abarbeitung und schließlich der Zusammenführung der Arbeitsergebnisse der Teams dient der Collective Mind als die zusammenhaltende Klammer: Durch den CM wird sichergestellt, dass die Arbeitspakete kongruent fertig gestellt werden, ohne dass fachliche und begriffliche Differenzen auftreten. Dazu ist ein iterativer Abgleich zwischen den Arbeitspaketen und dem Collective Mind notwendig. Im Sinne einer kritischen Reflexion, die hier zum Prinzip erhoben werden soll („habe ich mich vom Projektziel wegbewegt?", „lebe ich die Semantik des Projektteams?", „werden die Ergebnisse meines Arbeitspakets von den anderen genauso verstanden wie von mir?") werden die Inhalte und Ergebnisse der jeweiligen Arbeitspakete reflektiert. Erst wenn im Dialog mit dem konzeptionellen Projektteam die fachlich richtige Lösung akzeptiert wird, gelten die Arbeitspakete als abgeschlossen.

Mit Beginn der Phase „Roll-Out" kommen Personen mit der erstellten Lösung (dem neuen System) in Kontakt, die bisher nicht an der Erstellung beteiligt waren. Der CM bricht wieder ein und verändert auch in einem gewissen Maße seinen Inhalt. Die neuen Teammitglieder bringen neue Sichtweisen ein und verändern einzelne Aspekte der Lösung. Falls sich ein CM herauskristallisiert, der sehr stark von dem CM der Phase „Solution Search" abweicht, ist davon auszugehen, dass das Projekt gescheitert ist. Um die Stabilität des CM in der Roll-Out Phase zu garantieren, sollte ein Team das Roll-Out begleiten, das möglichst viele Teammitglieder aus dem „Solution Search"-Team enthält. Kann die „Roll-Out"-Phase gut abgeschlossen werden, hat sich der CM weiter stabilisiert und ist in seiner Verbreitung und Intensität gewachsen. In der Abbildung wird das Roll-Out durch ein Team TB verantwortlich begleitet und die übrigen Stakeholder werden symbolisch durch Sa bis Sd gekennzeichnet.

Nach der Phase „Roll-Out" schließt sich die Phase der Bewährung an. Die Phase „Utilisation" beginnt sehr oft wieder mit einem Intensitätseinbruch: Die Nutzer des Systems stoßen auf Schwierigkeiten in der täglichen Arbeit, der vermittelte CM wird in Frage gestellt. Auch in dieser Phase liegt wieder ein gewisses Risiko für ein Projektscheitern vor. In einem erfolgreichen Projekt steigt die CM-Intensität nach kurzer Zeit und übersteigt nach Jahren der Nutzung sogar die Intensität der Phase „Solution Search". Wie im Lern-Modell beschrieben, verhärtet sich der CM sogar und entfernt sich in seinem Inhalt von dem CM der Phase „Solution Search". In den meisten Fällen haben sich zu diesem Zeitpunkt auch die Rahmenbedingungen, die zur Aufgabenstellung und der damit verbundenen Lösung geführt haben, verändert. Im Idealfall sollten einige Teammitglieder des Utilisation Teams TC aus Mitgliedern des Teams TA bestehen.

In der Phase „Take-Out" wird das bestehende System durch ein neues System abgelöst. Das neue System wird in einem Projekt erschaffen. Es beginnt ein neuer Lebenszyklus.

Kapitel 11
Kommunikation in Projekten

Sind alle Einflussfaktoren optimal erfüllt, so hängt die Umsetzung der daraus resultierenden Maßnahmen und Aktivitäten zu einem erheblichen Maße von der Kommunikation der Teammitglieder untereinander und mit den übrigen Stakeholdern ab. Vereinfachend sind wir bis jetzt davon ausgegangen, dass die Kommunikation, also das Senden und Empfangen von Nachrichten, rein rational und auf „Augenhöhe" erfolgt. Das ist natürlich nur selten der Fall.

Wir stellen nun ein Modell vor, mit dem die Kommunikation zwischen Menschen analysiert werden kann. Damit werden Wege aufgezeigt, schwierige Kommunikationssituationen zu verstehen und zu beherrschen.

Unser Kommunikationsmodell integriert vier verschiedene Modelle:

- Das MBTI-Temperamentmodell nach Myers und Briggs (Briggs Myers u. Myers 1980; Keirsey 1998)
- Das Transaktionsmodell nach Berne (Berne 2004)
- Das Vier-Ohren-Modell nach Schulz von Thun (Schulz von Thun 2008)
- Das neurolinguistische Modell von Bandler und Grinder (Bandler u. Grinder 1975; Grinder u. Bandler 1976)

Beispiele illustrieren die Anwendung des integrierten Kommunikationsmodells.

Tobias Ehrlich sitzt mit Heiner Priesberg in der Cafeteria. Herr Priesberg meint es geschafft zu haben, Klaus Klein, einen Mediziner und Stakeholder, in den Collective Mind seines Projektes einbezogen zu haben, jedoch fühlt er sich in Diskussionen mit ihm immer noch häufig wie ein Kind behandelt. Klein unterstützt zwar das System, aber unterstellt Priesberg, dass dieser von bestimmten Dingen keine Ahnung hat. Das lähmt viele der wichtigen Teamsitzungen, auf denen es mittlerweile um die Vorbereitung des Roll-Outs geht.

Durch das Coaching von Tobias Ehrlich hat Heiner Priesberg bereits viele Fallen, die sich während der Projektdurchführung auftun, verstehen und zu umschiffen gelernt, doch dieser Punkt scheint für ihn noch Neuland zu sein.

„Wieso ist die Kommunikation zwischen Klaus Klein und mir manchmal festgefahren? Ich nehme doch auf seinen MBTI-Typ Rücksicht und kommuniziere mit ihm entsprechend. Da er ein Field Marshal (ENTJ) ist, weiß ich doch mittlerweile, dass er Entscheidungen intuitiv trifft und keine detaillierte Begründung benötigt oder sogar liefern kann", beginnt Priesberg die Diskussion.

Ehrlich holt ein Blatt Papier hervor und malt so etwas wie zwei Ampeln darauf, deren „Lichter" er mit Pfeilen der jeweiligen „Lichter" der anderen Ampel verbindet. Ehrlich beginnt zu erläutern: „Bis jetzt sind wir davon ausgegangen, dass die Schwierigkeiten in der Kommunikation nur vom MBTI-Typ abhängen, aber die Kommunikation trotzdem immer auf Augenhöhe erfolgt. Damit meine ich Folgendes: Ein intuitiver Mensch, wie ich, tut sich schwer damit, wenn er in Zahlen und Fakten argumentieren soll, das haben Sie ja die ganze Zeit gespürt. Sie dagegen haben Schwierigkeiten, meine abstrakte, auf Metaphern beruhende Sprache zu verstehen. Kurz gesagt: Ich verwende eine analoge Sprache und Sie eine digitale Sprache. Durch die MBTI-Typologie können wir uns derartige Dinge bewusst machen, die uns dann bei der Kommunikation unterstützen."

Priesberg ergänzt: „Wenn wir diese Hürde genommen haben, dann sollten wir also auf Augenhöhe weiterkommunizieren können."

„Genau, Herr Priesberg, richtig erkannt. Aber in der Wissenschaft ist es leider meist anders: Hat man eine Hürde genommen, dann tut sich meist eine neue auf, die manchmal viel größer ist. In unserem Fall können wir sie aber locker nehmen. Wir müssen einfach unser Modell ergänzen." Ehrlich zeigt auf seine Ampelskizze. „Vereinfachend gesprochen besitzen wir durch die Prägung durch unsere Umwelt ein ‚Kind-Ich', ein ‚Eltern-Ich' und ein ‚Erwachsenen-Ich'. Natürlich möchten wir gerne auf Augenhöhe in dem ‚Erwachsenen-Ich' kommunizieren. Das können wir aber nur, wenn wir unseren Kommunikationspartner als gleichwertig ansehen. Das tut Klaus Klein im Falle inhaltlicher Diskussionen, die sein Fachgebiet betreffen, nicht. Er fällt in sein ‚Eltern-Ich' zurück und appelliert dann natürlich an Ihr ‚Kind-Ich'. Sie fühlen sich als Kind behandelt, und wer möchte das schon? Das ganze nennt man übrigens Transaktionsanalyse nach Eric Berne." Ehrlich muss einen großen Schluck Wasser trinken, nachdem er seine Erläuterungen ausgeführt hat.

„So langsam dämmert es mir", entgegnet Priesberg, „offenbar trete ich als Projektleiter zu sehr in meinem ‚Eltern-Ich' auf und appelliere an das ‚Kind-Ich' von Klein. Das geschieht sicher auch dadurch, dass mir in den Diskussionen nur bestimmte Dinge seiner Forschung wichtig sind. Das kann er natürlich nicht so hinnehmen und deswegen spielt er seine fachliche Überlegenheit in seinem ‚Eltern-Ich' aus. Das geht natürlich schief, weil ich das als arrogant empfinde. Wissen Sie was: Lassen Sie uns ein paar Beispiele aus der jüngsten Projektvergangenheit durchdeklinieren, um zu schauen, wie man sie lösen kann."

Ehrlich reibt sich die Hände und ruft: „Prima, dann rollen wir das Projekt ein wenig nach Eric Berne und MBTI auf, ergänzt um das Vier-Ohren-Modell von Schulz von Thun und das neurolinguistische Modell von Bandler und Grinder."

Zunächst stellen wir die ergänzenden Modelle von Berne, Schulz von Thun sowie Bandler und Grinder vor. Anschließend integrieren wir alle vier Modelle zu einem Modell und zeigen Kommunikationsmuster zwischen unterschiedlichen MBTI-Typen auf. Damit ergibt sich ein Modell, mit dem man sich typische „Kommunikationsfallen" in Projekten bewusstmachen, entsprechend gegensteuern und die Kommunikation wieder öffnen kann.

11.1 Das Transaktionsmodell

Nach Berne (Berne 2004) lässt sich jeder erwachsene Mensch modellhaft durch drei „Ich-Zustände", das „Erwachsenen-Ich", das „Kind-Ich" und das „Eltern-Ich" beschreiben. Diese Zustände werden einem Menschen im Laufe seiner Entwicklung eingeprägt. Im „Erwachsenen-Ich" greifen wir auf eigene, autonome Erfahrungen zurück. Im „Kind-Ich" dominieren Zustände, die sich in früher Kindheit ausgeprägt

11.1 Das Transaktionsmodell

haben und die bis in die Gegenwart andauern. Agiert man in dem „Kind-Ich", so verhält man sich, wie man es als Kind früher getan hat. Schließlich agiert man im „Eltern-Ich" wie ein Elternteil, der beispielsweise die Menschen seiner Umgebung ermahnt oder beschützt. Insgesamt bedeutet das, dass jeder Erwachsene zwischen den drei Zuständen hin- und herschalten kann, in Abhängigkeit von einem bestimmten Anlass. Insofern gibt es in diesem Modell den Begriff „unreif" nicht: Es gibt zum Beispiel nur Personen, die in auffälliger Weise im „Kind-Ich" agieren.

Berne bezeichnet die Menge („Grundeinheit") aller sozialen Verbindungen als „Transaktion". Menschen interagieren durch Kommunikation. Somit sind Transaktionen Kommunikationsabläufe zwischen Menschen. Bei der Transaktionsanalyse oder dem Transaktionsmodell handelt es sich dann um die Analyse von Kommunikation in Bezug auf die drei Zustände „Erwachsenen-Ich", „Kind-Ich" und „Eltern-Ich"(Abb. 11.1).

Bei den Komplementär-Transaktionen folgt die Kommunikation den erwarteten Rollen. Die Linien in der Grafik überkreuzen sich daher nicht. Im ersten Fall kann es sich um eine Transaktion zwischen einem Elternteil und einem Kind handeln. Das Elternteil ermahnt das Kind, eine bestimmte Sache nicht zu tun, wie beispielsweise eine heiße Herdplatte zu berühren. Das Kind wird entweder gehorchen oder aus Trotz die Herdplatte berühren oder sich aufgrund der Ermahnung beleidigt zurückziehen. All das sind Verhaltensweisen, die einem „Kind-Ich" entsprechen.

Im zweiten Teil des Bildes sind zwei Transaktionen dargestellt, die zwischen zwei Erwachsenen auf Augenhöhe stattfinden. Beispielsweise kann es sich um einen Dialog zwischen Kunde und Verkäufer in einem Kleidergeschäft handeln. Der Kunde äußert: „Ich möchte gerne eine Hose kaufen", und der Verkäufer entgegnet: „Eine schwarze oder eine blaue?"

Nach Berne finden Transaktionen in Ketten statt, d.h. auf eine Reaktion folgt eine Gegenreaktion und so weiter. Solange Transaktionen ihren Komplementärcharakter wahren, vollziehen sie sich reibungslos. Sobald aber eine Überkreuzung von Linien stattfindet, wie in der Abb. 11.2 dargestellt, ist die Kommunikation unterbrochen und damit gestört.

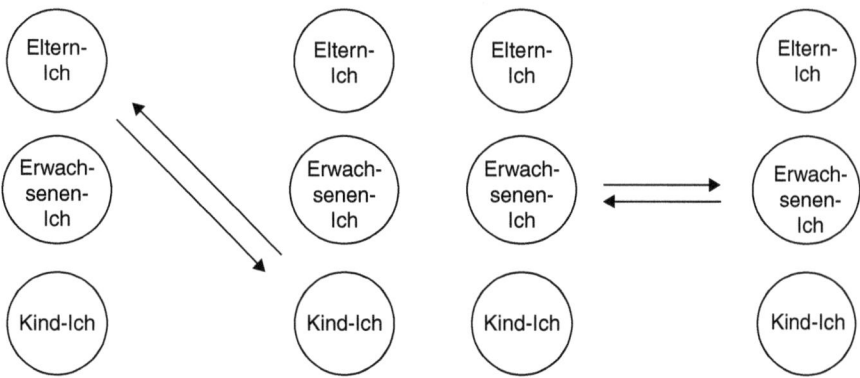

Abb. 11.1 Komplementär-Transaktionen, nach (Berne 2004)

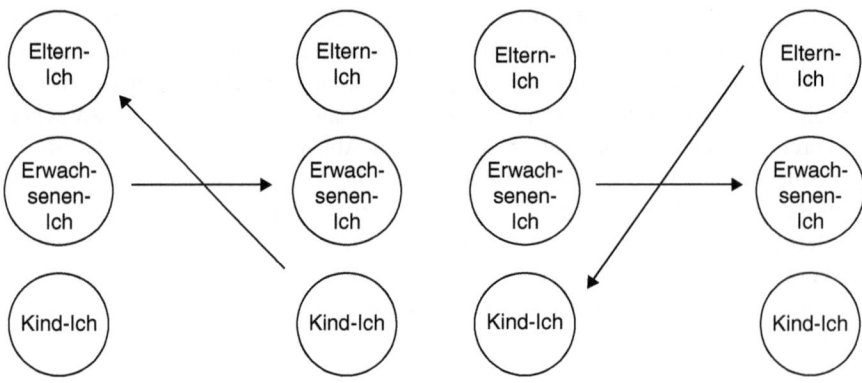

Abb. 11.2 Überkreuzte Transaktionen, nach (Berne 2004)

Im ersten Teil der Abbildung sendet eine Person, beispielsweise ein Projektleiter, eine Botschaft im „Erwachsenen-Ich". Hierbei kann es sich um die Aussage „die neue Datenimportfunktion ist viel zu technisch" handeln. Hat diese Person beispielsweise einen sehr technologiefokussierten fachlichen Experten als Kommunikationspartner, der womöglich diese Funktion selbst entwickelt hat, so fühlt sich dieser nicht ernst genommen und kann entweder (je nach Prägung) im „Kind-Ich" (linker Teil der Abbildung) oder im „Eltern-Ich" (rechter Teil der Abbildung) antworten. Im „Kind-Ich" könnte er antworten: „Naja, Projektleiter, wenn Du diese Funktion eh nicht kapierst, dann nehmen wir sie eben wieder raus. Hat sowieso keinen Sinn, mit einem derartigen Banausen zu sprechen." [Wendet sich beleidigt ab.] Sein „Kind-Ich" sendet dabei an das „Eltern-Ich" des Projektleiters.

Im „Eltern-Ich" könnte der fachliche Experte [dozierend] antworten: „Lieber Projektleiter, ich werde Dir mal die Funktion erläutern. Dann wirst auch Du den Sinn erkennen und sie unterstützen." Sein „Eltern-Ich" sendet dann an das „Kind-Ich" des Projektleiters.

In beiden Fällen ist die Kommunikation offensichtlich gestört und kann erst wieder fortgeführt werden, wenn diese Störung bereinigt wurde. Um jetzt schon ein wenig vorzugreifen, wollen wir die letzten Dialoge aus Sicht der MBTI-Typologie erhellen. Der Projektleiter kann beispielsweise ein Supervisor (ESTJ) sein, der einfach seine Aktionspunkte abgearbeitet sehen möchte. Bei der Reaktion aus dem „Kind-Ich" könnte es sich um einen Mastermind (INTJ) handeln, der sich in seiner Ehre als fachlicher Experte gekränkt sieht. Aufgrund seiner Introversion zieht er sich zurück.

Bei der Reaktion aus dem „Eltern-Ich" könnte es sich um einen Field Marshal (ENTJ) handeln, der den Projektleiter in Bezug auf Fachliches für nicht ausreichend kompetent hält und aufgrund seiner Extraversion dem Projektleiter „erst mal ein wenig Nachhilfe in elementarer Informatik geben muss". Damit möchten wir an dieser Stelle jetzt schon darauf hinweisen, dass bei der Kommunikation zwischen faktenorientierten und intuitiven Typen häufig überkreuzte Transaktionen auftreten können.

Berne folgend, möchten wir zwei weitere Transaktionstypen, die Angulär-Transaktion und die Duplex-Transaktion, aufführen (Abb. 11.3).

11.2 Das Vier-Ohren-Modell

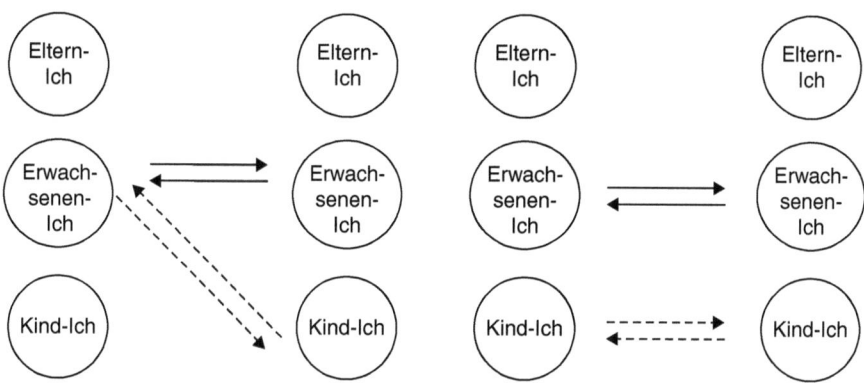

Abb. 11.3 Angulär-Transaktion (links) und Duplex-Transaktion (rechts), nach (Berne 2004)

Nach (Berne 2004) wird die Angulär-Transaktion anhand eines raffinierten Musters beschrieben: Ein Verkäufer sagt zu einer Kundin: „Dieser DVD-Player ist besser, aber den können Sie sich nicht leisten." Darauf antwortet die Kundin: „Genau den werde ich nehmen." Auf der sozialen Ebene (durchgezogen Linien) wurden jeweils Feststellungen im „Erwachsenen-Ich" getroffen. Der Verkäufer appelliert aber trickreich an das „Kind-Ich" der Kundin, die insgeheim denkt: „Dem arroganten Schnösel zeig ich's und kaufe das Ding!" Dies ist durch das gestrichelte Pfeilpaar angedeutet. Hier läuft die Kommunikation in der versteckten Ebene auch komplementär, aber mit unterschiedlichen „Ich-Typen" ab.

In der sogenannten Duplex-Transaktion finden auch wieder zwei reguläre Transaktionen statt. Das ist im rechten Teil der obigen Abbildung zu sehen. Dazu führen wir den folgenden Dialog zweier Männer in einem Spielwarengeschäft an: „Ich kaufe meinem Kind heute eine Modelleisenbahn." Darauf antwortet der zweite Mann: „Die würde ich meinem Kind auch gerne kaufen, wenn wir nicht gerade in einer kleinen Wohnung leben würden." Auf der sozialen Ebene finden auch hier Komplementärtransaktionen im „Erwachsenen-Ich" statt. Auf der versteckten Ebene finden hingegen Komplementär-Transaktionen im „Kind-Ich" statt: Beide Männer würden gerne selbst mit der Modelleisenbahn spielen.

Somit lassen sich laut Berne Transaktionen in Komplementär- und Überkreuz- sowie einfache und verdeckte Transaktionen klassifizieren. Verdeckte Transaktionen kann man in Angulär- und Duplex-Transaktionen unterteilen.

11.2 Das Vier-Ohren-Modell

Nach Schulz von Thun (Schulz von Thun 2008) findet jegliche Kommunikation prinzipiell auf vier verschiedenen Kanälen (Ebenen) statt: Appell, Sachinhalt, Beziehung und Selbstoffenbarung (Abb. 11.4).

Schulz von Thun verwendet folgendes Beispiel aus dem Straßenverkehr, um das Modell zu erläutern (Abb. 11.5):

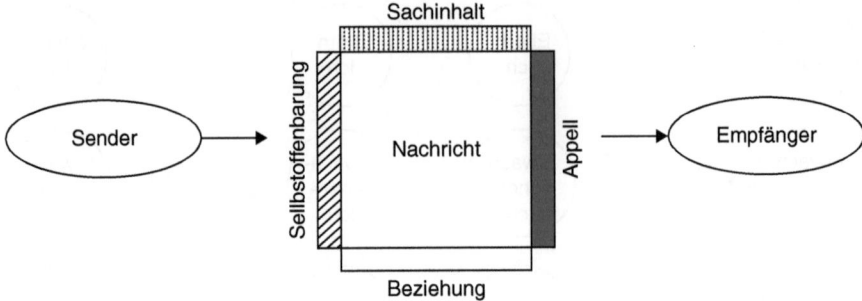

Abb. 11.4 Vier-Ohren-Modell, nach (Schulz von Thun 2008)

Ein Ehepaar sitzt in einem Auto und steht damit an der Ampel. Der Mann sitzt am Steuer und übersieht, dass die Ampel auf grün geschaltet wird. Seine Frau sagt zu ihm: „Du, da vorne ist grün." Es stellt sich die Frage, was die Frau ihrem Mann damit mitteilen will und wie er die Nachricht interpretiert. Schulz von Thun identifiziert vier Möglichkeiten der Interpretation:

- Appell-Ebene: Gib Gas!
- Sachinhalt: Ampel ist grün.
- Selbstoffenbarung: Ich habe es eilig.
- Beziehung: Du brauchst meine Hilfe!

Hierbei ist zu beachten, dass die Frau mit der Nachricht eine bestimmte Intention verfolgt und der Mann eine evtl. unterschiedliche Interpretation der Nachricht vornimmt. Damit entstehen 16 verschiedene Kombinationsmöglichkeiten. Das Modell von Thun von Schulz wird also zu einem Vier-Ohren-Vier-Münder-Modell. Zum Beispiel könnte folgende Kommunikationssituation vorliegen:

Die Frau richtet mit der Nachricht „Du, da vorne ist grün" einen Appell an ihren Mann. Ihr Mann versteht diese Nachricht jedoch nicht als Appell, sondern versteht, dass seine Frau ihm mitteilen will, dass er die Verkehrssituation nicht vollständig überblickt und auf ihre Hilfe angewiesen ist.

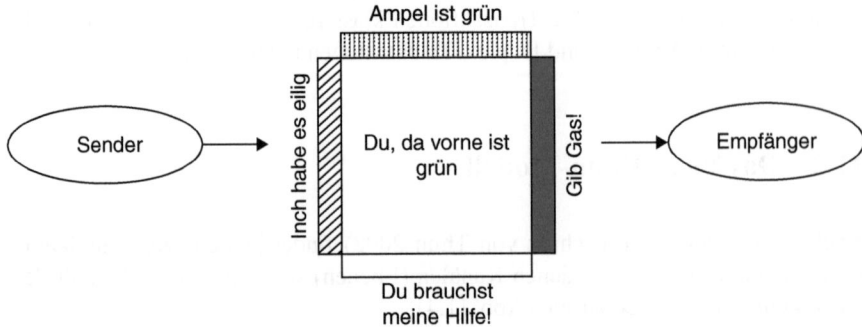

Abb. 11.5 Beispiel Vier-Ohren-Modell

In (Peters-Kühlinger u. John 2007) werden diese Kanäle am Beispiel eines Satzes verdeutlicht, den viele von uns schon in verschiedenster Bedeutung gesagt oder auch empfangen haben: „Der Kaffee ist alle." Auf der Selbstkundgabe-Ebene meinen wir: „Ich hätte gerne noch eine Tasse Kaffee", auf der Appellebene meinen wir: „Koch doch (bitte) neuen Kaffee". Auf der Beziehungsebene signalisieren oder empfangen wir die Nachricht: „Du hast vergessen, welchen zu kaufen oder zu machen." Je nachdem, auf welchem Kanal wir senden (z. B. auch unterstützt durch einen Fingerzeig oder eine leicht grimmige Miene), kann eine verbale Sachinformation zu einer Appellinformation werden. Oder je nachdem, ob ein Sender aus dem Eltern-Ich[1] agiert und der Empfänger in der vorliegenden Konstellation sich als „Kind" fühlt, besteht die Möglichkeit, dass in erster Linie die Beziehungsebene angesprochen wird (siehe Transaktionsmodell).

Hieraus erkennt man, dass die Interpretation der Nachricht sehr stark von der gemeinsamen Situation, dem Kommunikationskontext, in dem sich die Kommunikationspartner befinden, abhängt. Transaktionsmodell und Vier-Ohren-Modell zusammen erlauben eine bessere Interpretation der Kommunikationssituation.

11.3 Das neurolinguistische Modell

Das neurolinguistische Modell von Bandler und Grinder (Bandler u. Grinder 1975; Grinder u. Bandler 1976) verbindet in seiner ursprünglichen Form Sprach- und Psychotherapie. Aus diesem Modell hat sich die neurolinguistische Programmierung (NLP) entwickelt, die u. a. in Management- und Kommunikationsmodelle Eingang gefunden hat (Braun 2005; Rupp 2004).

Das neurolinguistische Modell beruht auf folgenden Prinzipien:

- Der Mensch nimmt die Welt über fünf Kommunikationskanäle, die fünf Sinne, auf: Den **v**isuellen, den **a**uditiven, den **k**inästhetischen (haptisch-fühlenden), den **o**lfaktorischen (riechenden) und den **g**ustatorischen (schmeckenden) Sinn. Dies wird mit VAKOG abgekürzt.
- Die Welt, genannt das Territorium, wird vom Menschen über diese fünf Sinne in ein oder mehrere mentale Modelle (Senge 2001; Oswald 2006), genannt die Landkarten, abgebildet. Die Landkarten spiegeln Erfahrung und Kompetenz wider und sind nicht das Territorium. Bei der Abbildung finden drei wesentliche Abbildungsprozesse statt: Generalisierung, Tilgung und Verzerrung. Eine Generalisierung erkennt man zum Beispiel an der Verwendung von Universalquantoren (wie „immer", „nie", „alle", „überall"). Ein typischer Satz hierzu ist: „Du bist immer unpünktlich". Es liegt dann eine Generalisierung vor, wenn eine Person 1-2-mal unpünktlich zu einem Termin erschienen ist und dieser Umstand als störend empfunden wird. Eine Tilgung erkennt man, wenn eine implizite Annahme

---

[1] Der Lesbarkeit halber werden wir die Anführungsstriche bei den Ich-Zuständen zukünftig weglassen.

gemacht wird und diese zu unvollständigen Aussagen führt. Eine Verzerrung liegt vor, wenn der Prozess, der zu einem Ergebnis führte, nicht erkennbar ist und lediglich das Ergebnis angegeben wird. Für weitere Beispiele verweisen wir auf Bandler und Grinder (Bandler u. Grinder 1975; Grinder u. Bandler 1976) sowie Rupp (Rupp 2004).

Die Landkarten als Repräsentanten der Territorien können bei einer Person für jeden der fünf Sinne unterschiedlich ausgebildet sein. Hieraus ergeben sich unterschiedliche, auch widersprüchliche Informationen, die zu divergenten Verhaltensmustern in den Sinnen führen (das Gesagte stimmt nicht mit den Körpersignalen überein).

- Jeder Mensch bevorzugt ein bis zwei Kanäle aus den fünf Sinnen.
- Die menschliche Sprache repräsentiert die verschiedenen Landkarten. Sie ist damit wiederum ein Modell. Mit Hilfe eines Meta-Modells (NL-Meta-Modell) kann auf die Landkarten und die Formen der Generalisierung, Löschung und Verzerrung geschlossen werden.

Abbildung 11.6 verdeutlicht diesen Zusammenhang:

Der Mensch nimmt Informationen von einem Ausschnitt der Welt über seine fünf Sinne auf. Dieser Welt-Ausschnitt ist das Territorium. Die meisten Menschen verwenden zur Datenaufnahme aus dem Territorium bis zu zwei Sinne. Im Rahmen der Datenverarbeitung zu dem Territorium reduziert der Mensch die Daten und speichert sie als Information ab. Hierbei nimmt er Generalisierungen, Tilgungen und Verzerrungen der Informationen vor.

Die Sprache jedes Menschen bildet diese so entstandenen Landkarten individuell ab. Damit ist die Sprache ihrerseits ein Abbild der Landkarten: Jeder Mensch beschreibt also mittels seiner so entstandenen individuellen Ausprägung der Sprache seine Modelle der erfahrenen Territorien.

Das neurolinguistische Modell erlaubt aus der verwendeten Sprache eines Menschen auf dessen Landkarten und die darin enthaltenen Generalisierungen, Tilgungen und Verzerrungen zu schließen. Wir sprechen genauer von einem Meta-Modell, weil dieses Modell das Modell „Sprache" und die zugrundeliegenden Modelle, die „Landkarten", verknüpft.

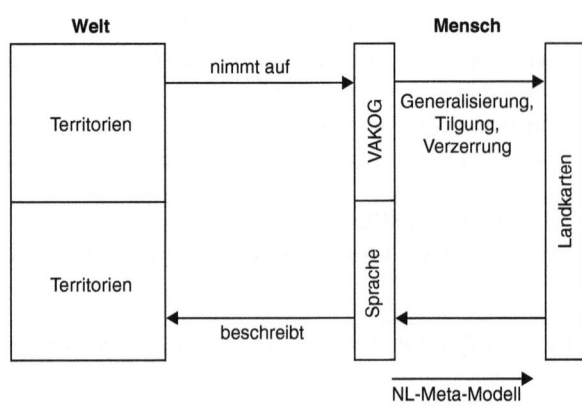

Abb. 11.6 Das neurolinguistische Modell

Grinder und Bandler konnten zeigen, dass zudem die individuelle Ausprägung der Sprache von den bevorzugten Sinnen, also den VAKOG-Landkarten, abhängt. Ein Satz mit der Bedeutung „Ich verstehe Dich" wird von einem kinästhetisch ausgerichteten Menschen mit „Was Du mir sagst, fühlt sich für mich richtig an" repräsentiert. Visuell ausgerichtete Menschen verwenden stattdessen „Ich sehe, was Du meinst", auditiv ausgerichtete Menschen verwenden „Ich höre, was Du meinst".

Dies bedeutet, dass Menschen mit unterschiedlichen Präferenzen in den Sinnes-Kommunikationskanälen und den repräsentierenden Systemen (den Landkarten) prinzipiell Schwierigkeiten haben, sich zu verstehen, denn sie verwenden für die gleiche Nachricht (siehe obiges Beispiel zum Thema „Verstehen") aufgrund ihrer Präferenz eine unterschiedliche Sprache im Hören wie auch im Sprechen.

Eine gute Kommunikation nach Grinder und Bandler besteht also darin, auf diese Individualität der Kommunikationskanäle unserer Gesprächspartner zu achten, sich in der Kommunikation auf diese Kommunikationskanäle und deren repräsentierende Systeme einzustellen. Dies bedeutet insbesondere, dass Sender und Empfänger ihre Sprache aufeinander abstimmen. Im Projektteam ist es die Aufgabe des Moderators, bei der Abstimmung von Sender und Empfänger zu helfen, indem er die individuellen Formen der Generalisierungen, Verzerrungen und Tilgungen offenlegt und damit hilft, Kommunikationsbarrieren erst gar nicht entstehen zu lassen.

Die Analyse von Keirsey (Keirsey 1998, siehe Kapitel *Weitere Persönlichkeitsmodelle*) hat gezeigt, dass die Wortwahl der S-Typen weitaus konkreter ist als diejenige der N-Typen. N-Typen neigen eher zu Generalisierung, Verzerrungen oder Tilgungen. Die aus den Territorien abgebildeten Landkarten enthalten zu einem hohen Anteil abstrahierte Muster, die durch die Generalisierung, Verzerrung und Tilgung von ihren Basisinformationen abgetrennt wurden. Diese Abstraktion ist damit einerseits eine Stärke, andererseits aber auch eine Schwäche der N-Typen.

Unsere Erfahrung hat auch gezeigt, dass die durch das „Gegensatz"-Paar T-F zum Ausdruck gebrachten Unterschiede in der Entscheidungsfindung einen wesentlichen Einfluss auf die Ausgestaltung der individuellen Landkarten und die damit verbundene Sprache haben: Da F-Typen die Beziehungsebene wichtiger ist als T-Typen, verwenden sie in ihrer Sprache öfter Ausdrücke, die mit Emotionen verbunden sind: „Ich mag diesen Kollegen" statt „Dieser Kollege ist ein guter Softwareentwickler"; „Mein Chef empfindet diese Situation ganz anders" statt „Mein Chef und ich sind in dem Punkt Projektfortschritt anderer Meinung". Gerade in schwierigen Kommunikationssituationen kann es notwendig sein, dass die jeweiligen Gesprächspartner die gegenseitige Präferenz in der Sprachwahl berücksichtigen und sich in der Verwendung ihrer eigenen Sprache darauf einstellen.

11.4 Das integrierte Kommunikationsmodell

Das von uns verwendete Kommunikationsmodell integriert die obigen Kommunikationsmodelle und basiert auf folgenden Annahmen:

- Die MBTI-Typologie ist ein Modell für unsere „Hardware". Diese Hardware bezeichnen wir als Temperament.

- Unser Charakter ist in Interaktion der „Hardware" mit der Umwelt entstanden. Der Charakter stellt unsere „Software" dar.
- Die „Software" eines Menschen beschreiben wir mittels des Transaktionsmodells und des neurolinguistischen Modells.
- Aufgrund von Temperament und Charakter verfügt jeder Mensch über gewisse Kommunikationsdispositionen. Die Kommunikation selbst beschreiben wir mittels des Vier-Ohren-Modells.

Abbildung 11.7 zeigt das so integrierte Kommunikationsmodell[2]. Weil die Abbildung Assoziationen mit einem elektromagnetischen Transformator aufkommen lässt und das Modell es ermöglicht, die Kommunikation von Personen zu transformieren, nennen wir das integrierte Modell „Transformator-Modell".

Das Transformator-Modell ist von links nach rechts in der Abbildung wie folgt zu lesen: Das Temperament des Menschen wird durch die MBTI-Signatur beschrieben. Auf der Basis des Temperamentes und der gemachten Erfahrungen hat der Mensch sich einen „Vorrat an (kognitiven) Landkarten" angelegt, mit denen er die Welt interpretiert. Hierbei nimmt er aufgrund der Landkarten in bestimmten Situationen verschiedene Ich-Rollen ein. Er kommuniziert über die Sprache und seine Sinne in den verschiedenen Kommunikationsebenen des Vier-Ohren-Modells. Die Sinnes-Kommunikationskanäle VAKOG haben wir der Einfachheit wegen nicht eingezeichnet.

Wir wenden das Transformator-Modell auf zwei kommunizierende Teammitglieder an: Eine Person vom MBTI-Typ ISTJ kommuniziert mit einer Person vom MBTI-Typ ENFP (Abb. 11.8):

Dieses Beispiel wurde gewählt, da ISTJ und ENFP zwei Temperamente vertreten, die in allen Dimensionen der Typologie entgegengesetzt ausgerichtet sind:

- Die Extraversion des ENFP führt zu einer starken Dominanz im Gespräch. Dies hat zur Folge, dass der ISTJ Nachrichten des ENFP als von dem Eltern-Ich des

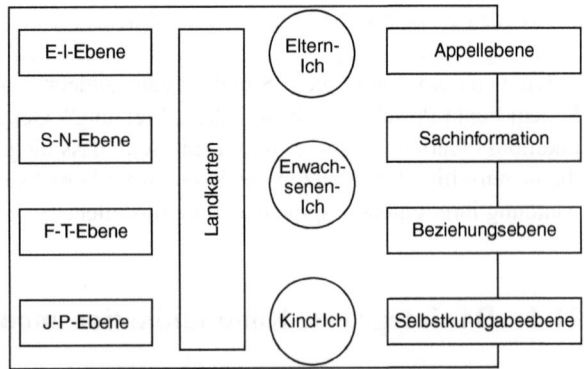

Abb. 11.7 Das Transformator-Modell

---

[2] Das integrierte Kommunikationsmodell ist ein phänomenologisches Modell, das ererbte Eigenschaften (von den Genen), erworbene Eigenschaften (durch die erfahrene Umwelt) und Situation in einem Modell abbildet.

11.4 Das integrierte Kommunikationsmodell

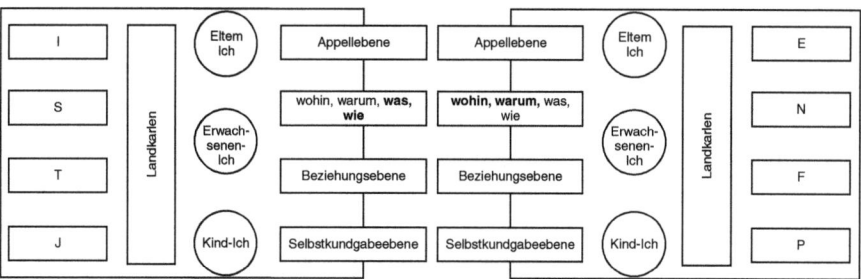

Abb. 11.8 Das Transformator-Modell für zwei Personen vom Temperament ISTJ und ENFP

ENFP stammend interpretiert und seinerseits sich aufgrund seiner Introvertiertheit in sein Kind-Ich zurückzieht oder als Eltern-Ich „zurückschlägt".
- Auf der Ebene der Informationserschließung und Problemlösung ist der ISTJ aufgrund seiner Prädisposition meistens sehr konkret und orientiert sich am „Was" und insbesondere am „Wie". Der ENFP interessiert sich mehr für die Zukunft („Wohin") und das „Warum" einer Aussage oder Problemlösung. Um sich auf der Sachebene verstehen zu können, sollten beide die jeweils andere Präferenz berücksichtigen: Der ENFP sollte die Flexibilität haben, auch auf der Detailebene zu kommunizieren, und umgekehrt sollte der ISTJ versuchen, neben konkreten Aussagen auch Aussagen zur Einbettung in einen weiteren Kontext zu machen. Da der NF-Typ (wie der NT-Typ) sehr zu Verallgemeinerung (Generalisierung), Tilgungen oder Verzerrungen neigt, ist es für seinen Gesprächspartner notwendig, über eine entsprechende Fragetechnik auf seine unterlegten Landkarten zu schließen. Dies erfordert nach unserer Einschätzung Erfahrung aus Gesprächen mit NF-Typen (siehe auch das Kapitel *Der Collective Mind aus S- und N-Sicht*) oder eine entsprechende neurolinguistische Ausbildung.
- Die Entscheidungsfindung des ISTJ erfolgt auf rationaler Ebene, wohingegen die Entscheidungen des ENFP sehr stark durch seine Beziehungen, insbesondere zum Gesprächspartner, beeinflusst werden. Damit also eine für beide Seiten befriedigende Kommunikation entsteht, ist es notwendig, die Beziehungsebene neben der Sachebene in der Kommunikation immer wieder positiv anzusprechen. Gemäß dem neurolinguistischen Modell sollte der ISTJ gegenüber dem ENFP die Gefühlsebene adressieren: Statt „Ich verstehe Sie" eher „Was Sie mir sagen, fühlt sich für mich gut an", oder statt „Ich verstehe Sie nicht" eher „Ihre Schlussfolgerung verursacht mir Kummer".
- Der ISTJ möchte seine Umwelt klar strukturiert haben und bevorzugt eine klare Vorgehensweise zu definierten Zielen. Die P-Ausrichtung des ENFP führt zu einer permanenten situationsbedingten Neuorientierung des ENFP. Der ENFP springt also oft in der Gesprächsführung. Versucht der ISTJ die Richtung des Gesprächs auf das Ziel des Gesprächs zu lenken, empfindet der ENFP dies sehr schnell als Zurechtweisung und als mangelnde Kreativität beim ISTJ. In solchen Fällen ist es notwendig, dem ENFP Raum für seine Kreativität zu lassen und im Gespräch zielorientierte Phasen mit „kreativen Erholphasen" für den ENFP abzuwechseln.

Auf der Basis des Transformator-Modells ergeben sich damit folgende Aussagen:
- Die Kommunikation sollte vom Sender empfänger-orientiert aufgebaut sein. Hieraus folgt, dass der Sender möglichst viele Informationen zum Empfänger und dessen Kommunikationsverhalten in der Kommunikation berücksichtigt.
- Da ein Sender in einer Gruppe mit seiner Kommunikation viele Personen unterschiedlicher Persönlichkeit erreichen will, ist es nötig, dass die Gruppe einerseits nicht zu heterogen ist, um den Dialog aufkommen zu lassen, und andererseits heterogen genug, um den möglichen Lösungsraum für die Lösungssuche hinreichend erschöpfend auszuloten.
- Projektleiter und Projektcoach sollten daher auf der MBTI-Ebene „Informationserschließung/Problemlösung" („Gegensatz"-Paar S-N) eine hohe Ähnlichkeit in der Temperamentausprägung haben und auf den Ebenen „Soziale Interaktion" und „Anforderung an die Umwelt" sich möglichst komplementär ergänzen: Ist der Projektleiter ein wahrnehmungsorientierter Mensch („P"), dann empfehlen wir, dass der Coach ein urteilender Mensch („J") ist, damit es im Projekt zu Entscheidungen kommt.

Im Folgenden skizzieren wir beispielhaft einen Kommunikationsverlauf zwischen einem ESTJ (Supervisor) und einem ENFP (Champion). Dies ist eine der schwierigsten Kommunikationssituationen in Projekten, da hier „harte" Faktenorientierung auf „weiche" Zukunftsgestaltung trifft. Die Kommunikation kann deshalb sehr schnell ins Irrationale und Emotionale abdriften, so dass sich beide Partner am Ende hilflos gegenübersitzen.

In dem vorgestellten Dialog zwischen ESTJ (Projektleiter) und ENFP (IT-Architekt) geht es um die Erweiterung einer IT-Anwendung durch eine Importfunktion für Excel-Tabellen.[3]

In den nachfolgenden Abbildungen ist der zeitliche Ablauf durch eine Grauschattierung der beteiligten Modell-Elemente und zusätzlich durch Ziffern gekennzeichnet, um den zeitlichen Ablauf zu verdeutlichen.

1. Der ESTJ setzt über sein Erwachsenen-Ich eine Sachinformation auf Detailebene ab. Die von ihm verwendeten Worte entsprechen seinen bisher durch die Erfahrung erworbenen Landkarten (Abb. 11.9).

    Dialogbeispiel: ESTJ (Supervisor) [sachlich, Benutzervertreter]: „Wir benötigen eine neue Importfunktion, um Excel-Tabellen laden zu können." [Der ESTJ hat eine genaue Funktionalität vor Augen und fühlt sich als Vertreter der Benutzer in einer gewichtigen Rolle. Im Sinne des neurolinguistischen Modells hat er eine Verzerrung vorgenommen: Der Prozess, der zu dieser Aussage führt, wird nicht angesprochen, der Prozess wird auf das Ergebnis hin verzerrt.]

---

[3] Es sei betont, dass das Transformator-Modell wie jedes Modell eine (starke) Vereinfachung einer realen Kommunikation darstellt. Eine reale Kommunikation wird sicherlich durch den jeweiligen Reifegrad der Kommunikationspartner beeinflusst: Ein hohes Bewusstsein über die eigenen internen Abläufe und diejenigen beim Kommunikationspartner kann stereotype Abläufe, wie sie im nachfolgenden Beispiel skizziert werden, verhindern.

11.4 Das integrierte Kommunikationsmodell

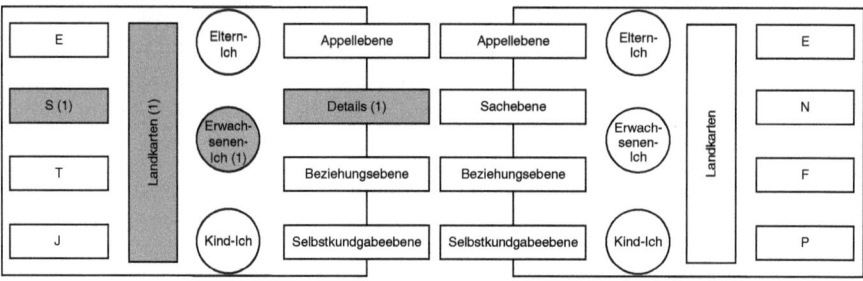

Abb. 11.9 Kommunikationsbeispiel ESTJ-ENFP (1)

2. ENFPs sind nicht an Details interessiert, ihre Landkarten sind in ihren Mustern wesentlich abstrakter oder aus Sicht eines ESTJ grober. Die „verzerrte" Sachinformation kommt bei ihnen nicht an, da weder das „Warum" noch das „Wohin" („Ziel-Ebene" des CM) angesprochen wird. Der ENFP fühlt sich dem ESTJ überlegen. Der ENFP aktiviert sein Eltern-Ich (Abb. 11.10).

Dialogbeispiel: ENFP (Champion) [Offen, freundlich, aber etwas überheblich, nimmt die Sachinformation nicht wirklich wahr]: „Naja, ich kann euch einen Workaround basteln. Wenn wir bis zur nächsten Version warten, haben wir das Feature automatisch drin. Wir ändern sowieso die Architektur und können damit noch ganz andere Formate erschlagen." [durch „F" ist er freundlich und beziehungsorientiert und möchte den Anwendern helfen, ohne sich einem neuen Detail zu widmen und die IT-Architektur (abstrakter Begriff) sofort ändern zu müssen (ganzheitlich „N"). Gleichzeitig hat er eine Generalisierung, begleitet von einer Tilgung und einer Verzerrung vorgenommen: Sein Motiv, dass er eigentlich an seiner Architektur interessiert ist, wird nicht angesprochen und entspricht einer Tilgung. Die Erwähnung von verschiedenen Import-Formaten, ohne deren Kontext zu nennen, entspricht einer weiteren Tilgung. Die Architektur wird lediglich als generalisierendes Ordnungskriterium (dies ist auch eine Abstraktion) erwähnt, dem sich die Wünsche des ESTJ unterzuordnen haben. Der Workaround taucht lediglich als Ergebnis (nicht als nachvollziehbarer Prozess) auf, was eine Verzerrung darstellt. Der ENFP nimmt außerdem implizit an,

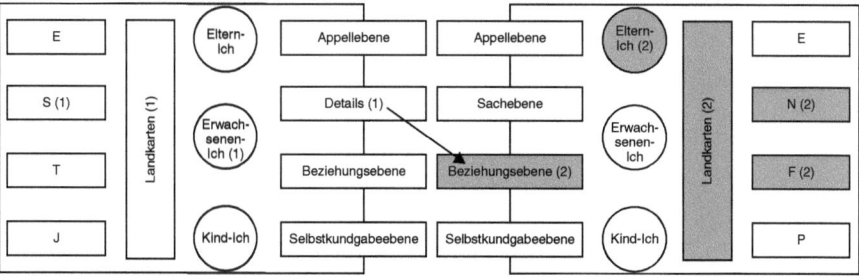

Abb. 11.10 Kommunikationsbeispiel ESTJ-ENTP (2); der Pfeil zeigt an, dass die Sachebene verlassen wurde und beim Empfänger die Beziehungsebene angesprochen wurde

dass die Anforderung des ESTJ als Workaround umsetzbar ist, was einer weiteren Tilgung entspricht. – Sie als Leser können vielleicht erahnen, welche Herkulesarbeit ein Moderator übernimmt, wenn er dieses Geflecht an Generalisierung, Verzerrung und Tilgung ordnen will und in für die Kommunikation tragfähige Aussagen transferieren möchte.]

3. Der ESTJ interpretiert die Nachricht des ENFP als Appell, der von dessen Eltern-Ich kommt, und aktiviert sein Kind-Ich, das den ESTJ auf die Beziehungsebene der Kommunikation „umleitet" (Abb. 11.11).

   Dialogbeispiel: ESTJ [fühlt sich nicht ernst genommen, nimmt die vorherige Nachricht als Appell des Eltern-Ichs des ENFP wahr, auch aufgrund einer leicht abfälligen Mimik oder eines leicht geänderten Tonfalls]: „Wir benötigen die neue Funktion jetzt. Es kann doch nicht schwer sein, dieses kleine Feature zu ergänzen." [Er verlässt die Sachebene und kommt in die Beziehungsebene. Auch der ESTJ macht hier kräftig von Generalisierung, Tilgung und Verzerrung Gebrauch. Man kann sogar vermuten, dass er regelrecht durch den Kommunikationsablauf zur Aktivierung dieser Abbildungsmuster „getrieben" wird. Die Aussage „Wir benötigen die neue Funktion jetzt" bringt eine Tilgung zum Ausdruck, da eine für den ENFP nicht nachvollziehbare Anordnung jetzt umzusetzen ist. Der nachfolgende Satz enthält zwei Tilgungen (implizite Annahmen) „Es kann doch nicht schwer sein…", „dieses kleine Feature…"]

4. Der ENFP fühlt sich angegriffen und bleibt auf der Beziehungsebene und in seinem Eltern-Ich (Abb. 11.12).

   Dialogbeispiel: ENFP [fehlt die Fähigkeit, anschaulich zu erläutern, weshalb das Feature jetzt nicht durch die aktuelle IT-Architektur abgebildet werden kann und fühlt sich doppelt angegriffen, einmal auf der Expertenebene und auf der Beziehungsebene, denn er hat ja eingangs ein aus seiner Sicht freundliches Angebot unterbreitet und „versteift" sich in dem Eltern-Ich]: „Also, warum wollt ihr immer (Generalisierung) so ein Stückwerk (Tilgung). Ihr müsst den Prozess als Ganzes sehen (hier liegt eine trickreiche Verzerrung vor: Der Prozess wird als Ergebnis angesprochen, gleichzeitig handelt die Aussage über eine

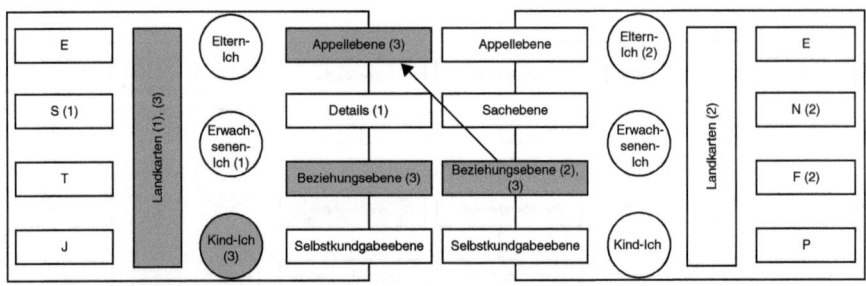

Abb. 11.11 Kommunikationsbeispiel ESTJ-ENTP (3); der Pfeil zeigt an, dass die auf der Beziehungsebene ausgehende Kommunikation beim Empfänger als Appell ankommt und bei diesem ebenfalls die Beziehungsebene aktiviert

11.4 Das integrierte Kommunikationsmodell

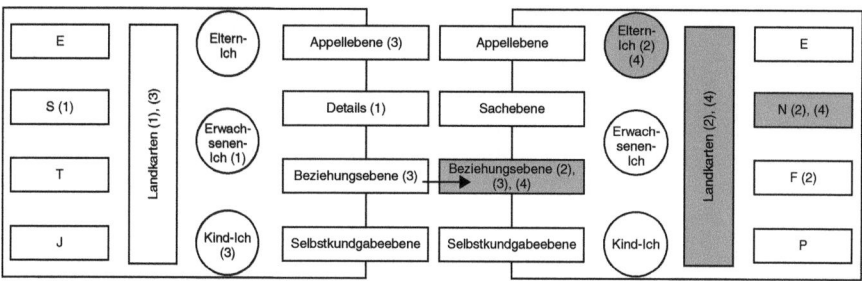

Abb. 11.12 Kommunikationsbeispiel ESTJ-ENTP (4); der Pfeil deutet an, dass die Kommunikation auf der Beziehungsebene bleibt

Verzerrung). Vielleicht braucht ihr keinen Excel-Import (dies ist eine implizite Annahme (Tilgung)). Wenn ihr euren Import umstellt, dann habt ihr jetzt schon die Möglichkeit über Text-Dateien Daten zu laden (der Prozess zur Umstellung ist nicht erkennbar, wieder wird der Prozess auf das Ergebnis hin verzerrt). Mit eurem Stückwerk macht ihr die schöne IT-Anwendung unhandlich (dies ist eine zweifache Tilgung: Es ist nicht nachvollziehbar wieso jetzt ein Stückwerk vorliegt und was die schöne IT-Anwendung ausmacht)."

5. Der ESTJ interpretiert die Nachricht des ENFP wiederum als Appell des Eltern-Ichs des ENFP und als Bevormundung (Abb. 11.13).

6. ESTJ appelliert an den ENFP, um ihn selbst als Kind zu bevormunden (Abb. 11.14).

    Dialogbeispiel: ESTJ [appelliert mit seinem Eltern-Ich an das Kind-Ich des Champions]: „Die Anwendung ist für die Benutzer da! Ich bestehe auf der Umsetzung der neuen Funktion." [Die Aussage „Die Anwendung ist für die Benutzer da!" ist sicher korrekt, gleichzeitig unterstellt der ESTJ dem ENFP auch, dass dies aufgrund der vorherigen Aussagen nicht seine Meinung sein kann. Der ESTJ hat also eine Tilgung vorgenommen.]

7. ENFP reagiert beleidigt und wird leicht aggressiv (Abb. 11.15).

    Dialogbeispiel: ENFP [zieht sich beleidigt zurück und denkt an weitere interessante Themen, reagiert mit „Kind-Ich"]: „Also, ich lass' mich jetzt nicht unter Druck setzen."

8. ESTJ reagiert beleidigt und wirkt resigniert-aggressiv (Abb. 11.16).

    Dialogbeispiel: ESTJ [versteht die Welt nicht mehr, da er aufgrund seiner ST-Struktur Pflichtbewusstsein und Bewusstsein für die Organisation beim Champion erwartet]: „Dann werden wir dieses Problem in die nächste Instanz eskalieren lassen."

Auf beiden Seiten schlagen die emotionalen Wellen hoch: Beide Gesprächspartner haben sich in ein unbefriedigendes Kind-Ich kommuniziert. Die Kommunikation

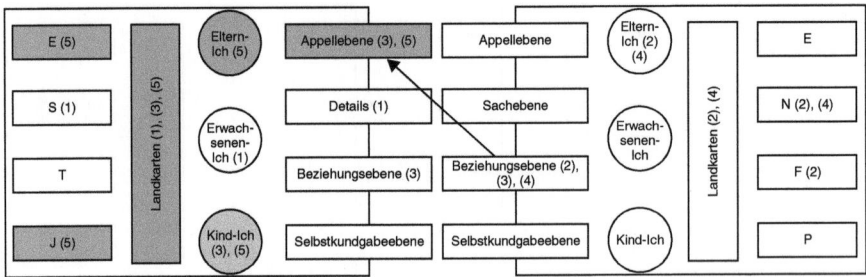

Abb. 11.13 Kommunikationsbeispiel ESTJ-ENTP (5); der Pfeil deutet an, dass beim Empfänger fast nur noch die Appellebene vorliegt

verliert ihren „roten Faden", da beide Kommunikationspartner nur noch auf verschiedenen Ebenen kommunizieren; sie hat ein schlechtes Ende gefunden.

Wie wird diese Geschichte ausgehen? Die Kommunikation in der Eskalationsstufe wird wahrscheinlich nach dem gleichem Muster ablaufen und der Erfolg der Umsetzung des Benutzerwunsches (Excel-Import) wird weiter offen sein. Der Champion (ENFP) wird Ausflüchte finden und sich nicht mehr auf eine rationale Basis begeben, insbesondere wenn die Eskalationsinstanz ebenfalls durch ein SJ-Temperament vertreten wird.

Die Kommunikation kann durch einen Coach vom Typ INTJ (Mastermind) stabilisiert werden. Dabei hilft dessen Introversion („I") und analytisches Denken „T", die Nachrichten zwischen Supervisor und Champion zu übersetzen. Hierbei bedient sich der INTJ vor allem neurolinguistischer Methoden, um die zugrundeliegenden Landkarten von ENFP und ESTJ zu ermitteln. Er gibt dem Gespräch eine tiefere Struktur und hilft damit beiden Gesprächspartnern, in dieser Struktur zu kommunizieren: Spätestens in Schritt 3 des obigen Ablaufes ist es notwendig, in die Kommunikation moderierend einzugreifen. Die Aussage des ESTJ „Wir benötigen eine neue Importfunktion, um Excel-Tabellen laden zu können" ist schon das Endergebnis eines Prozesses. Der Prozess, wie man zu dem Endresultat gekommen ist,

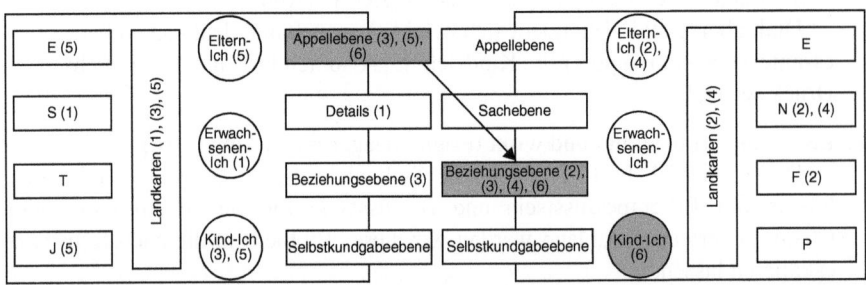

Abb. 11.14 Kommunikationsbeispiel ESTJ-ENTP (6); der Pfeil zeigt an, dass die Kommunikation zu einem Schlagabtausch zwischen Appell- und Beziehungsebene geworden ist

11.4 Das integrierte Kommunikationsmodell

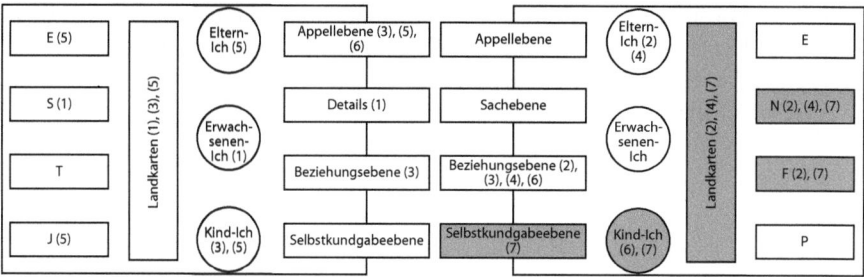

Abb. 11.15 Kommunikationsbeispiel ESTJ-ENTP (7)

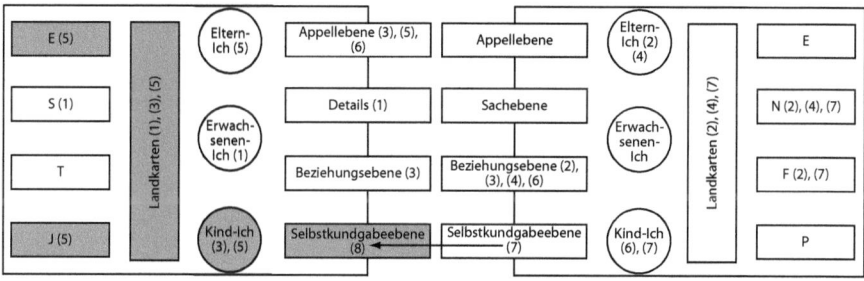

Abb. 11.16 Kommunikationsbeispiel ESTJ-ENTP (8); der Pfeil zeigt an, dass beide Gesprächspartner auf der Selbstkundgabeebene angekommen sind

wird in der gesamten obigen Kommunikation nicht angesprochen. Im neurolinguistischen Modell ist der Vorgang, aus einem Prozess ein Endergebnis zu machen, ein Beispiel für eine Verzerrung. Die Verzerrung führt zu einer Blockade und beraubt die Menschen, hier die Dialogpartner, ihrer Möglichkeiten. In unserem Beispiel löst der ESTJ die Verzerrung nicht auf, so dass die darunterliegende Landkarte sprachlich in die Kommunikation eingebaut wird. Er könnte zum Beispiel erläutern, in welchem Zusammenhang die Exportfunktion steht, wer sie benötigt, welchen Nutzen die Stakeholder erwarten, welche Funktion wie benötigt wird. Es könnte sogar ein Ausblick in die Zukunft gegeben werden, d. h. auf die (weiteren) Möglichkeiten, die sich die Anwender damit erschließen.

Die Nachricht des ENFP – „Naja, ich kann euch einen Workaround basteln. Wenn wir bis zur nächsten Version warten, haben wir das Feature automatisch drin. Wir ändern sowieso die Architektur und können damit noch ganz andere Formate erschlagen" – enthält eine doppelte Tilgung und eine doppelte Verzerrung. Wahrscheinlich liegt hinter dieser Nachricht ein mehr oder weniger diffuses Bild der zukünftigen Architektur. Dieses Bild der Architektur bestimmt sozusagen aus der Zukunft die Gegenwart. Die Aufgabe des moderierenden INTJ besteht darin, dieses Bild durch Fragen nach dem Prozess an die Oberfläche zu befördern: Das verdeckte Bild wird durch Fragen nach dem „Wie", „Was", „Wohin" und „Warum" konkretisiert und in ein für beide Gesprächspartner sichtbares Bild gebracht.[4] Dieses Bild wird um die Vorstellungen zur Importfunktion des ESTJ erweitert. Hiernach wird gemeinsam ein Prozess zur weiteren Vorgehensweise erarbeitet. Am Ende dieses Moderationsprozesses steht der Collective Mind der drei Gesprächspartner.

---

[4] Wie die Erfahrung zeigt, sind Fragen, die den Sachverhalt konkretisieren, nicht immer geeignet, die Situation zu klären: Wird eine Kommunikation durch Nachrichtenaustausch auf der Beziehungsebene beherrscht, führen sachliche Fragen nach dem „Wie", „Was", „Warum" oder „Wohin" zu einer weiteren Eskalation in der Kommunikation. In solchen Fällen ist es notwendig, zuerst den bisherigen Gesprächsverlauf in einem Meta-Gespräch zu klären und auf der Beziehungsebene zu „bereinigen".

Kapitel 12
Führung in Projekten

Projektleiter und Projektcoach sind Führungskräfte ohne disziplinarische Verfügungsgewalt für die zeitlich befristete Organisationsform „Projekt". Ihre Hauptaufgabe ist es, dafür zu sorgen, dass innerhalb eines Projektes ein Collective Mind entsteht, mit dem die Projektaufgaben gelöst werden. Die weichen Faktoren sind also so einzustellen, dass sich das Projekt selbstregulierend zum Erfolg führt.

Das profundeste Führungsmodell stammt von Fredmund Malik. Wir zeigen in diesem Kapitel, dass Führung gemäß der Collective Mind Methode alle wesentlichen Elemente des von Malik vertretenen Führungsmodells beinhaltet.

Die Hauptaufgabe des Projektführungsteams besteht darin, zu vernetzen und zu führen. Vernetzen heißt, die Vorstellungen aller Teammitglieder mit Hilfe des Collective Mind zu verbinden. Führen heißt, den Collective Mind mit der Aufgabenstellung und der Lösung so zu verbinden, dass das Team den Weg vom Ausgangspunkt zum Ziel findet.

In der deutschsprachigen Literatur werden Führung, Leadership und Management sowie die damit verbunden Rollen Führungskraft, Leader und Manager sehr oft synonym oder zumindest ähnlich verwendet.

Nach Malik (Malik 2006a) verstehen wir unter Management einen Beruf, der die gestaltenden, steuernden und lenkenden Funktionen einer Organisation umfasst und deren Produktivität und Innovationskraft erheblich beeinflusst. Manager üben diesen Beruf aus. Sehr oft werden Manager, die etwas bewirken, als effektive Führungskraft bezeichnet. Leader sind in der Literatur sehr oft Führungskräfte, die aufgrund ihres Charismas Wirkung erzielen. Im Englischen wird unter „Management" die bloße Verwaltung einer Aufgabe verstanden und unter „Leadership" deren Führung. Malik macht diese Unterschiede nicht: Nach seinem Verständnis sind Manager ohne Wirkung keine Manager. Wir schließen uns diesem Verständnis an und verwenden den Begriff „Manager" für die Berufsbezeichnung. Eine Führungskraft ist demnach ein Manager, der Menschen führt. Wenn wir die Wirksamkeit und den Vorbildcharakter einer Führungskraft betonen wollen, sprechen wir vom Leader. Management bezeichnet also den Beruf, Führung die Anwendung von

Management zur sozialen Einflussnahme, und Leadership betont die Wirksamkeit der Führung.

Projektleiter und Projektcoach sind für die zeitlich befristete Organisationsform „Projekt" Führungskräfte ohne disziplinarische Verfügungsgewalt. Ihre Hauptaufgabe ist es, dafür zu sorgen, dass sich innerhalb eines Projektes ein Collective Mind einstellt und eine Lösung erarbeitet wird.

Wir haben das Modell von Fredmund Malik gewählt, weil in seinen Büchern das profundeste deutschsprachige Managementwissen enthalten ist, das auf kybernetischen Systemen basiert und somit unseren Ideen nahesteht (Malik 2006a, b).

Fredmund Malik beschreibt in (Malik 2006a) die Ingredienzien erfolgreichen Managements. Seiner Meinung nach wird jeder Beruf durch vier Elemente charakterisiert:

- Grundsätze oder Prinzipien
- Aufgaben
- Werkzeuge
- Verantwortung

Dies gilt auch für den Beruf des Projektmanagers. Wir zeigen, dass Führung gemäß der Collective Mind Methode alle wesentlichen Elemente des von Malik vertretenen Führungsmodells beinhaltet. Hierbei fassen wir Kernaussagen von Malik für die vier obigen Elemente zusammen und beschreiben anschließend die Collective Mind Ausprägung.

Zu den Management-Prinzipien nach Malik zählen:

- Prinzip 1: Im Management kommt es nur auf die Resultate an. Das Denken und Handeln aller wirksamen Manager wird durch ihre Ausrichtung auf Resultate bestimmt.
    - Die zentrale Aufgabe des Projektleiters ist es, dafür zu sorgen, dass sich ein zur Aufgabenstellung passender, optimaler Collective Mind einstellt. Hierzu lässt er dem Projektteam einerseits genug Freiraum, um alle mit der Aufgabenstellung verbundenen Lösungsalternativen auszuloten, andererseits sorgt er für einen Fokus auf das angestrebte Projektziel. Es ist seine Hauptaufgabe, dafür zu sorgen, dass sich der Projektfortschritt einstellt und eine Konvergenz in der Bildung des CM entsteht.
- Prinzip 2: Wirksame Führungskräfte denken und handeln im Blick auf das Ganze. Gerade diese Fähigkeit macht sie wirksam.
    - Der Collective Mind ist das Ganze im Sinne des Projektes. Der Projektleiter beobachtet und bewertet die Ausbildung des CM und gibt, falls notwendig, den Anstoß, aus den Details Muster zu extrahieren und zu einer die Aufgabenstellung repräsentierenden Lösung zu abstrahieren.
- Prinzip 3: Wirksame Führungskräfte besitzen die Fähigkeit, sich auf Wesentliches zu konzentrieren. Die Fähigkeit zur Konzentration ist eine notwendige Voraussetzung um Resultate zu erzielen.
    - Der Collective Mind fokussiert das Projektteam über die „Ziel-Ebene". Es erfolgt eine permanente Konzentration auf das Wesentliche der Lösung. Denn die „Was-Ebene" und die „Wie-Ebene" richten sich an der „Ziel-Ebene" aus.

- Prinzip 4: Wir zitieren Malik: „Es kommt darauf an, bereits vorhandene Stärken zu nutzen. – Die Betonung liegt auf ‚bereits vorhandenen' Stärken und nicht auf solchen, die man noch aufbauen und entwickeln muss; und das Wesentliche ist ‚Stärken nutzen' und nicht ‚Schwächen beseitigen'. Es ist ein Plädoyer gegen die Veränderung von Menschen, vor allem gegen die Veränderung ihrer Persönlichkeit. Was immer sonst noch mit Organisationen erreicht werden kann - ihre primäre Funktion besteht darin, Stärken zum Einsatz zu bringen und Schwächen bedeutungslos zu machen. Das gilt für die vielleicht wichtigste Untereinheit jeder Organisation, für das Team."
  – Dieses Prinzip ist insbesondere mit dem Projektsetting verbunden: Es geht darum, die Projektteammitglieder auf der Basis ihrer fachlichen Expertise und ihres Temperamentes im Projekt einzusetzen. Aus fachlicher Sicht ist meist klar, wer welche Rolle im Projektteam übernehmen müsste. Genauso wichtig ist, das Temperament des Teammitgliedes bei der Auswahl zu berücksichtigen und nicht darauf zu hoffen, Temperamente von Projektteammitgliedern verändern zu können. Von einem wahrnehmungsorientierten, extravertierten fachlichen Experten (z. B. ENTP) kann man keine strukturierende Detailarbeit erwarten. Es wäre fatal, ihm im Projektteam eine Rolle zuzuweisen, die das verlangen würde. Es ist viel effizienter und effektiver, ihm eine Rolle zuzuweisen, die zu seinen Typ passt.
- Prinzip 5: Vertrauen ist die Basis jeglicher Zusammenarbeit. Vertrauen entsteht dadurch, dass die Vorhersehbarkeit und Verlässlichkeit von Handlungen gegeben ist.
  – Die Projektdynamik, also die Einflussfaktoren Lösungsstrategie, Präsenz, Transparenz sowie Vernetzung und Führung, wird ganz entscheidend durch das gegenseitige Vertrauen beeinflusst. Sind die Handlungen und Entscheidungsempfehlungen der Projektführungskraft nicht für das Projektteam nachvollziehbar, baut sich kein Vertrauen auf und der Collective Mind kann sich nicht ausbilden. Herrschen Zweifel an der fachlichen Kompetenz oder dem Engagement eines Teammitgliedes, werden dessen Beiträge als nicht relevant oder sogar störend angesehen. In diesem Fall wird Potential für das Ausloten und die Gestaltung von Lösungsmöglichkeiten vertan. Der CM bildet sich im Team nicht aus und das Risiko eines Projektfehlschlages steigt erheblich.
- Prinzip 6: Ein positiver und konstruktiver Umgang im Team hilft Chancen zu erkennen und zu nutzen.
  – Durch einen positiven und konstruktiven Umgang wird die einem Projekt zur Verfügung stehende Energie zu großen Teilen in konstruktive Projektarbeit umgesetzt. Einerseits öffnet konstruktives Denken den Raum für neue Ideen, andererseits werden diese neuen Ideen mit entsprechendem Engagement verfolgt. Analog zur Physik kann man von einem hohen „Projektwirkungsgrad" sprechen: Die vorhandene Energie wird in etwas Neues umgewandelt. Im Gegensatz dazu wird bei negativem Denken ein großer Teil der Energie anderen Themen zugewandt, wie beispielsweise dem Suchen in der Vergangenheit, dem Ausgrenzen von Personen oder Teilen des Projektes, dem Rechtfertigen von Fehlern und so weiter. Wir sprechen hier von einem geringen

„Projektwirkungsgrad": Projektenergie wird buchstäblich in Reibungswärme umgewandelt.

Zu den Management-Aufgaben nach Malik zählen die Folgenden:

- Aufgabe 1: Wir zitieren Malik: „Die erste Aufgabe wirksamen Managements ist es, für Ziele zu sorgen. – Die Aufgabe, der Job soll den Menschen führen – und nicht der Chef."
  - Zu Beginn eines Erfinder- oder Missionarsprojektes ist das Projektziel unscharf und der Weg zur Lösung ist unbekannt. Zu Beginn eines Baumeister- oder Zimmermannsprojektes ist das Projektziel recht klar definiert, aber der Weg zur Lösung ist unbekannt.

  Der Collective Mind ermöglich das Einstellen eines auf das Ziel und die Lösung ausgerichteten Gradienten, der dafür sorgt, dass sich das Projektteam auf das Ziel zu bewegt: Zu Beginn spürt das Projektteam den Mangel in der Zielformulierung und der Lösungsausrichtung. Es ist die Aufgabe der Projektführungskraft, dafür zu sorgen, dass sich durch den CM die „Ziel-Ebene" ausbildet. Durch die Collective Mind Methode wird im Projektverlauf die „Ziel-Ebene" durch die „Was-Ebene" und schließlich durch die „Wie-Ebene" iterativ konkretisiert. Der CM liefert also einerseits den Nordpol und andererseits den Kompass, um den Nordpol zu finden.
- Aufgabe 2: Wirksames Management organisiert die Arbeit so, dass wenig Abstimmaufwand zwischen den Mitarbeitern entsteht.
  - Zum Organisieren gehören die klassischen Aufgaben eines Projektleiters: Planung, Zeit-, Leistungs- und Kostenkontrolle, Konflikt-, Risiko- und Qualitätsmanagement. Für die Ausbildung des CM ist das Strukturieren der Ideen, die Kategorisierung von Bereichen und schließlich die Identifikation eines Systems und seiner Komponenten die zentrale Aufgabe der Projektführungskraft. Hier werden die Grundlagen geschaffen, um die Umsetzung des Lösungskonzeptes durch möglichst wenig komponentenübergreifende Arbeiten zu belasten.
- Aufgabe 3: Wirksames Management entscheidet, und zwar auf der Basis gründlicher Recherchen.
  - Ein Collective Mind kann sich ausbilden, wenn die Teammitglieder das Gefühl haben, dass eine Entscheidung transparent ist und sie in diese Entscheidung eingebunden sind: Entscheidungen können sicherlich in Einzelfällen außerhalb des Teams vorbereitet werden, jedoch ist es notwendig, dass die Entscheidungen nachvollziehbar sind, also transparent, im Team getroffen werden. Transparenz ist ein wichtiger Einflussfaktor der Projektdynamik und kann den Aufbau des CM bei Nichteinhaltung erheblich stören.

  Es ist die Aufgabe der Führungskraft, im Sinne des CM steuernd in den Sitzungsverlauf einzugreifen. Sie sorgt dafür, dass Entscheidungen gefällt werden, sie verhindert aber auch, dass Entscheidungen fallen, die nicht zum CM beitragen. Die Führungskraft unterstützt durch Entscheidungen aktiv den Prozess der Ausbildung des Collective Mind und verhindert durch aktives Eingreifen Entwicklungen, die nicht im Sinne des Collective Mind sind. In einigen Fällen wird es sicherlich auch nötig sein, im Sinne des CM massiv

korrigierend in die Projektdynamik einzugreifen. Es kann notwendig sein, dass diese Eingriffe kurzzeitig gegen den Willen einiger Teammitglieder erfolgen: Um einen stabilen CM zu erhalten, ist es jedoch notwendig, dass diese Teammitglieder die Eingriffe zumindest nachvollziehen und auch kurze Zeit später als Entscheidungen mittragen.

- Aufgabe 4: Wir zitieren Malik: „Die vierte Aufgabe ist die unbeliebteste und in einem gewissen Sinn auch die umstrittenste. Die meisten Führungskräfte kontrollieren nicht gerne – im Gegensatz zu einem weitverbreiteten Meinungsklischee."
  - Jeder kennt sicherlich den Ausspruch „Vertrauen ist gut, Kontrolle ist besser": Basis jeglicher Projektarbeit ist das Vertrauen in die Expertise und das Engagement der Teammitglieder. Kontrolle sollte nicht aus Misstrauen erwachsen, sondern aus dem Wunsch, einen optimalen und stabilen CM zu erhalten. Aus diesem Grunde ist es notwendig, Aktivitäten hinsichtlich des Inhaltes sowie der vereinbarten zeitlichen und finanziellen Rahmenbedingungen zu überprüfen. Dies ist eine wesentliche Maßnahme, um den CM im Hinblick auf Tragfähigkeit für das angestrebte Ziel zu überprüfen: Aus der Kontrolle ergeben sich in sehr vielen Fällen Korrekturmaßnahmen auf der „Was-Ebene" oder „Wie-Ebene" und in einigen Fällen auch auf der „Ziel-Ebene" des CM.
- Aufgabe 5: Wir zitieren Malik: „Die fünfte Aufgabe ist das Entwickeln und Fördern von Menschen."
  - Das Entwickeln und Fördern von Menschen ist eine Führungsaufgabe, die insbesondere im Kontext der Unternehmensführung steht. Mitarbeiter sind einem Personalvorgesetzten zugeordnet und verweilen im Normalfall mehrere Jahre auf einer Position. Auf der Basis des Job Designs und der Persönlichkeitsstruktur wird der Mitarbeiter entwickelt (trainiert), gefördert (gecoacht) oder einer neuen Aufgabe zugeführt (Howard u. Howard 2008). Im Rahmen eines Projektes werden im Projektsetting fachliche Experten mit geeignetem Temperamentprofil und erforderlichem Engagement durch die Projekt-Initiatoren oder den Projektleiter ausgewählt und während des Projekts in ihren Stärken eingesetzt. In einigen Fällen wird sich das vermutete Temperamentprofil als falsch herausstellen. In diesem Fall ist abzuwägen, ob auf den Experten wegen seiner fachlichen Kompetenz verzichtet werden kann, welches Risiko für die Teamheterogenität besteht und welche Nachteile dadurch entstehen, dass ein neues Teammitglied mit unbekanntem Temperament und unbekannter Expertise aufzunehmen ist. Unter Abwägung aller Umstände kann es sinnvoll sein, das Teammitglied beizubehalten. In diesem Falle sind entsprechende unterstützende Maßnahmen angebracht: Zum Beispiel sollte der Projektleiter einem introvertierten Experten genug Aufmerksamkeit und Freiraum schenken, damit dieser seine Ideen in einem extrovertierten Team artikulieren kann.

  Projekte werden ins Leben gerufen, um Neues zu entwickeln. Dies gilt insbesondere für Erfinder- und Missionarsprojekte. In diesen Fällen werden die Teammitglieder und später auch die übrigen Stakeholder einem Übergang, nach Bridges (Bridges 2003) einer Transition, ausgesetzt sein. Die Teammitglieder werden Altes verlassen müssen, um erst nach einer Übergangszone im Neuen anzukommen. Hierbei wird es notwendig sein, dass die Führungskraft als Transitionmanager agiert und den Teammitgliedern hilft, ihre Stärken im Übergang zum Neuen neu zu positionieren und zu entwickeln.

Zu den Management-Werkzeugen nach Malik zählen:

- Werkzeug 1: Sitzungen. Sie dienen dazu, im Konsens Resultate zu produzieren.
  - Projektsitzungen, insbesondere in der Phase Lösungskonzeption, sind das wichtigste Werkzeug, um einen CM ausbilden zu können. Die Existenz eines CM ist Ausdruck eines wirksamen Konsenses.
- Werkzeug 2: Berichte. Das Zusammenfassen der Sitzungsergebnisse zwingt zum Durchdenken und Systematisieren dieser Ergebnisse und erhöht damit die Effizienz und Effektivität.
  - Das Festhalten von Sitzungsergebnissen dient der Konzentration und Fokussierung des Projektteams. Derjenige, der die Ergebnisse in Form von Berichten oder einem Pflichtenheft – ausarbeiten darf – ja die Betonung liegt auf „darf" hat die Gelegenheit, das zu erstellende System zu durchdenken und ganz wesentlich mitzugestalten. Denn in der Nacharbeitung entsteht ein kreativer Prozess der Auseinandersetzung mit der Lösung, der ganz wesentlich die Ausbildung des CM fördert.
- Werkzeug 3: Job Design und Assignment Control. Wir zitieren Malik: „Wirksame Ziele setzen die richtige Gestaltung der Aufgaben und Stellen für jeden Mitarbeiter voraus. Wissen wird der entscheidende Rohstoff sein. Daher werden Job Design und Assignment Control von ausschlaggebender Bedeutung sein."
  - Im Rahmen des Projektsettings werden ganz wesentlich die Weichen für Erfolg oder Misserfolg des Projektes gestellt. Das Projektsetting berücksichtigt Expertise, Temperament und Engagement und dies im Zusammenspiel aller Teammitglieder. Es ist notwendig, die Zusammensetzung des Teams entsprechend der Aufgabenstellung und der Projektphase zu hinterfragen.
- Werkzeug 4: Persönliche Arbeitsmethodik. Die Arbeitsmethodik eines Managers bestimmt ganz wesentlich seine Resultate und seinen Erfolg. In einer Wissensgesellschaft ist Selbstmanagement durch eine systematisch-methodische Arbeitsweise unvermeidlich.
  - Die Arbeitsmethodik der Projektführungskräfte, Projektleiter und Projektcoach, prägt ganz entscheidend die Arbeitsweise im Projekt. Es ist nicht zu erwarten, dass alle Teammitglieder diese Arbeitsmethodik (sofort) annehmen: Die Arbeitsmethodik eines erfahrenen INTJ-Projektmanagers wird bei Teammitgliedern anderen Temperamentes Unverständnis oder sogar Widerstand erzeugen. Sanfter Druck wird jedoch meistens ausreichen, um diese Teammitglieder von den Vorteilen einer systematisch-methodischen Arbeitsweise zu überzeugen, denn die ersten Vorkommnisse, die die Vorteile dieser Arbeitsweise offenbaren, werden nicht lange auf sich warten lassen.

- Werkzeug 5: Budget und Budgetierung. Ein gutes Budget berücksichtigt die erwarteten Resultate sowie die erforderlichen Mittel und Maßnahmen. Es beruht auf einer sorgfältigen Budgetierung.
  - Aufwands- und Kostenschätzungen sowie die Projektplanung sind Basiselemente jeglichen Projektmanagements. Im Laufe der Projektphase Lösungskonzeption ist es notwendig, diese Elemente in den CM aufzunehmen: Die Lösung wird aus Sicht der damit verbundenen Kosten durchdacht. Ist die Budgetierung für das Projektteam transparent, erfolgt eine Stärkung des CM, was für die nachfolgenden Projektphasen von großer Bedeutung ist. Denn in den nachfolgenden Phasen steht die meist kostenintensivere Umsetzung und Einführung der Lösung im Vordergrund: Stakeholder, die nicht zum Kernteam gehören, hinterfragen die Lösung und das Verhältnis von Kosten zu Nutzen. Damit der CM auch diese Form der Belastung überdauert, sind in der vorhergehenden Projektphase dafür Vorkehrungen zu treffen.
- Werkzeug 6: Leistungsbeurteilung. Die Beurteilung von Leistungen erfolgt auf der Basis einer konkreten Position in einer konkreten Situation.
  - Es ist die Aufgabe der Führungskräfte zu beurteilen, welchen Wertbeitrag ein Teammitglied im Projekt aufgrund der mit ihm oder ihr vereinbarten Aufgabe liefert. Auf der Basis des Ergebnisses kann es notwendig sein, den Wertbeitrag einzufordern oder das Teammitglied auszuwechseln. In jedem Fall ist es erforderlich, eine Risikobetrachtung vorzunehmen. Es ist zu bewerten, ob das Temperament des Teammitgliedes die Erfüllung seiner Aufgaben behindert, ob die zuerst vermutete, aber fehlende Expertise eines Teammitgliedes ein Risiko für die Lösungsfindung darstellt, ob das fehlende Engagement zu beheben ist, oder ob die Einbindung der externen Stakeholder, die dieses Teammitglied vertritt, gefährdet ist.
- Werkzeug 7: Systematische Müllabfuhr. Systematische Müllabfuhr ist ein Schlüssel, um Strukturen und Prozesse zu entschlacken und um Veränderungsprozessen und Innovationen den Weg zu bereiten.
  - Ein Projekt ist in sehr vielen Fällen selbst eine „systematische Müllabfuhr". Denn es wird ins Leben gerufen, um etwas Neues hervorzubringen und Altes außer Kraft zu setzen. Während des Projektes selbst ist es immer wieder geboten, Altes wegzuräumen: Teile der Lösung werden verworfen und durch neue ersetzt, eine gemeinsame Begriffswelt wird während des Projektes neu aufgebaut. Alte Begriffe werden entsorgt oder anders interpretiert. Softwareartefakte spiegeln die Lösung nicht gut wieder und werden verworfen.

Damit schließen wir die Betrachtung zu den Prinzipien, Aufgaben und Werkzeugen ab und möchten das letzte Element wirksamer Führung, die Verantwortung, mit den Worten von Malik charakterisieren:

„Jeder muss die Entscheidung selbst treffen, und er kann sie letztendlich nur selbst treffen. Aber eines ist klar: Wer nicht zu seiner Verantwortung steht, ist kein

Manager; auch dann nicht, wenn er in die höchsten Positionen der Gesellschaft gelangen sollte – und er wird nie ein Leader sein können. Er ist ein Karrierist."

- Die Teammitglieder haben in zweierlei Hinsicht Verantwortung zu übernehmen. Einerseits übernehmen sie im Team Verantwortung für die im Team erarbeitete Lösung und diese Lösung ist in ihren Organisationen zu vertreten. Andererseits haben sie die Verantwortung die Interessen ihrer Organisationen in die Lösung einzubringen. Diese doppelte Verantwortung erfordert „gestandene" Persönlichkeiten.

Kapitel 13
Projektbeispiele

In diesem Kapitel geben wir je ein repräsentatives Beispiele für einen der vier Fundamental-Projekttypen:

- Erfinderprojekt
- Missionarsprojekt
- Baumeisterprojekt
- Zimmermannsprojekt

Wir beziehen uns dabei auf Beispiele, die unserem Erfahrungshintergrund entstammen. Dabei kommt es uns mehr auf die auftretenden Muster und weniger auf die konkrete Situation an. In diesem Sinne haben wir bewusste Verfremdungen durchgeführt, um die Anonymität zu wahren, ohne dass die Muster leiden. Der inhaltliche Gegenstand aller aufgeführten Beispiele ist in der forschenden Industrie Stand der Technik.

Heiner Priesberg, Tobias Ehrlich und Bernd Pfiffig betreten den Vortragssaal. Nach fast einem Jahr ist es so weit: Das neue IT-Tool zur Datenintegration und – Auswertung ist in einer ersten Version vorführbereit. Noch ist einiges an Nacharbeit zu leisten, aber die Anwendung ist durchaus vorzeigbar.

Somit steht heute die Vorführung von ‚Bully', so der Name der IT-Anwendung, auf dem Programm. Tobias Ehrlich legt um die einhundert Flyer auf die Sitze in dem Vortragssaal. Der Flyer enthält die Beschreibung der wichtigsten Funktionalitäten und ist mit dem Logo der Datenbankanwendung, dem Bild einer französischen Zwergbulldogge, ausgestattet.

Der Name für die Anwendung kommt aus einem Wettbewerb, den ausgerechnet Klaus Klein gewonnen hat. Er meint, ‚Bully' sei eingängig, und findet dazu auch noch die passende Langform: Biology and Structures will be analyzed together.

„Priesberg kann auf seine Art der Stakeholdereinbindung wirklich stolz sein", dachte Ehrlich damals, als er von dem Gewinner erfuhr.

Noch ist genügend Zeit bis zum Beginn der Vorführung. Priesberg und Pfiffig testen Beamer und schließlich die IT-Applikation. Nach einigen Netzwerkproblemen können sie vorher festgelegte Anwendungsfälle ausprobieren. Falls es während der Vorführung irgendwelche Schwierigkeiten geben sollte, haben sie noch einen Satz von Backup-Folien dabei.

Kurz vor Beginn der Veranstaltung füllt sich der Saal und der Abteilungsleiter Hartmut Frankenberg, ein jugendlich wirkender Mann mittlerer Größe und mit vollem schwarzen Haar, eröffnet vergnügt die erste Life-Demo der Datenbankanwendung.

„Liebe Kolleginnen und Kollegen, heute ist ein wichtiger Tag. Von nun an wird uns ‚Bully' unsere Arbeit erleichtern." Frankenberg muss schmunzeln, als er den neuen Namen

des IT-Tools ausspricht. „Ab sofort können wir aus unseren Daten schneller Informationen gewinnen. Und daraus lernen wir, was die nächsten Schritte in Richtung neuer Medikamente sein werden. Ich danke dem gesamten Projektteam, das in diesem Jahr einen großartigen Job gemacht hat. Insbesondere danke ich Herrn Dr. Priesberg, der auf Anhieb ein solches Projekt gestemmt hat." Frankenberg legt eine erwartungsvolle Pause ein.

Applaus erfüllt den Saal.

„Ich werde jetzt das Wort an Bernd Pfiffig übergeben, der Ihnen einen ersten Eindruck von der Anwendung vermitteln wird. In den darauf folgenden Schulungen werden Sie intensiv Gelegenheit bekommen, sich mit ‚Bully' vertraut zu machen. Und seien Sie am Anfang mit dem Projektteam gnädig: Ein neues Programm läuft nie schnell und hat sicher noch einige Fehler. Das ist normal und wird sich in kurzer Zeit ändern. Es gibt leider keine Abteilung in einem Paralleluniversum, in der ‚Bully' vorher hätte getestet werden können. Und jetzt Film ab!"

Pfiffig ruft die Anwendung auf und loggt sich ein. Eine übersichtliche Maske erscheint, in der sich verschiedene Suchen nach Daten einstellen lassen. Die Steuerung der Anwendung sowie die Ergebnisausgabe erfolgen nach einer intuitiven Logik.

Während der Vorführung beobachtet Tobias Ehrlich die Zuschauer im Saal und muss zu seiner Freude feststellen, dass die meisten Personen aufmerksam der Demonstration folgen. Am Ende der Veranstaltung bedankt sich Heiner Priesberg bei allen Beteiligten und eröffnet eine Diskussionsrunde. Es gibt viele positive Kommentare und nur wenige kritische Anmerkungen. Die meisten Kritiker sind vorher in den Collective Mind einbezogen worden und haben jetzt keine Kritikpunkte mehr. Zum Schluss erhält Klaus Klein eine Flasche Wein, den Preis aus dem Namenswettbewerb für die IT-Anwendung.

Aber allen im Projektteam ist klar: Der erste Meilenstein, eine lauffähige Applikation, ist erreicht. Noch sind sie nicht über den Berg und müssen trotz gut gelaufener Einführungsveranstaltung die neue Applikation allen Benutzern nahe bringen. Das Projekt tritt jetzt in eine weitere kritische Phase ein, die Roll-Out-Phase. Wenn diese Phase erfolgreich gestemmt ist und die sich anschließende Phase „Utilisation" etabliert ist, dann erst ist das Projekt erfolgreich abgeschlossen.

13.1 Ein Erfinderprojekt: Hochdurchsatzverfahren

Initialisation: Das Projekt ist zu nahezu gleichen Teilen ein Forschungs-, Automatisierungs- und IT-Projekt. Vision, Originalität sowie Strukturierungs- und Schwierigkeitsgrad sind aufgrund des Einsatzes neuer technologischer und methodischer Verfahren sehr hoch. Der betroffene Stakeholder-Kreis ist kleiner als 20 Personen. Er steht vollständig hinter der Idee des Projektes, wenngleich der Erfolg des Projektes nicht vorhersehbar ist. Der Erfolg des Projektes wird sowohl durch das Finden einer Lösung als auch durch die Bewährung des erstellten Systems in der Nutzungsphase (Utilisation) definiert.

Setting: Das Projekt besteht in der Phase Lösungsfindung (Solution Search) aus zwei Teilphasen: der Konzeptionsphase (Concept) und der Realisierungsphase (Implementation). Die Konzeptionsphase wird mit einer Einzentren-Projektorganisation, die Realisierungsphase mit einer Satellitenorganisation aufgesetzt. Die Projektgröße beträgt in der Konzeptionsphase 5 Personen und in der Realisierungsphase ca. 15 Personen. Abbildung 13.1 skizziert die Teamzusammensetzung der Teilphase Concept. Auffallend ist, dass die Teamzusammensetzung nahezu symmetrisch ist:

13.1 Ein Erfinderprojekt: Hochdurchsatzverfahren

Die soziale Interaktion wird durch ein Verhältnis von 3:2 bzgl. der introvertierten zu extravertierten Mitgliedern bestimmt. Damit ist eine permanente Spannung im Team vorhanden, die allerdings kreativ umgesetzt werden kann. Die ganzheitliche Denkweise steht im Vordergrund, da vier der Teammitglieder N-Typen sind. Zwischen den _N_P-Typen und den _N_J-Typen besteht anzahlmäßig Ausgewogenheit: Die _N_P-Typen garantieren das permanente Aufnehmen neuer Erkenntnisse, die _N_J-Typen sorgen dafür, dass die Zielorientierung nicht verloren geht. Es besteht aber auch die Gefahr einer Polarisierung in zwei Lager. Hier ist die gefühlsbetonte Entscheidungsfindung des Projektleiters und die gute Zusammenarbeit von Projektleiter und Projektcoach wichtig, um die Projektdynamik auszubalancieren. Das fünfte Projektteammitglied, der ST-Typ, hilft die notwendige Detailtiefe in die Lösung einfließen zu lassen. Er stellt sicher, dass die Lösung hinreichend gut ausgearbeitet wird, um Risiken für die Realisierungsphase erst gar nicht aufkommen zu lassen.

Der im Projekt vorhandene Coach wird bewusst als externer Berater in das Team aufgenommen, um den in der Projektleitung unerfahrenen Projektleiter zu unterstützen und um ein „Gegengewicht" zum Temperament des Projektleiters herzustellen.

Solution Search (Concept, Implementation): Während der Teilphase Concept erfolgt das Einstellen des Collective Mind sehr schnell, da im Team keine Unterschiede bezüglich der Ziele herrschen. Die extravertierten Teammitglieder sind Mitinitiatoren des Projektes. Die Lösung wird über die evolutionäre Lösungsstrategie in Workshops erarbeitet. Der Lernanteil während der Phase Concept ist sehr hoch,

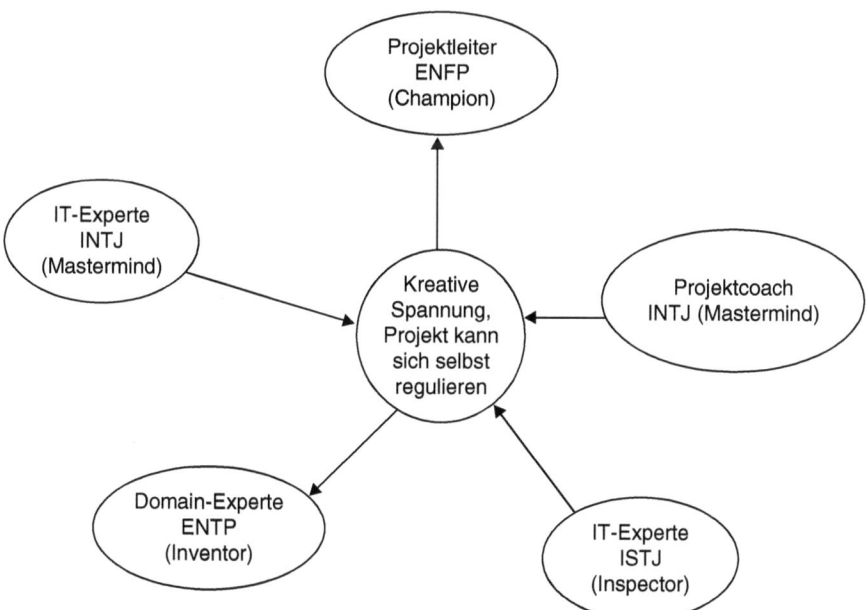

Abb. 13.1 Teamstruktur des Erfinderprojektes

da während des Projektes neue Forschungsmethoden zum Einsatz kommen. In den Workshops sind immer alle Teammitglieder anwesend. Die Konzeptionsphase beträgt ungefähr drei Monate. Nach etwa drei Wochen hat sich ein einheitlicher CM manifestiert. Als CM dient das Bild einer einfachen Facharchitektur sowie einer Prozessarchitektur.

In der Realisierungsphase sind alle Teammitglieder des Konzeptionskernteams Mitglieder des Kernteams der Satellitenorganisation. Der CM kann also nahezu problemlos in der Implementierungsphase auf die vier Satellitenteams übertragen werden.

Roll-Out: Das Roll-Out ist völlig unproblematisch und existiert als solches eigentlich nicht, da der Stakeholderkreis nahezu mit dem Kernteam identisch ist.

Utilisation: Die Erbauer des Systems übergeben das System in die produktive Nutzung und ziehen sich aus der Nutzung des Systems zurück. Das Organisationstemperament ist nun ISTJ. Die Nutzung des Systems erfolgt durch Personen von diesem Typ. Es zeigt sich, dass das System die erhofften Ziele erfüllt.

Schlussfolgerung: Das Projekt ist ein sehr positives Beispiel für die optimale Gestaltung aller Einflussfaktoren zur Bildung eines CM.

Tabelle 13.1 beschreibt die Ausprägung der Metrik des Projekttemperamentes:

Tab. 13.1 Projekttemperament des Erfinderprojektes

Projekttemperament	Erfinderprojekt	Beispiel	Erläuterung
Missionsgrad	<=5	1	Der Missionsgrad ist sehr gering: Sieht man vom Topmanagement als Auftraggeber des Projektes ab, sind alle wesentlichen Stakeholder Mitglied des Projektteams
Innovationsgrad	>5	10	Der Innovationsgrad ist sehr hoch, da neue Forschungsmethoden und -verfahren zu einem automatisierten Gesamtsystem integriert werden müssen. Der Erfolg des Projektes ist schon aus diesem Grunde nicht garantierbar
Abstraktionsgrad	>5	10	Einzelne Aufgaben setzen zu ihrer Bewältigung sehr hohe analytische Fähigkeiten voraus. Die Integration vieler verschiedener Komponenten erfordert die Beherrschung von Komplexität
Managementgrad	*	8	Der Managementgrad ist aufgrund der Komplexität und des Spannungsfeldes zwischen dem Einbringen neuer Forschungsmethoden und der Zielorientierung recht hoch

13.2 Ein Missionarsprojekt: Datawarehouse

Initialisation: Das Projekt entstand aus dem Wunsch, aus Massendaten mit Hilfe mathematischer Auswerteverfahren neue Zusammenhänge zu finden. Die Massendaten werden aufgrund standardisierter SOPs (engl: Standard Operating Procedures) in Testlabors erstellt und in Quelldatenbanken eingepflegt. Es handelt sich damit um eine typische Fragestellung gemäß Missionarsprojekt, da viele Personen (ca. 100) die Anwendung benutzen sollen. Technologisch handelt es sich um eine Herausforderung, da nicht bekannt ist, welche Auswertetools einzubeziehen sind und wie diese zu einer Anwendung zusammengefügt werden sollen, so dass diese benutzerfreundlich und performant ist.

Setting: Das Projekt besteht in der Phase Lösungsfindung (Solution Search) aus zwei Teilphasen: der Konzeptionsphase (Concept) und der Realisierungsphase (Implementation). Beide Phasen wurden als Einzentren-Projektorganisationen aufgesetzt. Da sich das Projekt über mehrere Jahre hinzieht, wird fast das komplette Projektteam durch Jobänderungen ausgetauscht. Dies betrifft auch den Projektleiter. Daher ist die Erarbeitung eines transferierbaren Collective Mind essentiell. In der Konzeptionsphase wird durch einen Projektcoach mit Hilfe des Projektteams ein Konzept erarbeitet. Es resultiert ein stabiles Gespann Projektleiter-Projektcoach. Entscheidungen werden durch den Projektleiter getroffen. Zusätzliche fachliche Experten werden in Form von Workshops hinzugezogen.

Solution Search (Concept, Implementation): Der Collective Mind besteht am Ende der Konzeptionsphase aus einem Bild, das einer Facharchitektur ähnlich ist und auf dem die zukünftigen Komponenten sowie deren Haupteigenschaften zu finden sind. Am Ende liegt ein umfangreiches Pflichtenheft vor, in dem die Ziele, die gewünschten Anwendungsfälle und die Datenbeschreibungen der Quellsysteme zu finden sind.

In der Implementierungsphase wird der Collective Mind verwendet, um mit dem Projektteam sowie zukünftigen repräsentativen Benutzern die Detailspezifikation zu erarbeiten. Die Projektleitung hat mittlerweile gewechselt: Das Projektteam wird nun von einem Inventor geleitet, dem ein Mastermind als Projektcoach und ein Kollege mit hohem Wissen aus Anwendungsbereich und IT zur Seite steht. Die übrigen Projektteammitglieder sind fachliche Berater und kritische Anwender. Eine Detailspezifikation der Forschungsprozesse ist wesentlich, um die „Was-" und „Wie-Ebene" des CM auszubilden. In der Konzeptphase wurde diese Detailspezifikation nur rudimentär durchgeführt, so dass sie in der Implementierungsphase nachgeholt wird. Anhand der aus dem CM erstellten Detailspezifikation wird das Gesamtsystem realisiert. Trotz des hohen Zeitdrucks konnte die Anwendung pünktlich ausgeliefert werden.

Roll-Out und Utilisation: Der Roll-Out wird von intensiven Schulungen begleitet. Zeitgleich geht das Projekt in die Wartung über, so dass bisher zurückgestellte Benutzerwünsche nun berücksichtigt werden. Der Projektleiter hat als Projektcoach nun ein Projektteammitglied, das faktenorientiert (SJ-Typ) ist. Somit werden nach einer Übergangszeit die Wartungsprozesse aufgesetzt. Ohne den Einfluss dieses Projektcoachs wäre dieser Übergang nicht so glatt gewesen. Regelmäßig lässt sich der Projektleiter von ihm beraten.

Schlussfolgerung: Das Projekt ist ein sehr gutes Beispiel für den Wissenstransfer durch einen kurzen prägnanten Collective Mind (Text- und Bildform), der im ersten Projektteam entstanden ist und in den die nachfolgenden Teammitglieder sukzessive eingebunden werden. Beeindruckend ist, dass das Projektergebnis mit der Zielformulierung aus dem Protokoll der ersten Projektteamsitzung identisch ist, obwohl das Verfassen des Protokolls um Jahre zurück lag. Es sei noch angemerkt, dass der Collective Mind in der Konzeptionsphase durch die sehr intensive Zusammenarbeit mit dem Projektcoach und dem Projektteam herausdestilliert wurde. Die extrem verdichtete visuelle Form des Collective Mind entstand nach Abschluss der Konzeptionsphase kurz vor Weihnachten während einer informellen Sitzung in einer „Kaffeeecke" anhand einer abschließenden Betrachtung der Konzeptionsphase, was bedeutet, dass es vorher schon in den Köpfen manifest war. Diese visuelle Darstellung des Collective Mind konnte dann problemlos verwendet werden, um die Realisierungsphase vorzubereiten und durchzuführen (Tab. 13.2).

Tab. 13.2 Projekttemperament des Missionarsprojektes

Projekttemperament	Missionars-projekt	Beispiel	Erläuterung
Missionsgrad	>5	10	Das Projekt wird als Projekt mit hohem Missionsgrad angesehen, da viele Personen betroffen sind und sich deren Arbeitsabläufe in einer noch unbekannten Art und Weise verändern werden
Innovationsgrad	>5	8	Der Innovationsgrad ist hoch, da einerseits der Mehrwert für das Zusammenwirken verschiedener Komponenten aus fachlicher Sicht nicht bekannt und andererseits die technische Machbarkeit mit vielen Fragezeichen versehen ist
Abstraktionsgrad	*	6	Der Abstraktionsgrad ist mittel, da die Innovation im Wesentlichen über die Integration verschiedener Komponenten erreicht wird und weniger über die komplexe Ausgestaltung einer oder mehrerer Komponenten
Managementgrad	*	6	Der Managementgrad ist mittel, da das Projekt zwar definierte Rahmenbedingungen (Zeit, Kosten) hat, diese jedoch hinreichend offen sind und das Projekt als Missionarsprojekt eingestuft wurde, dessen Umsetzung auch scheitern könnte

13.3 Ein Baumeisterprojekt: LIMS

Initialisation: Das Projekt entstand in einem LifeScience-Unternehmen aus dem Wunsch, ein technologisch veraltetes Labor-Informations-Management-System (LIMS) durch eine neues System abzulösen. Ungenutzte Funktionen sollen nicht übernommen werden, zusätzliche Funktionen sind neu aufzunehmen. Das Projekt wird dementsprechend als Migrationsprojekt angesehen. Da alle Labore des Life-Science-Unternehmens das System einsetzen, sind ungefähr 200 Mitarbeiter von dieser Umstellung betroffen.

Setting: Das Projekt besteht in der Phase Lösungsfindung (Solution Search) aus zwei Teilphasen: der Konzeptionsphase (Concept) und der Realisierungsphase (Implementation). In der Konzeptionsphase wird eine Einzentren-Projektorganisation aufgesetzt. Abbildung 13.2 zeigt die Teamzusammensetzung: Auffallend ist der hohe Anteil der IS_P-Typen im Team. Der Projektleiter selbst gehört zu diesem Typ. Der Missions- und der Managementgrad des Projektes erfordern aber einen ES_J-Typ. Für den Projektcoach ist das Projekt aufgrund seiner N-Orientierung eine Herausforderung.

In der Realisierungsphase wird eine Zwei-Zentren-Projektorganisation aufgesetzt: Das erste Team besteht aus der Gruppe der Anwender; es ist im Wesentlichen identisch mit dem Konzeptionsteam. Das zweite Team ist das Implementierungsteam. Das Implementierungsteam wird durch einen Projektleiter vom Typ ISTJ vertreten, der auch Mitglied des Konzeptionsteams ist.

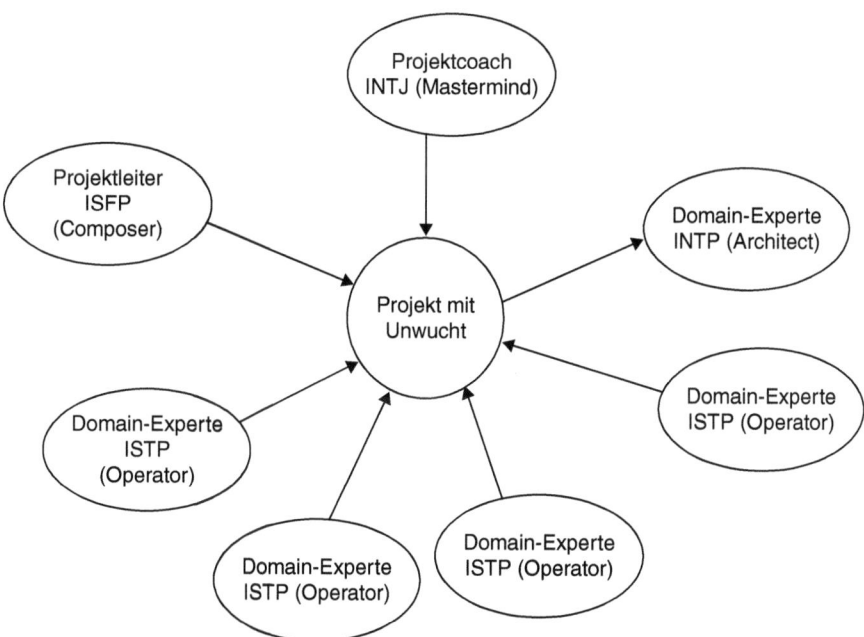

Abb. 13.2 Teamstruktur des Baumeisterprojektes

Solution Search (Concept, Implementation): In den ersten Workshops stellt sich heraus, dass das Baumeisterprojekt aufgrund der erwarteten Aufgabenstellung Züge eines Missionarsprojektes trägt: Die geforderten Funktionen haben für das Unternehmen weitreichende Konsequenzen und werden zu einer erheblichen Änderung der Prozesse im Labor führen.

Die Besetzung des Projektteams ist aufgrund des jetzt aufkommenden Missionarsprojekt-temperamentes nicht optimal. Aufgrund der hohen Introvertiertheit der gesamten Gruppe gelingt es nicht, dem Missionstemperament des Projektes gerecht zu werden. Die Aufgabenstellung hat für die Organisation einen starken Innovationsgrad. Das Projektteam wird um N-Temperamente ergänzt.

Der Collective Mind wird durch drei Bilder zur „Ziel-Ebene" repräsentiert. Dieser Collective Mind erweist sich in der Phase Lösungsfindung als nicht stabil. In der

Tab. 13.3 Projekttemperament des Baumeisterprojektes

Projekttemperament	Baumeister-projekt	Beispiel	Erläuterungen
Missionsgrad	>5	8	Als Migrationsprojekt für ein System mit 200 Anwendern waren von Anfang an viele Anwender betroffen, jedoch sollte sich (nach Plan) für die Anwender nichts Wesentliches ändern. Mit den nicht geplanten Änderungen kommt jedoch auch die Betroffenheit hinzu. Damit wird aus einem Projekt mit geplantem geringem Missionsgrad ein Projekt mit hohem Missionsgrad
Innovationsgrad	>5	5–7	Das Projekt startet als Migrationsprojekt, es stellt sich jedoch bald heraus, dass die bisherigen Abläufe vollständig zu überarbeiten sind. Damit wird aus einem Projekt mit geplantem geringem Innovationsgrad ein Projekt mit deutlichem Innovationsgrad
Abstraktionsgrad	>5	7	Die Innovationen brachten eine Reihe von Neuerungen mit sich, die möglichst alle Sonderwünsche der Anwender unter wenigen generalisierten Funktionen abbilden sollten. Hierdurch steigt die Komplexität und die damit verbundenen Anforderungen an die Abstraktionsfähigkeit des Teams der Lösungsfindungsphase
Managementgrad	>5	9	Der Managementgrad steigt im Projekt stetig, da die Diskrepanz von ursprünglicher Planung und tatsächlicher Umsetzung eine permanente Korrektur der Ziele und des Weges zum Ziel erforderlich machen

Anwendergruppe herrscht das Denken in funktionalen Details vor. Der innovative Charakter des Projektes wird nicht wahrgenommen. Das Denken in funktionalen Details führt in der Implementierungsphase zu einer hohen Änderungsrate.

Roll-Out und Utilisation: In der Roll-Out-Phase erfährt das Management des Unternehmens, dass die geforderten funktionalen Änderungen erhebliche Auswirkungen für den Arbeitsablauf haben werden. Es beginnt ein umfangreicher Prozess der Reorganisation. Der größte Teil des Konzeptionsteams wird dabei durch andere Teammitglieder ersetzt. Der in der Phase Lösungsfindung erarbeitete Collective Mind wird als Fokus für die Kommunikation eingesetzt und verfeinert. Er dient als Werkzeug, der den Stakeholdern hilft, „Altes" durch „Neues" zu ersetzen. Intensive Trainings am System unterstützen diesen Übergang. Das System erfüllt nach einiger Zeit die in es gesetzten Erwartungen (Tab. 13.3).

13.4 Ein Zimmermannsprojekt: Logistikanwendung

Initialisation: Das Projekt entstand in einem global tätigen LifeScience-Unternehmen aus der Notwendigkeit, unterschiedliche für die Forschung notwendige Tests in verschiedenen Ländern durchführen zu lassen. Hierzu werden die zu testenden Substanzen weltweit verschickt. Das Verschicken soll durch eine spezielle Logistikanwendung, die das weltweite Versenden von biotechnologischen und chemischen Substanzen erlaubt, unterstützt werden. Die Logistikabteilung, die das System betreiben soll, besteht aus fünf Mitarbeitern, die als Dienstleister für die Forschungs- und Entwicklungsabteilungen tätig sind. Von dem reibungslosen und effizienten Ablauf der Dienstleistung sind ca. 500 Forscher betroffen, jedoch ohne direkte Berührung zum System zu haben.

Setting: Das Projekt besteht in der Phase Lösungsfindung (Solution Search) aus zwei Teilphasen: der Konzeptionsphase (Concept) und der Realisierungsphase (Implementation). In der Konzeptionsphase wird eine Einzentren-Projektorganisation aufgesetzt, die ein Kernteam enthält. Nach Bedarf werden die Forscher als Kunden hinzugezogen, um ihre Anforderungen in den Diensten der Logistikabteilung abzubilden. Im ersten Teil der Konzeption der Phase Lösungsfindung besteht das Team aus dem Projektleiter vom Typ ISTJ, einem Projektcoach vom Typ INTJ und zwei Logistikexperten vom Typ ESTJ und ISTJ. Nach kurzer Zeit wird der Projektcoach vom Typ INTJ durch einen IT-Designer vom Typ ISTJ ersetzt. Dieser übernimmt in der Realisierungsphase die Leitung des Softwareentwicklungsteams.

In der Realisierungsphase wird eine Zwei-Zentren-Projektorganisation aufgesetzt: Sie besteht aus der Gruppe der Anwender, die im Wesentlichen identisch ist mit dem Konzeptionsteam. Die zweite Gruppe besteht aus einer Realisierungsgruppe von drei Mitarbeitern. Die Realisierungsgruppe wird durch deren Projektleiter in der Anwendergruppe vertreten.

Solution Search (Concept, Implementation): Schon beim Aufsetzen des Projektes ist erkennbar, dass der Erfolg des Projektes sehr stark durch die „handwerklichen" Fähigkeiten der Anforderungsanalyse und des Projektmanagements bestimmt wird. Gleichwohl ist ein kleiner Zeitraum nötig, um die „Ziel-" und „Was-Ebene"

Tab. 13.4 Projekttemperament des Zimmermannsprojektes

Projekttemperament	Zimmermannsprojekt	Beispiel	Erläuterung
Missionsgrad	<=5	2	Vom Projekt direkt betroffen ist nur eine Anzahl von 5 Personen, die als Dienstleister für 500 Forscher tätig sind. Diese rufen eine Leistung ab; wie diese erbracht wird ist unerheblich
Innovationsgrad	<=5	2	Der Innovationsgrad ist recht gering, da die Logistikabteilung alle manuellen Abläufe nahezu eins zu eins in das System übersetzen kann
Abstraktionsgrad	<=5	5	Der Abstraktionsgrad ist mittel, da die Abläufe und die damit verbundenen Funktionen, Regeln und „Algorithmen" bekannt sind und im Rahmen der Systemerstellung lediglich zu automatisieren sind
Managementgrad	>5	8	Der Managementgrad ist recht hoch, da die Erwartungshaltung der Logistiker durch die obigen Projekttemperamentdimensionen bestimmt wird: Das System muss schnell zur Verfügung stehen und sollte ihre bisherigen manuellen Abläufe lediglich automatisieren

des Collective Mind herauszuarbeiten. Der Einsatz eines INTJ-Projektcoachs ist also wünschenswert, sollte sich aber aufgrund des Projekttyps nur auf einen Zeitraum von 2–3 Workshops erstrecken. Nach dem dritten Workshop stellt sich wie geplant heraus, dass der Collective Mind auf der „Ziel-" und „Was-Ebene" die hinreichende Genauigkeit und Stabilität hatte, so dass im vierten Workshop die weitere Detaillierung an den IT-Designer vom Typ ISTJ abgegeben werden konnte. Dieser Wechsel erweist sich für das Projekt als Glücksfall: Die Lösungsfindungsphase (Concept, Implementation) wird in Zeit, Budget und zur Zufriedenheit der Logistiker abgeschlossen.

Roll-Out und Utilisation: In der Roll-Out-Phase wird zuerst ein kleiner Teil der Dienste der Logistikabteilung mittels des erstellten Systems abgebildet. Lediglich kleine Änderungen am System sind in der Roll-Out-Phase notwendig. Schulung und Training entfallen fast vollständig, da die Logistiker in sehr enger Zusammenarbeit mit dem Entwicklungsteam ihr System erstellt haben. Das System wird nach kurzer Roll-Out-Phase für alle Aktivitäten der Logistikabteilung eingesetzt. Das System erfüllt nach kurzer Zeit die in es gesetzten Erwartungen (Tab. 13.4).

Kapitel 14
Collective Mind und Projekterfolg

In den vorangehenden Kapiteln wurden die Einflussfaktoren zur Bildung eines Collective Mind vorgestellt. Es wurde anhand von Praxisbeispielen demonstriert, wie Projekte mit der Collective Mind Methode umgesetzt werden. In diesem Kapitel gehen wir auf zwei Aspekte ein:

- Welche Charakteristika muss der Collective Mind jeweils für die vier Fundamental-Projekttypen haben?
- Welche wesentlichen Aspekte sollte der Collective Mind berücksichtigen, damit alle Erfolgsfaktoren erfüllt werden?

Wir beginnen mit einer Kurzfassung der vier Projekttypen und beschreiben jeweils die wesentlichen Züge des Collective Mind.

Erfinderprojekt (Visionäre, schwierige, originelle Aufgabe in anzahlmäßig beschränktem Stakeholderkreis)

Collective Mind des Erfinderprojektes: Schwerpunkt ist hier ganz klar die technologische Innovation bzw. die Integration unterschiedlicher Prozessabläufe zu einer Prozessinnovation. Wichtig ist, sich nicht zu früh auf die „Was-" und „Wie-Ebene" zu konzentrieren, sonst besteht die Gefahr, dass man sich zu früh auf eine bestimmte Technologie[1] festlegt. Da der Stakeholderkreis homogen und sehr übersichtlich ist, werden die Stakeholder sich in das Projekt integrieren, sofern ein Bewusstsein für die Temperamente existiert und die Teamheterogenität dies zulässt. Die Prozesse der Stakeholderintegration sollten zwar angesprochen werden, werden aber nach kurzer Zeit als gesetzt angesehen. Zeit und Kosten sollten unbedingt in den CM integriert werden, da die Einführung neuer Technologien oder die Integration komplexer Prozesse meist mehr Zeit und Geld in Anspruch nimmt, als ursprünglich geplant. Hier ist ein enger und vom Team homogen getragener Kontakt mit den Sponsoren unabdingbar. Der CM besteht also mindestens aus folgenden Elementen:

- Einem Bild auf der „Ziel-Ebene", das die Lösung abstrahiert und symbolisiert. Die Abstraktion der Lösung dient als Leitgedanke für die Ausbildung der Nach-

---

[1] Unter Technologie verstehen wir den Einsatz von technischen Werkzeugen und Systemen sowie deren Auswahl und Strukturierung zur Erstellung einer Lösung.

haltigkeit. Später muss der CM auch auf die „Was-" und „Wie-Ebene" ausgedehnt werden.
- Einer verbalen Metapher, die den CM umschreibt.
- Einem aussagekräftigen, aber nicht zu komplizierten Projektplan, der die aktuelle Situation des Projektes und die Meilensteine widerspiegelt.

Missionarsprojekt (Visionäre, schwierige, originelle Aufgabe, deren Lösung für einen größeren Stakeholderkreis wichtig ist)

Collective Mind des Missionarsprojektes: Schwerpunkt ist hier wie im Erfinderprojekt die technologische Innovation sowie das starke Bewusstsein für Zeit und Kosten. Zusätzlich jedoch müssen die Transition-Management-Prozesse der späteren Veränderungen im Stakeholderumfeld mit in den Collective Mind einbezogen werden, d. h. es muss ein Collective Mind im Projektteam gefunden werden, der beim Übergang in die Phase Roll-Out die Annahme durch die Stakeholder erleichtert. Der CM besteht also aus folgenden Elementen:

- Einem Bild auf der „Ziel-Ebene", das die Lösung symbolisiert und an die Vorstellungswelt der Stakeholder der Phase Roll-Out anknüpft. Dieses muss auch eine Ontologie der logischen Zusammenhänge der im Projekt auftretenden Größen enthalten, um die ST-Typen der Stakeholder zu erreichen. Später muss der CM auch auf die „Was-" und „Wie-Ebene" ausgedehnt werden.
- Einer verbalen Metapher, die den CM mit der Gedankenwelt der Stakeholder der Phase Roll-Out umschreibt und so den Roll-Out erleichtert.
- Einem aussagekräftigen, aber nicht zu komplizierten Projektplan, der die aktuelle Situation des Projektes und die Meilensteine widerspiegelt.

Baumeisterprojekt (Strukturierte Aufgabe, deren Lösung für einen größeren Stakeholderkreis wichtig ist)

Collective Mind des Baumeisterprojektes: Hier sollte der Schwerpunkt auf den Funktionen des Projektergebnisses und weniger auf der Innovation einer Technologie liegen. Der CM sollte also direkt die „Ziel-", „Was-" und „Wie-Ebene" beinhalten. Hat man sich einmal auf eine Technologie festgelegt, so sollte der Funktionsumfang bestimmt und damit realisiert werden. Gleichermaßen wichtig ist es abzusichern, dass die Funktionen aus dem Stakeholderumfeld stammen, damit diese frühzeitig in das Ergebnis des Projektes mit einbezogen werden können. Zeit und Kosten sind hier sicher auch kritisch, verlaufen jedoch linear mit der Zeit, falls der Funktionsumfang und die Technologie frühzeitig zu aller Zufriedenheit festgelegt werden. Der CM besteht also aus folgenden Elementen:

- Bildern oder verbalen Beschreibungen, die die wesentlichen, zentralen Funktionen der Lösung widerspiegeln und die genaue Semantik der Stakeholder in der Phase Roll-Out beinhaltet.
- Einem aussagekräftigen, aber nicht zu komplizierten Projektplan, der die aktuelle Situation des Projektes und die Meilensteine widerspiegelt.
- Einer Ontologie für die logischen Zusammenhänge der im Projekt auftretenden Größen: Diese Ontologie muss während der Projektteamsitzungen erarbeitet sein und ist sowohl in schriftlicher Form wie auch in den Köpfen der Projektteam-

mitglieder vorhanden. Dies trägt dem ST-Anteil im Projekt Rechnung. Um das Projekt nach außen zu tragen, ist es ratsam, die Ontologie auf einige verdichtete Größen zu beschränken und zusammenzufassen.

Zimmermannsprojekt (Strukturierte Aufgabe für anzahlmäßig beschränkten Stakeholderkreis)

Collective Mind des Zimmermannsprojektes: Hier sollte der Schwerpunkt auf den Funktionen des Projektergebnisses und weniger auf der Technologie liegen. Der CM sollte also direkt die „Ziel-", „Was-" und „Wie-Ebene" beinhalten. Hat man sich einmal auf eine Technologie festgelegt, so ist der Funktionsumfang bestimmt und wird realisiert. Da ein homogenes Stakeholderumfeld vorliegt, ist davon auszugehen, dass sich das Stakeholderumfeld im Collective Mind widerspiegelt. Zeit und Kosten werden als weniger kritisch angesehen und müssen nicht notwendigerweise im Collective Mind enthalten sein. Der CM besteht aus folgenden Teilen:

- Bildern oder verbalen Beschreibungen, die die wesentlichen, zentralen Funktionen der Lösung widerspiegeln und die genaue Semantik der Roll-Out-Stakeholder beinhaltet.
- Einer Ontologie für die logischen Zusammenhänge der im Projekt auftretenden Größen: Diese Ontologie wird während der Projektteamsitzungen erarbeitet und ist sowohl in schriftlicher Form wie auch in den Köpfen der Projektteammitglieder vorhanden. Dies trägt dem ST-Anteil im Projekt Rechnung.

Im Folgenden fassen wir in einer Tabelle zusammen, welche wesentlichen Aspekte des Collective Mind in Abhängigkeit des Projekttyps zu berücksichtigen sind, damit alle Erfolgsfaktoren erfüllt sind. Die Wichtigkeit der Aspekte kennzeichnen wir in der Tab. 14.1 folgendermaßen:

- Sind einem Tabellenfeld zwei Ausrufezeichen vorangestellt, so ist auf diesen Aspekt beim Aufbau des CM besonders Rücksicht zu nehmen. Man sollte innehalten und über diesen Aspekt sehr gründlich nachdenken.
- Ist einem Tabellenfeld ein Ausrufezeichen vorangestellt, so ist dieser Aspekt zwar wichtig, kann aber einmal festgelegt werden und wird nur dann hinterfragt, wenn konkrete Anlässe bestehen.
- Ist einem Tabellenfeld kein Ausrufezeichen vorangestellt, so wird sich dieser Aspekt im Collective Mind mit hoher Wahrscheinlichkeit automatisch widerspiegeln. Wir empfehlen, dies trotzdem proaktiv zu überprüfen.

Tab. 14.1 Wesentliche Aspekte des Collective Mind zur Einhaltung der Erfolgsfaktoren für die vier Projekttypen

Erfolgsfaktoren	Erfinderprojekt	Missionarsprojekt	Baumeisterprojekt	Zimmermannsprojekt
Lösung wertbeitragend?	!!Der CM konzentriert sich auf die „Ziel-Ebene": Aufgrund der hohen Technologiefokussierung besteht die Gefahr, dass das Ziel verloren geht. Eine zu frühe Detaillierung („Was-" und „Wie-Ebene") kann eine zu frühe Festlegung auf bestimmte Technologien bedeuten. Dadurch kann der Innovationsgrad im schlimmsten Fall verloren gehen.	!!Der CM konzentriert sich auf die „Ziel-Ebene", muss aber Elemente beinhalten, die dem großen Stakeholderkreis gerecht werden. Aufgrund der hohen Technologiefokussierung besteht die Gefahr, dass das Ziel verloren geht. Eine zu frühe Detaillierung („Was-" und „Wie-Ebene") kann eine zu frühe Festlegung auf bestimmte Technologien bedeuten. Dadurch kann der Innovationsgrad im schlimmsten Fall verloren gehen. Die Lösung muss für alle Stakeholder nachvollziehbar sein. Eine Spezialistensemantik ist daher zu vermeiden.	!Der CM sollte direkt eine klare Definition der „Ziel-" sowie der „Was-" und „Wie-Ebene" beinhalten. Eine einseitige Fokussierung auf Technologie sollte unterbleiben. Der CM enthält eine gemeinsame Semantik der Anwender und IT-Entwickler. Die Anforderungen des Stakeholderkreises sind im CM zu berücksichtigen.	Der CM sollte direkt eine klare Definition der „Ziel-" sowie der „Was-" und „Wie-Ebene" beinhalten. Eine einseitige Fokussierung auf Technologie sollte unterbleiben. Der CM enthält eine gemeinsame Semantik der Anwender und IT-Entwickler.

14 Collective Mind und Projekterfolg 141

Tab. 14.1 (*Fortsetzung*)

Erfolgsfaktoren	Erfinderprojekt	Missionarsprojekt	Baumeisterprojekt	Zimmermannsprojekt
Lösung nachhaltig?	!!Der CM beinhaltet die Praxistauglichkeit der Lösung. Folgende Punkte sind zu adressieren: Es ist zu beachten, dass eine technologisch herausragende Lösung auch nachhaltig ist, also einen längeren Zeitraum überdauert. Es ist zu beachten, dass die Technologie auch von anderen Stakeholdern der späteren Projektphasen verstanden wird und nachvollziehbar ist, so dass ein Routinebetrieb möglich ist. Es ist zu beachten, dass sich mit der Zeit der Schwerpunkt der CM-Ausrichtung von der „Ziel-Ebene" auf die „Was-" und „Wie-Ebene" verlagert: Der CM erhält eine ST-Ausrichtung.	!!Der CM beinhaltet die Praxistauglichkeit der Lösung. Folgende Punkte sind zu adressieren: Es ist zu beachten, dass eine technologisch herausragende Lösung auch nachhaltig ist, also einen längeren Zeitraum überdauert. Es ist zu beachten, dass die Technologie auch von anderen Stakeholdern der späteren Projektphasen verstanden wird und nachvollziehbar ist, so dass ein Routinebetrieb möglich ist. Es ist zu beachten, dass sich mit der Zeit der Schwerpunkt der CM-Ausrichtung von der „Ziel-Ebene" auf die „Was-" und „Wie-Ebene" verlagert: Der CM erhält eine ST-Ausrichtung. Es ist zu beachten, dass die „Wie-Ebene" Aussagen über die „Skalierbarkeit" der Technologie macht, d. h. dass die Technologie so ausgelegt ist, dass viele Benutzer das System ohne Geschwindigkeitsverlust verwenden können.	!Der CM ist weitgehend durch die Auswahl der Technologie und durch die Berücksichtigung der funktionalen Aspekte des Stakeholder-Umfeldes festgelegt: Denn in einem Baumeisterprojekt stellt die verwendete Technologie einen etablierten Standard dar. Es ist zu beachten, dass die „Wie-Ebene" Aussagen über die „Skalierbarkeit" der Technologie macht, d. h. dass die Technologie so ausgelegt ist, dass viele Benutzer das System ohne Geschwindigkeitsverlust verwenden können.	Der CM ist weitgehend durch die Auswahl der Technologie und durch die Berücksichtigung der funktionalen Aspekte des Stakeholder-Umfeldes festgelegt: Denn in einem Zimmermannsproject stellt die verwendete Technologie einen etablierten Standard dar.

Tab. 14.1 (Fortsetzung)

Erfolgsfaktoren	Erfinderprojekt	Missionarsprojekt	Baumeisterprojekt	Zimmermannsprojekt
Kosten und Zeit eingehalten?	!!Gerade bei innovativen Projekten können Kosten und Zeit aus dem Ruder laufen. Daher sind auch Kosten und Zeit in den CM mit aufzunehmen.	!!Gerade bei innovativen Projekten können Kosten und Zeit aus dem Ruder laufen. Daher sind auch Kosten und Zeit in den CM mit aufzunehmen.	!Der CM muss den Zeit- und Kostenverlauf der Skalierung der Lösung enthalten.	Der CM muss nicht notwendigerweise Aussagen zu Zeit und Kosten enthalten: Durch den Einsatz bekannter Technologie und einen homogenen, kleinen Stakeholderkreis sollte nichts Unvorhergesehenes in der Laufzeit und Kostenentwicklung auftreten.
Umfeld berücksichtigt?	Das Projekt stammt aus dem Umfeld der Stakeholder, daher ist das Umfeld meist automatisch im CM abgebildet. Das Temperament der beteiligten Organisation(en) sollte sich aufgrund der kleinen Teamgröße nicht wesentlich bemerkbar machen.	!!Transition-Managementprozesse sind frühzeitig in den Aufbau des CM mit einzubeziehen (nach Bridges: z. B. Purpose und Picture: Ausführliche „Ziel-Ebenen"-Kommunikation unter Berücksichtigung der Umfeld-Organisations temperamente, z. B. Plan: transparente Kommunikation des Projektablaufes im gesamten Stakeholderkreis, z. B. Play: Durchführung von Teil-Roll-Outs, Übernahme von Teilen des alten Systems in das neue System).	!!Transition-Managementprozesse sind frühzeitig in den Aufbau des CM mit einzubeziehen (nach Bridges: z. B. Purpose und Picture: Ausführliche „Ziel-Ebenen"-Kommunikation unter Berücksichtigung der Umfeld-Organisationstemperamente, z. B. Plan: transparente Kommunikation des Projektablaufes im gesamten Stakeholderkreis, z. B. Play: Durchführung von Teil-Roll-Outs, Übernahme von Teilen des alten Systems in das neue System).	Das Projekt stammt aus dem Umfeld der Stakeholder. Daher ist das Umfeld meist automatisch im CM abgebildet. Das Temperament der beteiligten Organisation(en) sollte sich aufgrund der kleinen Teamgröße nicht wesentlich bemerkbar machen.

Tab. 14.1 *(Fortsetzung)*

Erfolgsfaktoren	Erfinderprojekt	Missionarsprojekt	Baumeisterprojekt	Zimmermannsprojekt
		Es ist zu beachten, dass die gesamte Kommunikation mit den Umfeld-Organisationen auf das jeweilige Organisationstemperament dieser Organisationen abzustimmen ist. Es sind mehrere CM-Versionen zu erzeugen.		
Stakeholder zufrieden?	!Der Stakeholderkreis ist homogen und deckt meist das komplette Projektteam ab. Daher sind keine besonderen Maßnahmen für den CM zu treffen. Die emotionale Stabilität der Stakeholder nach Projektteamsitzungen ist das Kriterium für die Stakeholderzufriedenheit.	!!Repräsentative Vertreter der Stakeholder sind in das Projektteam mit einzubeziehen. Deren Vorstellungswelt muss sich im CM widerspiegeln. Die Stakeholderzufriedenheit sollte von Zeit zu Zeit durch Transition-Management-Maßnahmen (siehe oben) hinterfragt werden.	!!Repräsentative Vertreter der Stakeholder sind in das Projektteam mit einzubeziehen. Deren Vorstellungswelt muss sich im CM widerspiegeln. Die Stakeholderzufriedenheit sollte von Zeit zu Zeit durch Transition-Management-Maßnahmen (siehe oben) hinterfragt werden.	Der Stakeholderkreis ist homogen und deckt meist das komplette Projektteam ab. Daher sind keine besonderen Maßnahmen für den CM zu treffen. Die emotionale Stabilität der Stakeholder nach Projektteamsitzungen ist das Kriterium für die Stakeholderzufriedenheit.

Kapitel 15
Scoring: Wie fit ist Ihr Projekt?

In diesem Kapitel wird ein Test vorgestellt, der die „Fitness" eines Projektes ermittelt. Dabei stehen die folgenden Kriterien im Fokus:

- Fitting: Ist das Projektteam in der Lage, eine zur Aufgabenstellung passende Lösung zu finden?
- Einbettung: Ist das Projektteam passend in seine Umgebung eingebettet?
- Kohärenz: Passen das Projektsetting und die Strukturen der Projectdynamik zum Projekttyp?
- Stabilität: Zeigt der Collective Mind die notwendige Stabilität?

Der Test ist als Fragenkatalog aufgebaut und berücksichtigt alle vorgestellten Einflussfaktoren.

Um diesen Test durchzuführen, sind folgende Aktivitäten erforderlich:

- Phase des Lebenszyklus des Projektes ermitteln: Bestimmen Sie, in welcher Phase sich das zu überprüfende Projekt befindet und machen Sie sich bewusst, welches Organisationstemperament typischerweise nach Bridges zu dieser Phase gehört.
- Projekttyp ermitteln: Auf der Basis der Projektmetrik ermitteln Sie den Projekttyp. Bitte beachten Sie, dass der Projekttyp von der Phase abhängt.
- MBTI-Typ des Projektleiters ermitteln: Den MBTI-Typ des idealen Projektleiters ermitteln Sie aus der Zuordnungstabelle von Projekttyp und MBTI-Typ (Tab. 16.1). Die Bestimmung des MBTI-Typs des Projektleiters erfolgt, indem dieser einen Temperamenttest macht oder indem die Projektinitiatoren eine Einschätzung auf der Basis von Erfahrungen vornehmen.
- MBTI-Typ des Projektcoachs ermitteln: Den MBTI-Typ des idealen Projektcoachs ermitteln Sie aus der Zuordnungstabelle von Projekttyp, MBTI-Typ des Projektleiters und MBTI-Typ des Projektcoachs (Tab. 16.1). Die Bestimmung des MBTI-Typs des Projektcoachs erfolgt, indem dieser einen Temperamenttest macht oder indem die Projektinitiatoren eine Einschätzung auf der Basis von Erfahrungen vornehmen.
- MBTI-Typen der Experten ermitteln: Die Bestimmung des MBTI-Typs der Experten erfolgt, indem diese einen Temperamenttest machen oder indem der Projektleiter und der Projektcoach eine Einschätzung auf der Basis von Erfahrungen vornehmen.

Auf der Basis dieser vorbereitenden Tätigkeiten wird der OK-Ampel-Test durchgeführt. Ziel des Tests ist es, ein Projekt anhand des in diesem Buch beschriebenen Meta-Wissens zu charakterisieren und Hinweise auf Bereiche zu geben, in denen Verbesserungspotential oder sogar Risiken bestehen.

Der Test ist so aufgebaut, dass zu jedem der Einflussfaktoren Fragen gestellt werden und die Antworten dieser Fragen den folgenden vier Collective Mind Temperamenten zugeordnet werden:

- **Fitting (optimal – schlecht):** Dieses Temperament bewertet, inwieweit die im Projekt praktizierte Lösungsstrategie zum Auffinden einer optimalen Lösung beitragen kann. Dieses Temperament misst die Fähigkeit des Projektes, eine nachhaltige, wertbeitragende Lösung zu finden.
- **Einbettung (optimal – schlecht):** Dieses Temperament bewertet, inwieweit das Projekt als System in seine Umgebung eingebettet ist. Dieses Temperament misst die Fähigkeit des Projektes, die Interessen aller relevanten Stakeholder und Organisationen in der Lösung zu berücksichtigen.
- **Kohärenz (kohärent – inkohärent):** Dieses Temperament bewertet, inwieweit das Projektsetting und die Strukturen der Projektdynamik zum Projekttyp passen.
- **Stabilität (stabil – instabil):** Dieses Temperament bewertet die Stabilität des CM für die aktuelle Projektphase.

Tabelle 15.1 gibt einen Überblick über den Zusammenhang zwischen den Einflussfaktoren und den CM-Temperamenten. Zum Beispiel wird die Fähigkeit, eine nachhaltige, wertbeitragende Lösung im Projekt zu finden (Temperament „Fitting"), im Wesentlichen durch die Einflussfaktoren Erfahrung/Kompetenz, Teamheterogenität und Lösungsstrategie bestimmt.

Die Fragen des Fragenkatalogs werden auf einer Skala von +5 bis −5 bewertet. Damit trägt die mit der jeweiligen Frage verbundene Facette zwischen 100% (vollständig erfüllt) und −100%[1] (vollständig nicht erfüllt) zum Temperament bei.

Für alle vier Temperamente erfolgt eine Ampel Bewertung:

Tab. 15.1 OK-Ampel-Test: Zuordnung Einflussfaktor zu den CM-Temperamentdimensionen

Einflussfaktor	Fitting	Einbettung	Kohärenz	Stabilität
Erfahrung/Kompetenz	X			
Temperament				X
Teamheterogenität	X			
Projektorganisation			X	
Einbettung in Organisation		X		
Stakeholder		X		
Lösungsstrategie	X			X
Präsenz			X	
Transparenz			X	
Vernetzung und Führung			X	

---

[1] Von −100% zu sprechen, mag befremdlich erscheinen. Der negative Prozentbereich korrespondiert mit dem negativen Zahlenbereich in der Bewertung (bis −5) und bringt zum Ausdruck, dass eine Ausprägung auch „zerstörerische" Auswirkungen haben kann.

Tab. 15.2 OK-Ampel-Test-Bewertung

grün	>75%
gelb	>55–74%
Rot	<55%

Ein Temperament befindet sich im grünen Bereich, wenn mehr als 75% aller potentiellen positiven Punkte im Test erreicht wurden. Ein Temperament befindet sich im gelben Bereich, falls 55–74% der Punkte erreicht werden. Für diesen Bereich kann durch gezielte Maßnahmen Abhilfe geschaffen werden. Ein Temperament zeigt ein hohes Risiko, wenn weniger als 55% aller positiven Punkte erreicht werden. Falls alle Fragen negativ bewertet würden, ergäbe sich eine Wertung von insgesamt −100%.

Um ein Projekt erfolgreich abzuschließen, sollten nach unserer Erfahrung mindestens die Temperamente Fitting und Kohärenz im grünen Bereich liegen. Diese beiden Temperamente lassen sich bei gesetztem Projektteam kaum noch verändern und sind damit während der Projektlaufzeit am schwersten zu beeinflussen. Die Ausprägung der anderen beiden Temperamente, Einbettung und Stabilität, kann während der Projektlaufzeit durch geeignete Maßnahmen beeinflusst werden. Falls eins dieser beiden Temperamente gelb oder sogar rot anzeigt, liegt ein erhöhtes Risiko vor.

Sie finden den OK-Ampel-Test zur Fitness eines Projektes im Anhang.

Kapitel 16
Best Practices

Die Best Practices geben zu jedem Einflussfaktor Beispiele und helfen Ihnen bei der Ausgestaltung Ihrer Projektarbeit. Die Best Practices sind aus unserer Erfahrung entstanden und legen den Fokus auf Aspekte unserer Projektarbeit. Die Best Practices folgen dem Fragenkatalog des OK-Ampel-Tests. Einzelne Aspekte, die mit diesen Fragen verbunden sind, werden beispielhaft behandelt. Die Aussage jedes Beispiels wird in einem Prinzip zusammengefasst.

Die Best Practices sind Heuristiken und orientieren sich an Erfahrungswerten, die wir selbst gemacht haben.

Anhand des Fragenkataloges der OK-Ampel werden Fragen aufgeworfen, die Ihnen womöglich am Anfang eines Projektes durch den Kopf gehen.

Es sei erwähnt, dass es sich hierbei um typische Probleme handelt, die aus unserer Erfahrungswelt stammen und deshalb nicht notwendigerweise vollständig sein müssen.

16.1 Bestimmung Projektphase und -typ

Zu Beginn eines Projektes oder für die Beantwortung der OK-Ampel ist es ratsam, die Projektphase und den Projekttyp zu bestimmen.

Die Beantwortung der Frage, in welcher Phase man sich befindet, ist recht einfach und soll nicht detaillierter betrachtet werden. Trotzdem sollte man sich diese Frage zu Anfang stellen, insbesondere wenn man ein laufendes Projekt übernimmt.

Bei der Beantwortung der Einschätzung der Kriterien, die den Projekttyp bestimmen, ergeben sich sehr oft unterschiedliche Einschätzungen bzgl. der Kriterien. Dies hängt meistens damit zusammen, dass unterschiedliche Personen einen unterschiedlichen Hintergrund haben.

Ein typisches Beispiel ist die Situation, in der ein Unternehmen ein Projekt durchführen will und hierzu als Auftraggeber an einen (externen) Dienstleister einen Auftrag vergibt. Die Sicht von Auftraggeber und Auftragnehmer auf ihre jeweiligen Projekte kann und wird auch in vielen Fällen unterschiedlich sein.

Als Regel empfehlen wir der Kundenorientierung wegen, immer die Sicht des Auftraggebers anzunehmen. Es kann aber auch eine bewusste Entscheidung sein, diese beiden Sichten genauer herausarbeiten zu wollen, um mehr Transparenz in der Projektarbeit zu erhalten. In diesem Fall empfiehlt es sich, die OK-Ampel aus Sicht des Auftragnehmers und des Auftraggebers durchzuführen.

16.2 Erfahrung und Kompetenz

Der Einflussfaktor „Erfahrung und Kompetenz" wird in der OK-Ampel durch folgende Fragen beurteilt:

- Gibt es für alle Themengebiete Experten?
- Ist jeder Experte Eigner seines Themengebietes (Eigner heißt, dass er sein Fachgebiet kompetent mit Entscheidungen vertreten will und auch den nötigen Rückhalt in seiner Heimatorganisation hat)?
- Arbeiten alle Experten im Sinne des Ganzen?

Ziel dieses Fragenkomplexes ist es, abzuklären, ob alle für eine Lösung notwendigen Experten im Team sind. Neben der fachlichen Dimension ist es allerdings wichtig, ob sie von ihrer Heimatorganisation die nötige Befugnis haben, Entscheidungen im Namen der Organisation treffen zu dürfen. Haben die Experten jedoch nur ihre persönlichen Interessen oder diejenigen der Heimatorganisation im Sinne, ist eine der zentralen Voraussetzungen für die Ausbildung eines CM nicht erfüllt, nämlich der Wunsch, eine Lösung zu finden, die von allen für alle ist: Es ist also zu klären, ob eine „versteckte Agenda" vorliegt. Falls ja, ist dieser Punkt offen anzusprechen und nötigenfalls zu verhandeln, da sich sonst ein CM nicht ausbilden kann.

Im Sinne der CM-Ausbildung liegt dem obigen Fragenkatalogteil das anzustrebende **Prinzip „Erfahrung und Kompetenz von allen für alle"** zugrunde. Dieser Fragenkatalogteil hinterfragt die Fähigkeit des Teams, eine tragfähige Lösung zu erarbeiten.

Im Idealfall wird für die Auswahl der Experten eine Stakeholdermap oder eine Stakeholderbewertungstabelle (siehe unten) erstellt. Die Auswahl der Experten erfolgt nach den Kriterien Promotor, Unterstützer, Dulder, Gegner, Aufgabe und Rolle sowie MBTI-Typ, Stärken und Erfahrungen.

Im Normalfall sollte jeder Experte zumindest als Unterstützer eingestuft werden können. In einigen Fällen kann es sinnvoll sein, bewusst Gegner mit in das Projektteam aufzunehmen, um diese über die CM-Ausbildung zumindest in Unterstützer zu verwandeln. Dies erfordert sicherlich eine längere Phase des CM-Aufbaues, wird sich im Sinne der Missionierung der Lösung jedoch in den späteren Projektphasen auszahlen. Teammitglieder, bei denen man nach ca. 4–5 Teamsitzungen noch keine CM-Ausbildung wahrnehmen kann, sollten auf ihre Teilnahme im Projekt überprüft werden und sind gegebenenfalls zu ersetzen.

In vielen Fällen wird es schwierig sein, den MBTI-Typ der Experten vor der Teamzusammenstellung zu wissen und für die Auswahl zu berücksichtigen. Falls

16.2 Erfahrung und Kompetenz

die Experten den auswählenden Personen (Projektleiter oder Initiatoren) bekannt sind, kann man mit einiger Erfahrung jedoch zu brauchbaren Annahmen kommen. Der Projektleiter überprüft diese Annahmen im Laufe des Projektes anhand von Erfahrungen in der Teaminteraktion.

Der ein oder andere wird sicherlich denken: „Jetzt werden die Menschen wieder in Schubladen eingeordnet". Die Antwort ist „Ja", aber diese Einordnung geschieht auch ohne MBTI-Typologie und zwar weitaus unpräziser. Ein ideenreicher Initiator (ENTP) würde beispielsweise in Unkenntnis seines Typs mit den Eigenschaften „oberflächlich" oder „zu schnell" belegt. Aus Sicht der MBTI-Typologie weiß man aber, dass seine Stärken im Vernetzen, Begeistern und schnellen Generieren von Ideen sowie Problemlösen bestehen. Man kann also seine Talente gezielt einsetzen. Allgemein kann man sagen, dass sich aus dem beobachteten Verhalten der Experten Rückschlüsse ziehen lassen, um welchen Typ es sich handeln könnte. Das Schubladendenken wird durch „Einsatz nach Stärken" ersetzt. Wir folgen also dem **Prinzip „Die Teammitglieder werden entsprechen ihrer Stärken ausgewählt und eingesetzt"**.

Wir empfehlen folgende Faustregeln für die Temperamentüberprüfung:

- Falls sie oder er gerne und oft Wortbeiträge einbringt und öfters viel von sich erzählt, ist die Wahrscheinlichkeit groß, dass sie oder er extravertiert ist. Introversion ist wahrscheinlich, wenn die Beiträge wohlüberlegt ausgeführt werden und zwischen Anfrage und Antwort eine Denkpause existiert. Ist ein Projektteammitglied ruhig, dann kann es introvertiert sein, muss es aber nicht. Ein desinteressiertes extravertiertes Projektteammitglied kann ebenfalls ruhig oder zögerlich wirken.
- Bei der Einschätzung, ob es sich um einen S- oder N-Typ handelt, empfiehlt es sich, auf die Wortwahl und den Detaillierungsgrad der Darstellung zu achten. Wenn die Wortwahl eher abstrakt ist, also kaum Aussagen zum „Wie" enthält, und zur Erläuterung Begriffe wie „System", „Prinzipien", „Modelle" und „Strukturen" verwendet werden, liegt die N-Orientierung nahe. Falls Details im Vordergrund stehen und vor allen Dingen das „Wie" beziehungsweise der zur Diskussion stehende „Werkzeugkasten" im Vordergrund steht, liegt die S-Orientierung nahe. S-Typen interessieren sich weniger für Prinzipien und Theorien als für konkrete Schritte, die detailliert ausgeführt werden. Das gilt besonders für die SJ-Typen.
- Nach unserer Erfahrung kann man die analytische T-Orientierung nicht ummittelbar am ausgeübten Beruf festmachen. Der ausgeübte Beruf kann jedoch als erste, zu überprüfende Annahme herangezogen werden. So gibt es durchaus Naturwissenschafter, die in ihrem Beruf über analytische Fähigkeiten verfügen, in der Kommunikation mit anderen jedoch eine starke gefühlsmäßige Orientierung zeigen. In Stresssituationen zeigt sich sehr schnell, ob die analytisch schließende Orientierung überwiegt, oder eher die gefühlsorientierte. T-Typen versuchen, durch logische Argumente zu überzeugen, F-Typen neigen öfter dazu, zu „überreden".
- J-Typen sind diejenigen, die im Team dazu beitragen, die Zielorientierung nicht zu verlieren, und dafür auch gerne in Kauf nehmen, dass eine Facette der

Lösung, die nach ihrer Meinung nichts zum Gesamtbild der Lösung beiträgt, nicht berücksichtigt wird. Die Typen mit P-Orientierung neigen dazu, neu aufkommende Ideen, Aspekte oder Gefühle sofort berücksichtigen zu wollen.

Dies ist besonders bei den Typen ENTP (Inventor) und ENFP (Champion) auffällig. Beide Typen legen keinen besonderen Wert auf Details und neigen dazu, ihrer Eingebung folgend, eine schon verabschiedete gemeinsame Vorstellung wiederholt diskutieren zu wollen, selbst dann wenn diese bereits allseits akzeptiert zu sein scheint. Dies geschieht gerne auch nach Projektteamsitzungen, was dann meist zu Ärgernissen führt. Dieser Typ wird sehr stark von seiner Vorstellungskraft geleitet und kann, falls er keinen Gegenpart hat, die Richtung eines Projektes (nicht immer zum Vorteil des Projektes) bestimmen. Wir empfehlen daher, falls ein ENTP oder ENFP die Projektleitung übernehmen soll, ihm einen starken Coach vom Typ IN_J zur Seite zu stellen. Ist dieser MBTI-Typ ein fachlicher Experte, so sollte es in dem Projektteam mindestens ein Teammitglied vom Typ IN_J geben, das einen starken Gegenpol zum Inventor (ENTP) oder Champion (ENFP) darstellt.

Idealerweise sollte man das Thema „MBTI" im neu zusammengestellten Team ansprechen und klären, ob einzelne Teammitglieder oder alle bereit sind, einen MBTI-Temperament-Test durchzuführen und das Ergebnis vertraulich an den Projektleiter zu geben oder sogar dem Team offen zur Verfügung zu stellen. Selbst wenn die MBTI-Testergebnisse nicht offen bekannt gemacht werden, könnten Projektleiter und Projektcoach ihr eigenes Verhalten mittels ihrer Temperamente erläutern. Dies wird dazu führen, dass das Thema „Typologie" innerhalb des Teams mehr und mehr offen angesprochen wird.

16.3 Temperament

Der Einflussfaktor „Temperament" wird in der OK-Ampel durch folgende Fragen beurteilt:

- Sind die MBTI-Typen der Teammitglieder bekannt?
- Ist der MBTI-Typ des Projektleiters bekannt und entspricht er dem Ideal-Typus?
- Verfügt das Projektteam über einen passenden Projektcoach?

Die Bestimmung der MBTI-Typen der Teammitglieder wurde im vorherigen Abschnitt zur Auswahl der Experten diskutiert.

Falls das Projekt über keinen Projektcoach verfügt, empfehlen wir, dass der Projektleiter sich intern oder extern einen passenden Projektcoach sucht.

Da ein Projekt sehr stark durch die Phase „Solution Search" bestimmt wird, schlagen wir vor, die Auswahl des Projektleiters und seines Projektcoachs anhand dieser Phase vorzunehmen. Projektleiter und Projektcoach bleiben aus praktischen Gründen für die weiteren Phasen „im Amt", im Bewusstsein, dass eine Ablösung nur dann sinnvoll ist, wenn das Temperament des Projektes sich radikal geändert hat.

16.3 Temperament

Tab. 16.1 Zuordnung von Projekttyp, Projektleitertemperament, Projektcoachtemperament

Projekttyp	Temperament des Projektleiters	Temperament des Projektcoachs
Erfinderprojekt	INTJ (Mastermind)	ENT_ (Inventor oder Field Marshal)
Missionarsprojekt	EN__ (Inventor, Field Marshal, Champion oder Teacher)	INTJ (Mastermind)
Baumeisterprojekt	ES_J (Supervisor, Provider)	IS_J (Inspector, Protector)
Zimmermannsprojekt	ISTJ (Inspector)	ESTJ (Supervisor)

Diese Aussage fassen wir in dem **Prinzip „Der Projekttyp der Phase 'Solution Search' bestimmt die Auswahl der Führungstemperamente"** zusammen.

Tabelle 16.1 zeigt die so vereinfachte Zuordnung:

Die verwendeten Bezeichnungen der MBTI-Typen entsprechen denjenigen von Keirsey (Keirsey 1998).

Die Auswahl des passenden Projektleiters und seines Projektcoachs ist der zentrale Einflussfaktor eines passenden Projektsettings.

Bei der Zuordnung von Projekttyp zu Projektleiter ist auch zu beachten, ob es sich um ein Projekt handelt, bei dem ein externer **Dienstleister** mit eingebunden ist. In sehr vielen Fällen wird der externe Dienstleister seine Dienste ebenfalls im Rahmen eines Projektes erbringen. In diesem Fall kann der Dienstleister zu ganz anderen Ergebnissen bezüglich des Projekttyps und des damit verbundenen Projektleitertemperamentes gelangen. Dies gilt auch, wenn der externe Dienstleister Teil der eignen Firma ist und nur deswegen „extern" ist, weil er einer anderen Organisation angehört.

Abbildung 16.1 zeigt eine solche Konstellation:

Der Auftraggeber führt zum Beispiel ein Projekt in der Phase „Solution Search: Concept" durch und bedient sich zur Durchführung eines externen Dienstleisters. Auftraggeber und Auftragnehmer sind daher in einem Projekt eingebunden. Für den Auftraggeber ist das Projekt des Auftragnehmers eine Dienstleistung, aus Sicht des Auftragnehmers ist es ein Projekt. Auftraggeber und Auftragnehmer haben in

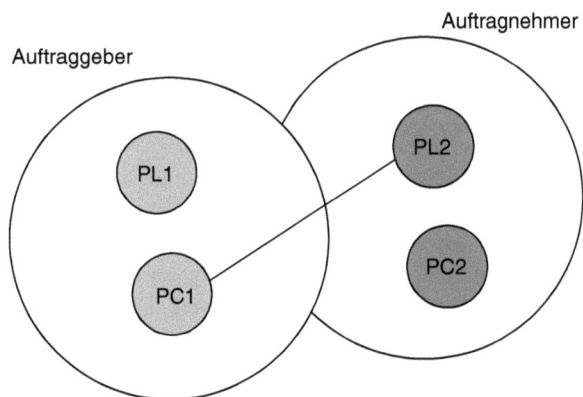

Abb. 16.1 Rolle Projektleiter und Projektcoach aus Sicht des Auftragnehmers und Auftraggebers

ihren Projekten jeweils einen Projektleiter (PL1, PL2). Der Typ des Auftragnehmer-Projektes ist nicht identisch mit dem Typ des Auftraggeber-Projektes und vice versa. In sehr vielen Fällen wird die Rolle des Projektleiters des Auftragnehmers (PL2) identisch sein mit der Rolle des Projektcoachs (PC1) des Projektleiters des Auftraggebers (PL1). In sehr wenigen Fällen wird der Auftragnehmer-Projektleiter einen eigenen Projektcoach (PL2) haben oder sogar diese Rolle vom Auftraggeber-Projektleiter (PL1) vollständig wahrgenommen werden können. Falls ein partnerschaftliches Verhältnis zwischen Auftraggeber und Auftragnehmer herrscht, dürfte dies jedoch vielfach in ein gegenseitiges Coachen münden.

Wir empfehlen bei der Beantwortung der Fragen der OK-Ampel streng darauf zu achten, aus welcher Sicht (Auftragnehmer oder Auftraggeber) man die Fragen beantwortet. Hierbei ist auch zu beachten, dass ein Auftraggeber sein Projekt in sehr vielen Fällen anders sehen wird als der Auftragnehmer, der sich in die Rolle des Auftraggebers versetzt.

Die Beantwortung der OK-Ampel aus verschiedenen Blickwinkeln wird zu unterschiedlichen Sichten und damit auch unterschiedlichen Einsichten führen. So kann ein Auftragnehmer zu dem Ergebnis kommen, dass das Projekt durchaus visionäre, originelle Charakterzüge trägt: Seine Organisation hat bisher noch nie ein solches Projekt durchgeführt und es wird erheblichen Einfluss auf das Unternehmen haben. Andererseits kann der Auftragnehmer zu dem Schluss kommen, dass es für ihn keine visionären Züge trägt, da die eingesetzten Ressourcen und Methoden schon aus anderen Projekten bekannt sind. Umgekehrt kann eine Lösung für einen Auftraggeber keine besondere Herausforderung darstellen, der Auftraggeber ist jedoch gezwungen neue Technologien einzusetzen und kommt so zum Schluss, dass er ein visionäres Projekt durchführt.

16.4 Teamheterogenität

Der Einflussfaktor „Teamheterogenität" wird in der OK-Ampel durch folgende Frage beurteilt:

- Verfügt das Projektteam über eine passende MBTI-Heterogenität? (Teamheterogenität liegt vor, wenn I und E sowie J und P etwa gleich stark vertreten sind. Im Falle von Missionars- und Erfinderprojekt sollten ca. 20% der Teammitglieder vom SJ-Temperamenttyp sein.)

Wir haben im Verlauf des Buches gezeigt, dass die Teamheterogenität ein wesentlicher Faktor ist, um ein Collective Mind auszubilden. Es stellt sich die Frage, wann ein Team heterogen genug ist, um einen Gradienten in der Expertise, den Auffassungen und der Wahrnehmung der Teammitglieder zuzulassen. Ist der Gradient zu gering, entsteht nichts Neues. Das Projekt bleibt auf der Stelle stehen, es kann sich kein Collective Mind ausbilden. Ein Team, das nur aus Visionären besteht, bleibt in den Visionen gefangen und bildet keine konkreten Maßnahmen aus. Ein Team, das aus Guardians (SJ-Temperament) besteht, wird dem Alten ver-

Tab. 16.2 Zuordnung Projekttyp, Projektleitertyp, Projektcoachtyp, Teammitglieder

Projekttyp	Projektleitertyp	Projektcoachtyp	Teammitglieder
Erfinderprojekt	INTJ (Mastermind)	ENT_ (Inventor oder Field Marshal)	_NT_ und _NF_ sowie 20% _STJ. Der J- und P-Anteil sollte in etwa gleich sein.
Missionarsprojekt	EN__ (Inventor oder Field Marshal, Champion oder Teacher)	INTJ (Mastermind)	_NT_ und _NF_ sowie 20% _STJ Der J-und P-Anteil sollte in etwa gleich sein.
Baumeisterprojekt	ES_J (Supervisor, Provider)	IS_J (Inspector oder Protector)	_ST_ und _SF_ sowie 20% _NT_ Der J-Anteil kann überwiegen, jedoch sollte das Team ein Mitglied mit P-Ausrichtung enthalten.
Zimmermannsprojekt	ISTJ (Inspector)	ESTJ (Supervisor)	_ST_ und _SF_ sowie 20% _NT_ Der J-Anteil kann überwiegen.

bunden bleiben. Ist der Gradient zu groß, so bleibt das Projekt ebenfalls stehen, denn es kann sich kein Collective Mind ausbilden, weil die Unterschiede im Team zu groß sind. Lediglich durch langwierige und stressbeladene Sitzungen besteht unter zielorientierter Moderation die Chance, dass sich nach einiger Zeit ein Collective Mind ausbildet.

Für die „Solution Search" Phase schlagen wir daher für ein Kernteam von 5–7 Teammitgliedern folgende Zusammensetzung vor (Tab. 16.2).

Das Einstellen des Projektgradienten erfolgt nach folgendem Prinzip: „**Ein mäßiger Projektgradient bildet einen wertbeitragenden, stabilen Collective Mind aus; ist der Gradient zu groß, kommt es zum Sturz des Projektes, ist er zu klein, bleibt das Projekt auf der Stelle stehen."**

16.5 Projektorganisation

Der Einflussfaktor „Projektorganisation" wird in der OK-Ampel durch folgende Fragen beurteilt:

- Besteht ein festes Kernteam?
- Gibt es eine Einzentren-Projektorganisation (also keine Satellitenteams)?
- Ist der Projekttyp bekannt?
- Passt der Projekttyp zum Temperament des Projektleiters?

Siehe hierzu die Ausführungen unter *Projektorganisation* im Kapitel *Projektsetting*. Aufgrund unserer Erfahrung empfehlen wir folgende **Prinzipien** zu beachten:

- Die Projektorganisation sollte so einfach wie möglich sein. Eine Einzentren-Projektorganisation ist die ideale Organisationsform.
- Das Kernteam sollte stabil bleiben, Wechsel im Kernteam erzeugen Ineffizienz und Ineffektivität.

- Der Projektleitertyp sollte zum Projekttyp passen. Das Risiko des Misserfolgs steigt extrem, wenn der Projektleitertyp nicht zum Projekttyp passt.
- Die Rollen im Projekt sollen nach innen und außen transparent sein. So sollte die Rolle des Projektcoachs entsprechend kommuniziert sein.

Der Projekttyp kann über zwei alternative Wege ermittelt werden: Die Anwendung der Projekttypmetrik oder die Bestimmung des Projekttemperamentes über die Bestimmung des Organisationstemperamentes nach Bridges[1].

Zu Beginn eines Projektes sind die Fragen zum Projekttemperament als Soll-Fragen zu verstehen: Die Fragen sind also so zu beantworten, dass die Beantwortung die Aufgabenstellung des Projektes widerspiegelt. Im Laufe eines Projektes kann es jedoch auch sinnvoll sein, das Ist-Temperament am Soll-Temperament zu überprüfen und die Fragen entsprechend der gelebten Projektrealität zu beantworten. Der Vergleich von Soll- und Ist-Temperament ist Teil eines proaktiven Risikomanagements. Falls Soll- und Ist-Temperamente nicht übereinstimmen, ergeben sich zwei prinzipiell unterschiedliche Fälle:

- Das Ist-Temperament spiegelt die Aufgabenstellung wider und entspricht nicht dem Soll-Temperament. In diesem Fall wird das Ist-Temperament als Soll-Temperament angenommen und die damit verbundenen Konsequenzen hinsichtlich des Projektführungsteams eingeleitet.
- Das Soll-Temperament spiegelt die Aufgabenstellung wider, jedoch wird es in der Projektrealität (Ist-Temperament) nicht gelebt (siehe Projektbeispiel „Bau-

Tab. 16.3 Zuordnung Projekttemperament zu Projekttyp

	_ST_	_SF_	_NF_	_NT_
I__J	ISTJ Präziser Analytiker (Inspector) **Zimmermannsprojekt**	ISFJ Zuverlässiger Bewahrer (Protector)	INFJ Besonnener Lehrer (Counselor) ausdauernd, interessiert, bestimmt	INTJ Intuitiver Denker (Mastermind) **Erfinderprojekt**
I__P	ISTP Praktischer Forscher (Crafter)	ISFP Loyaler Idealist (Composer)	INFP Nachdenklicher Idealist (Healer) reflektiert, gebildet, interessiert	INTP Theoretiker (Architect) **Erfinderprojekt**
E__P	ESTP Praktiker (Promotor)	ESFP Problemlöser (Performer)	ENFP Menschenkenner (Champion) **Missionarsprojekt**	ENTP Ideenreicher Initiator (Inventor) **Missionarsprojekt**
E__J	ESTJ Organisator (Supervisor) **Baumeisterprojekt**	ESFJ Vermittler (Provider) **Baumeisterprojekt**	ENFJ Optimist (Teacher) **Missionarsprojekt**	ENTJ Erfolgreicher Führer (Field Marshal) **Missionarsprojekt**

---

[1] Wir verwenden der Vereinfachung halber Projekttyp und Projekttemperament synonym, siehe auch die Tab. 16.3.

meisterprojekt LIMS"). In diesem Fall sind die Fragen und ihre Antworten auf Korrekturmaßnahmen hin zu überprüfen.

Tabelle 16.3 listet die MBTI-Temperamente auf und ordnet diesen die Projekttypen zu. Den grau unterlegten Temperamenttypen ist kein Projekttyp zugeordnet. Des besseren Verständnisses wegen sind zusätzlich die Temperamentbezeichnungen von Keirsey in Deutsch und Englisch enthalten. Die Tabelle ist also z.B. wie folgt zu lesen: Das Erfinderprojekt hat entweder ein INTJ- oder ein INTP-Temperament.

16.6 Einbettung in Organisation(en)

Der Einflussfaktor „Einbettung in Organisation(en)" wird in der OK-Ampel durch folgende Fragen beurteilt:

- Besteht genügend Zeit im Projekt?
- Sollen mit dem Projekt langfristige Veränderungsprozesse initiiert werden und wird dieser Übergang zum Neuen aktiv geführt?
- Soll das Ergebnis des Projektes ein begrenztes Arbeitsumfeld unterstützen? (Falls ein begrenztes, bekanntes Arbeitsumfeld betroffen ist, begünstigt dies die Einbettung. Falls ein (nahezu) unbegrenztes Arbeitsumfeld betroffen ist, also z.B. mehrere Organisationen, wobei die Tiefe und Ausbreitung nicht genau bekannt sind, erschwert dies die Einbettung.)
- Sind die Interessen und Ziele der beteiligten Organisation bekannt?
- Ist das Organisationstemperament der beteiligten Organisationen bekannt?
- Werden die Organisationen über „inoffizielle" Teams eingebunden? (Beispielsweise diskutieren Teammitglieder „inoffiziell" die Arbeit des Projektteams in ihrer Abteilung.)
- Liegt seitens der beteiligten Organisationen am Projekt ein klares Commitment der verantwortlichen Repräsentanz der Teammitglieder vor? Können die Teammitglieder Entscheidungen im Namen der Organisation treffen oder sind diese nur „Statthalter"?
- Und zusätzlich: Hat das Projekt eine Vorgeschichte? Belastet diese Vorgeschichte das Projekt?

Die Einbettung des Projektes in die beteiligten Organisationen ist besonders für Projekte mit hohem Missionsgrad von Bedeutung, also das Missionarsprojekt und das Baumeisterprojekt.

Eine erfolgreiche Einbettung lässt sich im Wesentlichen daran erkennen, ob das Projekt von den beteiligten Organisationen das notwendige Vertrauen genießt. Die obigen Fragen überprüfen einerseits aus verschiedenen Blickrichtungen, ob die Organisationen Vertrauen in das Projekt haben, und andererseits, ob das Projekt notwendige Schritte eingeleitet hat, um dieses Vertrauen zu erwerben. Dementsprechend steht dieser Fragenbereich unter dem **Prinzip „Vertrauen ist die Basis einer erfolgreichen Projekteinbettung"**.

Greifen wir zwei Beispielszenarien heraus:

Szenario 1: Ein Projekt hat einen hohen Missionsgrad. In einem kleinen Projektteam wird eine Lösung erarbeitet. Schon in dieser Phase wird damit begonnen, die Lösung immer wieder an den Bedürfnissen der beteiligten Organisationen zu spiegeln. Die Organisationen oder auch Gruppen innerhalb der Organisationen werden gemäß ihres Organisationstemperamentes angesprochen. Es kann sogar in der Phase „Solution Search" sinnvoll sein, Gruppen entsprechend einer groben Einschätzung der Personentemperamente zu bilden und diese temperamentspezifisch mit der Lösung vertraut zu machen. SJ- und SP-Temperamente benötigen ein detailliertes Arbeiten an der Lösung, wohingegen NT- und NF-Temperamente wesentlich mehr Wert auf die Ziele und Prinzipien der Lösung legen. Auf der Basis der so gemachten, frühen Erfahrungen mit den Reaktionen der unterschiedlichen Temperamente beurteilt das Projektführungsteam, wie umfangreich und schwerwiegend die mit der neuen Lösung verbundenen Veränderungsprozesse sein werden. Für die Phasen „Roll-Out" und „Utilisation" werden Transition-Management-Maßnahmen geplant und es erfolgt eine Anpassung der damit verbundenen Meilensteine.

Szenario 2: Ein IT-Projekt wird gestartet, nachdem ein vorhergehendes Projekt zur gleichen Aufgabenstellung nicht erfolgreich beendet werden konnte. Die Anwenderorganisation, für die das Projekt durchgeführt wird, eine Forschungsabteilung, hat das Vertrauen in die Kompetenz der IT-Abteilung verloren.

In diesem Fall ist es notwendig, eine Einzentren-Organisation mit einem Kernteam und einem erweiterten Team zu bilden. In dem erweiterten Team sind so viele Anwender vertreten, dass in der Phase Roll-Out keine emotionalen Barrieren auftreten sollten. – Dies kann es notwendig machen, dass das erweiterte Team eventuell mehr Mitglieder hat als aufgrund der Expertise notwendig ist. Das Team wird über eine Stakeholdertabelle (siehe nachfolgende Einflussfaktoren) einer Risiko-Beurteilung unterzogen. Da es notwendig ist, schnell Vertrauen zurückzugewinnen, ist es wesentlich, den Collective Mind schnell aufzubauen. Die Einarbeitung der Anforderungen erfolgt dann in kleineren Arbeitsgruppen (Satelliten-Organisation), um den Anwendern gezielt das Gefühl zu geben, dass sie ihre Bedürfnisse direkt und sofort einbringen können. Die eigentliche CM-Erarbeitung erfolgt wieder im kleineren Kernteam. Der dort ermittelte CM wird gezielt auf die spezifischen Anforderungen der Arbeitsgruppen transferiert und Korrekturen am CM werden über einen Feedbackprozess eingearbeitet.

16.7 Stakeholder

Der Einflussfaktor „Stakeholder" wird in der OK-Ampel durch folgende Fragen beurteilt. Der Fokus der Fragen liegt hier nicht auf den Organisationen wie im vorhergehenden Fragenbereich, sondern auf der Einbindung von (wichtigen) Einzelpersonen:

- Sind alle Stakeholder persönlich bekannt?
- Sind die Funktionen und Aufgaben der Stakeholder bekannt?

- Sind die Interessen und Ziele der Stakeholder bekannt und dokumentiert? Gibt es pro Stakeholder Kriterien für den Erfolg des Projektes?
- Sind die Prinzipien der Lösung allen externen Stakeholdern bekannt und werden sie von diesen akzeptiert?

Um sich über die Stakeholder bewusst zu werden, empfiehlt es sich, eine Stakeholdertabelle zu erstellen, die die wichtigsten Informationen über die Stakeholder enthält. Die nachfolgende Stakeholdertabelle fasst als Beispiel alle Stakeholder (Projektteammitglieder und externe Stakeholder) aus der begleitenden Geschichte zusammen.

Die Erstellung der Stakeholdertabelle dient vor allem dazu, sich aktiv mit den Stakeholdern auseinanderzusetzen. Das Wissen um

- die Rolle und Aufgabe im Projekt,
- die Ziele des Stakeholders,
- den Nutzen, den er sich von der Lösung erhofft,
- die Wertvorstellungen und Prinzipien, die sein Handeln bestimmen,
- seinen MBTI-Typ, seine Stärken und Erfahrungen,
- seine Einstellung zum Projekt, ob er als Promotor, Unterstützer, Dulder oder Gegner einzuordnen ist,
- und die aus diesem Wissen abzuleitenden Maßnahmen

ermöglicht ein auf den Erfolg des Projektes ausgerichtetes Handeln. Aus diesem Grunde steht der Einflussfaktor „Stakeholder" unter dem **Prinzip „Wissen schafft Bewusstsein, Bewusstsein ermöglicht zielorientiertes Handeln".**

16.8 Lösungsstrategie

Der Einflussfaktor „Lösungsstrategie" wird in der OK-Ampel durch folgende Fragen beurteilt:

- Werden Themen selten oder oft divergent, also ohne Zielorientierung, diskutiert?
- Wie oft gibt es (nie, selten, oft) emotionale Meinungsverschiedenheiten? (Hier ist zu beachten, dass es sich um emotionale Meinungsverschiedenheiten handelt, die in der Sache nicht begründet sind, jedoch sehr oft über die Sachebene argumentiert werden. Das Sachargument hat dann den Charakter eines Vorwandes und nicht eines sachbezogenen Einwandes.)
- Liegt ein CM in Form einfacher Bilder, Metaphern oder Aussagen vor?
- Erfolgt die Moderation so, dass Alternativen zu Themen betrachten werden? (Bewusstes „Laufenlassen" von Diskussionen.)
- Verwenden alle Teammitglieder die gleiche Sprachbasis?
- Werden alle Arbeitsergebnisse für alle sichtbar in den Sitzungen visualisiert?
- Sind die Prinzipien, die der Lösung zugrunde liegen, bekannt?
- Werden die Prinzipien der Lösung von allen Teammitgliedern akzeptiert?

Tab. 16.4 Stakeholdertabelle zur Geschichte der Firma MedicalFit

Name, Vorname	Organisation, Rolle	Rolle, Aufgabe im Projekt	Ziele, Nutzen, Interessen, Prinzipien, Werte	MBTI-Typ, Stärken, Erfahrungen	Promotor, Unterstützer, Dulder, Gegner, inkl. Begründung	Maßnahmen
Heiner Priesberg	Forschungsabteilung. Forscher: Biotechnologe, Laborleiter	Projektleiter	Ist in das Projekt „hineingestürzt" worden.	ISTJ (Stärken: Präzision, Gewissenhaftigkeit).	Promotor	Das Projekt der Firma MedicalFit ist ein Missionarsprojekt. Herr Priesberg ist nicht der ideale Projektleitertyp für dieses Projekt. Ein Projektcoach ist also unabdingbar für dieses Projekt.
Tobias Ehrlich	Abteilung Medizintechnik: Ingenieur Strahlungsversuche Krebstherapie	Projektcoach	Liebt Herausforderungen, neue Dinge zu gestalten, möchte seine Sichtweisen weitergeben.	ENTP (Stärken: Extraversion, Intuition). Erfahrung in interdisziplinären Projekten.	Promotor	Hr. Ehrlich ist zu „erden", da er manchmal zu abgehoben ist. Der Projektleiter bringt diese Fähigkeit mit.
Peter Schnell	Forschungsabteilung: Chemiker	Experte	„Möchte Strukturen kombiniert mit klinischen Daten finden und sehen."	INTJ (Mastermind)	Zögerlicher Unterstützer	Seinen Beiträgen ist besondere Bedeutung beizumessen, da er eine Schlüsselperson darstellt.
Bernd Pfiffig	Klinische Forschung: Mediziner (Durchführung klinischer Tests) Mitarbeiter von Dr. Wolfgang Fuchs	Experte	Möchte eine übersichtliche schnelle, flexible Darstellung der Daten, um neue Versuche zu planen (ein Mann der Tat).	ESTP (ein Mann der Tat)	Gegner, später Dulder: hat kein Vertrauen in Heiner Priesberg: „Ich glaube nicht, dass Sie sich je inhaltlich für das interessieren, was wir tun."	Einbeziehung des „Versuchsplanungstools" der klinischen Forschung, Schlüsselstellung im Team.

16.8 Lösungsstrategie

Tab. 16.4 (Fortsetzung)

Name, Vorname	Organisation, Rolle	Rolle, Aufgabe im Projekt	Ziele, Nutzen, Interessen, Prinzipien, Werte	MBTI-Typ, Stärken, Erfahrungen	Promotor, Unterstützer, Dulder, Gegner, inkl. Begründung	Maßnahmen
Hans Meier	IT-Abteilung: Architekt	IT-Experte	Technologieorientiert, Einsatz der eigenen Tools und Methoden, insbesondere der MEDIC-Java-Klassenbibliothek.	ENTP (Ideenreicher Initiator, probiert gerne neue Technologien aus).	Promotor	Verwendung der Klassenbibliothek für Schnittstellenprogrammierung.
Wolfgang Kurz	IT-Abteilung: Datenmanager	IT-Experte	Technologieorientiert, MEDIC-Java-Klassenbibliothek.	Unbekannt	Unterstützer	Darauf achten, dass Anwenderwünsche nicht übersehen werden.
Silke Kaluza	Entwicklungsabteilung; Toxikologin	Expertin, Anwenderin	Möchte die strengen gesetzlichen Vorgaben eingehalten wissen.	Unbekannt, vermutlich I_J	Unterstützer, sofern die Toxikologie-Anforderungen berücksichtigt werden.	Toxikologische Anforderungen sind unbedingt zu berücksichtigen, Schlüsselstellung im Team
Petra Nilles	Forschungsabteilung; Laborantin, Mitarbeiterin von Dr. Priesberg	Anwenderin (stellvertretend für einen Teil der 100 Stakeholder)	Datenbank statt Excel-Dateien, Vernetzung mit Nachbarlaboren: Effizienz und Effektivität in der täglichen Arbeit.	Unbekannt, vermutlich EN__	Promotorin	Als Multiplikatorin einzusetzen

Tab. 16.4 (Fortsetzung)

Name, Vorname	Organisation, Rolle	Rolle, Aufgabe im Projekt	Ziele, Nutzen, Interessen, Prinzipien, Werte	MBTI-Typ, Stärken, Erfahrungen	Promotor, Unterstützer, Dulder, Gegner, inkl. Begründung	Maßnahmen
Hartmut Frankenberg	Forschungsabteilung: Hauptabteilungsleiter	Initiator und „Sponsor" des Projektes.	„Ich will, dass dieses Datenbankprojekt gnadenlos schnell und kostengünstig exekutiert wird. Wir brauchen Wirkstoffe und die finden wir hoffentlich schneller mit Hilfe einer soliden Datenbasis!" „Sie haben ein Jahr Zeit."	Unbekannt, vermutlich ENTJ	Promotor	Erfolgreiches Projekt in einem Jahr abliefern.
Wolfgang Fuchs	Klinische Forschung: Leiter. Berichtet an Hartmut Frankenberg	Chef der klinischen Suchforschung, legt Wert darauf, dass die Interessen seiner Leute berücksichtigt werden.	Legt Wert auf eine gut strukturierte Abteilung und möchte seinen Machtanspruch geltend machen.	Unbekannt, vermutlich ISTJ	Gegner (ist der Meinung, dass die Interessen der zukünftigen Benutzer nicht berücksichtigt sind), später: Dulder.	Das Versprechen einhalten, die Anwender der Klinischen Forschung aktiv einzubeziehen; hat Vertrauen in das neue (!) Duo Priesberg-Ehrlich
Klaus Klein, Mediziner	Klinische Forschung: Teststufe II, Kollege von Bernd Pfiffig, berichtet an Wolfgang Fuchs	Anwender	Möchte klinische Experimente durchführen.	ENTJ (Field Marshal)	Gegner (ist derselben Meinung wie Bernd Pfiffig), später Unterstützer.	Aktiv in permanenten Dialog einbeziehen.

16.8 Lösungsstrategie

Während die obigen Fragen das Setting und die Projektumwelt, also tendenziell eher statische Größen betreffen, handelt es sich beim Thema „Lösungsstrategie" um einen dynamischen Vorgang, bei dem Wissen erzeugt, transportiert und in einem Collective Mind verdichtet wird. Daher ist es schwierig, einzelne Beispiele anzusprechen. Aus diesem Grunde nennen wir sieben typische „Problemmuster" oder Aspekte, denen wir hier mit Antworten begegnen.

Der erste Aspekt behandelt, ob Themen divergent, also ohne Zielorientierung, diskutiert werden.

Dies kann mehrere Ursachen haben:

- Die Mehrzahl der Temperamente liegt bei _N_P oder _S_P.
- Es fehlt eine integrierende Kommunikation: Die Aussagen der Teammitglieder werden nicht kanalisiert und für alle sichtbar festgehalten: Jeder spricht oder dokumentiert für sich. Dies ist analog zu politischen Sendungen im Fernsehen zu sehen: Typische politische Runden bestehen in einem Äußern von Meinungen, es gibt keine integrierende Wissenszusammenstellung.
- Teammitglieder werden oft ausgewechselt, es kann sich keine gemeinsame Sprachbasis ausbilden. Immer wieder werden die Sachverhalte, die bis dahin zum CM gehören, den neuen Teammitgliedern erläutert.

Im zweiten Aspekt werfen wir die Frage auf, ob es emotionale Meinungsverschiedenheiten gibt, die in der Sache nicht begründet sind und sehr oft scheinbar über Sachargumente verargumentiert werden.

Dies kann mehrere Ursachen haben:

- Eine oder mehrere Gruppen innerhalb des Projektteams haben sich gebildet: Dies kann eine fachliche Gruppierung, eine Gruppierung nach Temperamenten oder eine Gruppierung nach Herkunftsorganisation sein.
- Die Prinzipien oder Wertvorstellungen der Teammitglieder sind unterschiedlich und nicht bekannt bzw. werden nicht in bestimmten Situationen erkannt, herausgearbeitet und berücksichtigt. (Ein Beispiel für solche Unterschiede ist der Kampf von Teammitgliedern, die Wert auf Sicherheit legen, mit Teammitgliedern, die Wert auf Innovation legen.)
- Die Ziele sind nicht bekannt oder werden nicht von allen getragen.
- Es herrschen Ängste vor, da einzelne Teammitglieder oder sogar das gesamte Team die Projektziele oder die Lösung als Bedrohung empfinden.
- Einzelne Teammitglieder gehen in eine passive oder aktive Verweigerungshaltung. Dies ist insbesondere am Anfang eines Projektes zu verzeichnen.
- Einzelne Teammitglieder sehen ihren Expertenstatus gefährdet und finden immer wieder Einwände gegen die Lösung oder die Vorgehensweise.
- Das Wissen einzelner Experten hat sich als nicht tragfähig erwiesen bzw. größere Lücken im Wissen stellen deren Expertise in Frage.

Beim dritten Aspekt werfen wir die Frage auf, ob ein CM als Metapher, Bild oder Aussage vorliegt.

Wir empfehlen:

- Im Idealfall sollte der CM über ein Bild repräsentiert werden.
- Alle wesentlichen Aussagen zur Lösung und zur Vorgehensweise sollten in jeder Sitzung mit diesem Bild verknüpft werden.
- In jeder Sitzung sollte ein anderes Teammitglied Sachverhalte anhand dieses Bildes erläutern.
- Der CM sollte alle drei Ebenen abdecken: „Ziel-Ebene", „Was-Ebene", „Wie-Ebene". Die „Ziel-Ebene" und die „Was-Ebene" werden gemeinsam erarbeitet. Falls ein stabiler CM vorliegt, kann die „Wie-Ebene" außerhalb des Kernteams von SJ- oder SP-Temperamenten ausgearbeitet werden. Hierbei ist darauf zu achten, dass die „Wie-Ebene" in einem intensiven Feedback-Prozess in das Kernteam und damit in den CM zurückgespiegelt wird.

Beim vierten Aspekt sollte beachtet werden, dass die Moderation der Workshops das Betrachten von alternativen Themen zulässt (bewusstes „Laufenlassen" von Diskussionen).

Das „Laufenlassen" von Diskussionen hat folgenden Zweck:

- Der mögliche Lösungsraum wird besser abgedeckt.
- Alle Teammitglieder sollen zu Wort kommen, auch wenn die Relevanz der Beiträge nicht sofort erkennbar ist. Die Teammitglieder fühlen sich damit besser aufgehoben und ernst genommen.
- Einzelne Teammitglieder machen aus Sicht der anderen unpassende Anmerkungen und versteifen sich auf eine bestimmte Sicht. In diesem Fall heißt „Laufenlassen", den Beitrag ernst nehmen und als weiteren Punkt in einer Liste der offenen Punkte aufzunehmen und zu bewerten.

Im fünften Aspekt werfen wir die Frage auf, ob alle Teammitglieder die gleiche Sprachbasis verwenden.

Hierbei ist Folgendes zu beachten:

- Gerade zu Beginn eines Projektes ist keine gemeinsame Sprachbasis vorhanden. Es empfiehlt sich von Anfang an, jeden Begriff während der Sitzungen für alle sichtbar auf ein Flipchart oder Copyboard zu schreiben und explizit das Verständnis aller Teammitglieder einzuholen. Dies ist zeitraubend und mühsam, garantiert aber, dass alle nach und nach das gleiche Verständnis haben.
- Der Rückfall in alte oder organisationsspezifische Begriffe darf hierbei nicht geduldet werden. Der Moderator (Projektleiter, Projektcoach oder eine andere explizit benannte Person) agiert in diesem Fall wie ein „Schulmeister", hinterfragt die Verwendung (Was ist der Grund der Andersverwendung?) und korrigiert das Teammitglied in der Verwendung des Begriffes. In einigen Fällen entstehen neue Begriffe und neue Zusammenhänge.
- Der Abstraktionsgrad der Sprache ist je nach Temperament der Teammitglieder unterschiedlich. Dies macht es notwendig, dass der Moderator als Übersetzer für die Teammitglieder mit geringerer sprachlicher Abstraktion agiert. Dies dient der Qualitätssicherung für das gemeinsame Verständnis des CM.

Der sechste Aspekt behandelt die Visualisierung aller Arbeitsergebnisse einer Sitzung.
Hierbei ist Folgendes zu beachten:

- Arbeitsergebnisse sollten möglichst in einem Dokument, maximal 2–3 Dokumenten (Konzept, Projektplan, Liste der offenen Punkte) für alle sichtbar sein. Auf dieses Dokument oder Dokumente wird in den weiteren Sitzungen referenziert. Das Dokument oder die Dokumente werden entsprechend dem Projektfortschritt aktualisiert. Das Führen von vielen Dokumenten oder Dokumentschnipseln ist zu vermeiden.
- Während der Sitzungen sind alle konzeptionellen Diskussionen und Ergebnisse zu visualisieren, neue Begriffe werden aufgeschrieben und in ein Glossar übernommen, offene Punkte werden in eine Liste übernommen.

Wenden wir uns dem siebten Aspekt, den Prinzipien der Lösung zu.
Hierbei ist Folgendes zu beachten:

- Es ist sicherzustellen, dass die Prinzipien einer Lösung allen Teammitgliedern bekannt sind und dass diese Prinzipien von allen akzeptiert werden.
- Lösungen, deren Prinzipien nicht bekannt sind, sind keine tragfähigen Lösungen. Im Laufe der Diskussionen kann es notwendig sein, einzelne Teile der Lösung abzuändern, dies sollte jedoch unter Wahrung der Prinzipien erfolgen. In einigen Fällen kann es notwendig sein, die Prinzipien aufgrund der Änderungen der Lösung neu festzulegen. In einigen Fällen führt dies zu einer ganz neuen Lösung. Prinzipien dienen als Richtschnur für das Einführen von Änderungen: Eine mögliche Änderung der Lösung wird anhand des Prinzips bewertet, das Prinzip dient also als Richtschnur für die Entscheidungsfindung.
- Projektprinzipien sind auch mit den persönlichen Prinzipien, d. h. den Wertvorstellungen der Teammitglieder verbunden. Falls sich diese Wertvorstellungen nicht im CM wiederfinden, ist der CM nicht tragfähig. Falls einzelne Teammitglieder nicht bereit sind, die Projektprinzipien mitzutragen, ist es notwendig, in Meta-Sitzungen die persönlichen Prinzipien und Wertvorstellungen herauszuarbeiten und mit den Projektprinzipien abzugleichen. In einigen Fällen kann es notwendig sein, dass ein Teammitglied das Projekt verlässt, wenn die persönlichen Prinzipien nicht mit den Projektprinzipien zur Deckung zu bringen sind.

16.9 Präsenz

Als Präsenz bezeichnen wir die Sichtbarkeit der Teammitglieder untereinander. Der Einflussfaktor „Präsenz" wird in der OK-Ampel durch folgende Fragen beurteilt:

- Gibt es größere Fluktuationen in dem Team?
- Finden regelmäßige Teamsitzungen statt?

- Finden regelmäßige „Projektrituale" statt? (Hierzu gehören die Rekapitulation der Ergebnisse der letzten Sitzung, die Wiederholung neuer Begriffe und deren Bedeutung, die regelmäßige Durchführung eines Projektcontrollings im Team.)

Häufig werden Teammeetings als Zeitfresser bezeichnet. Das ist nur dann der Fall, wenn diese ineffizient und ineffektiv durchgeführt werden. Daraus resultiert dann, dass Projektteammitglieder eine geringe Bereitschaft zeigen, an Projektteamsitzungen teilzunehmen.

Nach unserer Erfahrung kann sich ein Collective Mind nur in Sitzungen herausbilden, bei denen sich die Projektteammitglieder persönlich begegnen. Es ist die Aufgabe der Projektleitung, dafür zu werben (und auch sicherzustellen), dass in einem Projektteam eine Präsenz gelebt wird. Ist die Präsenz nicht möglich, weil das Projektteam über mehrere Kontinente verteilt ist, sind regelmäßige Besuche empfehlenswert. Projektteamsitzungen können zwar als Videokonferenz durchgeführt werden. Dies empfiehlt sich aber nicht, wenn kreativ nach Lösungen gesucht werden soll. Lediglich wenn eine mehr oder weniger formale Agenda abgearbeitet wird, empfiehlt sich eine virtuelle Zusammenkunft. Das setzt jedoch die Existenz eines Collective Mind voraus.

Das zugrundeliegende **Prinzip** lautet: **„Der Collective Mind entsteht in der Gemeinsamkeit"**. Margaret J. Wheatley spricht in ihrem Buch „Leadership and the new science" (Wheatley 2006) über die Bedeutung der Präsenz in Konferenzen: "In these conferences, entirely new and surprising interpretations become available because the whole system is in the room, generating information, reflecting on itself and who it wants to become….. The future vision is always far more powerful and ingenious than any individual could have possibly imagined."

16.10 Transparenz

Unter Transparenz verstehen wir die Nachvollziehbarkeit aller projektspezifischen Themen und Prozesse für die Projektteammitglieder. Dieser Einflussfaktor betont, dass Projekte effizient und effektiv durchgeführt werden, wenn eine maximale Transparenz herrscht.

Der Einflussfaktor „Transparenz" wird in der OK-Ampel durch folgende Fragen beurteilt:

- Ist eine vertrauensvolle Offenheit vorhanden? Gibt es Themen, die nicht angesprochen werden?
- Gibt es Animositäten zwischen Projektteammitgliedern? (Haben sich aufgrund von früheren Erfahrungen zwischen den Teammitgliedern Vorurteile eingestellt? Wird die Expertise einzelner Teammitglieder von anderen Teammitgliedern angezweifelt? Sind in einem Team unterschiedliche versteckte Hierarchien vertreten? Haben einzelne Organisationen gegenüber anderen Organisationen gewisse Vorbehalte oder sogar Vorurteile? Werden diese Vorurteile auf die entsprechenden Teammitglieder übertragen?)

16.10 Transparenz

- Gibt es versteckte Agenden? Verfolgen einzelne Teammitglieder eigene Ziele oder werden sie durch ihre Organisation oder ihre Vorgesetzten dazu verpflichtet, diese Ziele zu verfolgen? Sind die Teammitglieder sehr stark in ihre Herkunftsorganisation eingebunden und übernehmen sie in Diskussionen mit ihrer Herkunftsorganisation deren Meinungsbild und transferieren dieses Bild bewusst oder unbewusst in die Projektsitzungen, ohne dies aber offen anzusprechen?
- Sind die Motive und Gründe, weshalb die Projektteammitglieder im Team sind, bekannt?
- Ist die langfristige Zukunft des Projektes nach Fertigstellung des Ergebnisses bekannt?
- Ist die Umsetzung der Lösung in Schritten/Paketen definiert? Sind Zwischenziele (Meilensteine) definiert?
- Wird die Projektplanung regelmäßig in den Sitzungen aktualisiert? Sind Meilensteine und Kosten bekannt?
- Werden offene Aktivitäten transparent festgehalten, kommuniziert und bei Nichteinhaltung von Kosten, Zeit und Qualität „bestraft"[2]? (Sind alle notwendigen Informationen bekannt? Beispielsweise Projektzeitpläne, Kosten, Restriktionen, Prioritäten in der Abarbeitung.)
- Gibt es separate, versteckte Planungen für Subteams, z. B. für IT und Anwender? (Das Vertrauen kann dadurch gestört sein, dass nicht alle beteiligten Teammitglieder, weil sie aus unterschiedlichen Organisationen stammen, die gleichen Informationen haben. Beispiele: Die IT hat andere Informationen als die Anwendervertreter, oder der Auftragnehmer hat andere Informationen als der Auftraggeber.)

Die Transparenz lässt sich in das **Prinzip: „Frage Dich bei jeder Handlung, ob diese für die Projektteammitglieder nachvollziehbar ist."** fassen.

Da jeder Mensch sein eigenes Temperament sowie seine eigenen Erfahrungen und Kompetenzen und somit seinen individuellen Tunnelblick oder blinde Flecken hat, besteht immer die Gefahr, dass nicht alle relevanten Möglichkeiten ausgeschöpft werden.

Um den Tunnelblick oder die blinden Flecken einzelner Personen oder Gruppen zu vermeiden, kann das Projektführungsteam folgende Methoden einsetzen:

- Visualisierung und Offenlegung aller zum Projekt und dessen Verlauf gehörenden Informationen,
- Durchführung von Meta-Sitzungen,
- Durchführung von Debriefings (Nachbesprechungen).

Der Punkt „Visualisierung und Offenlegung" wurde schon in den vorausgehenden Ausführungen behandelt und wir verweisen deshalb auf die vorhergehenden Beispiele und Kapitel.

---

[2] Darunter verstehen wir die offene Kommunikation von fehlenden Punkten im Team bis hin zur Eskalation mit dem Projektmanagement oder dem Unternehmensmanagement.

Die Durchführung von Meta-Sitzungen ist das probate Mittel, um

- Kommunikationsbarrieren anzusprechen,
- die Gruppendynamik im Team zu beleuchten,
- Projektprozesse zu hinterfragen,
- Meta-Wissen herauszuarbeiten.

Die Behandlung von Kommunikationsbarrieren erfolgt auf der Basis des Transformator-Modells: Immer wiederkehrende, die Projektsitzungen störende Kommunikationsmuster werden an konkreten Beispielen aus vergangenen Projektteamsitzungen transparent gemacht. Durch die Auseinandersetzung mit den Kommunikationsmustern werden diese Muster während der Sitzungen nach und nach von den Teammitgliedern erkannt und vermieden.

Die Stakeholdermap und die Stakeholdertabelle sind Mittel, um auf der Basis des Projektsettings die daraus resultierende Projektdynamik anzusprechen. Hierbei kann es durchaus angebracht sein, diese Analyse zuerst im Projektführungsteam zu besprechen und geeignete Maßnahmen einzuleiten, um die gewünschte Projektdynamik zu erreichen. Diese Maßnahmen werden in den folgenden Teamsitzungen auf Wirksamkeit überprüft. In vielen Fällen werden die Maßnahmen Erfolg zeigen und es wird nicht notwendig sein, die Maßnahmen im gesamten Team anzusprechen. Um das Lernen in der Gruppe aktiv zu gestalten, empfehlen wir jedoch die behutsame Durchführung von Meta-Sitzungen zur Gruppendynamik im Projekt.

Debriefings sind eine spezielle Form von Meta-Sitzungen, in der die erwartete Lösung der Stakeholder an der umgesetzten Lösung gespiegelt wird, also ein Soll-Ist Abgleich zur Lösung vorgenommen wird.

Ein Debriefing kann mit dem Ausfüllen eines Fragebogens durch jedes Projektteammitglied beginnen. Die Ergebnisse der Fragebögen werden zu einem Gesamtergebnis zusammengeführt. Anschließend wird das Gesamtergebnis in einer Sitzung der Stakeholder, die den Fragebogen ausgefüllt haben, besprochen. Diese Sitzung sollte von einer Person moderiert werden, die selbst kein Stakeholder des Projektes ist. Damit wird sichergestellt, dass die Betroffenheit der Stakeholder die Transparenz nicht trübt.

16.11 Vernetzung und Führung

Der Einflussfaktor „Vernetzung und Führung" ist entscheidend für die Ausgestaltung der Projektdynamik und der damit verbundenen Fähigkeit des Teams, Neues zu schaffen und Neues im Team zu leben.

Der Einflussfaktor „Vernetzung und Führung" wird in der OK-Ampel durch folgende Fragen beurteilt:

- Ist das Projektklima stark rational oder stark beziehungsorientiert?
- Sind die mentalen Prinzipien der Teammitglieder dem Projektleiter und dem Projektcoach bekannt?

16.11 Vernetzung und Führung

- Werden bei Unstimmigkeiten „Meta-Sitzungen" abgehalten?
- Fördert der Moderator andere Sichtweisen der Teammitglieder?
- Werden den Teammitgliedern längere themenbezogene Darstellungsmöglichkeiten in den Sitzungen gestattet?
- Wechselt der Moderator zwischen verschiedenen Sitzungs-Orientierungen: aufgabenorientiert, ziel- und ergebnisorientiert, metaebenenorientiert?
- Sind Vorkehrungen für die „Phasenübergänge" getroffen worden, um dem CM-Rückgang gegenzusteuern? (Beispiel: Bei jedem Phasenübergang wechseln Teammitglieder in die nächste Phase. In der nächsten Phase finden gezielt Workshops statt, um den CM wieder voll auszubilden.)

Die Hauptaufgabe des Projektführungsteams besteht darin zu vernetzen und zu führen. Vernetzen heißt, die Vorstellungen (dies sind die Werte, Prinzipien, mentalen Landkarten) jedes Teammitgliedes mit den Vorstellungen der anderen Teammitglieder über den Collective Mind zu verbinden. Führen heißt, den Collective Mind mit dem Ausgangspunkt (der Aufgabenstellung) und dem Ziel (der Lösung also) so zu verbinden, dass das Team den Weg vom Ausgangspunkt zum Ziel findet.

Hier einige Beispiele:

- Wie wir gesehen haben, sollten Projektteams immer eine gewisse Heterogenität an Temperamenten enthalten. Neben eher aktiven, manchmal dominanten Mitgliedern (extravertierte Teammitglieder) wird das Team auch stille Mitglieder (introvertierte Teammitglieder) enthalten. Stille Teammitglieder kann man einbinden, indem man ihnen die Möglichkeit gibt, Aufgaben zu ihrer Expertise vorzubereiten und im Team vorzustellen. Damit wächst das Selbstvertrauen im Team und es besteht eine gute Chance, dass stille Teammitglieder zu aktiven Mitgliedern werden.
- Es wird sicherlich auch vorkommen, dass eher extravertierte Teammitglieder sich passiv verhalten. Da in diesem Falle zuerst von Desinteresse oder gar einer Abwehrhaltung auszugehen ist, empfiehlt sich ein persönliches Gespräch zwischen Teammitglied und Projektleiter. Dieses Gespräch wird gemeinsam von Projektleiter und Projektcoach vorbereitet. Nur in seltenen Fällen empfehlen wir die Teilnahme des Projektcoachs, damit die Dominanz des Führungsteams nicht zu groß ist.
- Extravertierte Teammitglieder können einen Workshop oder eine Projektsitzung zum Schaden des Projektes dominieren: ES__-Typen bringen sehr gerne Detail um Detail ein. EN_P-Typen verlieren sich gerne in Visionen. In beiden Fällen hilft ein klärendes Gespräch mit dem Projektführungsteam. Falls dies nicht genügt, wird es notwendig sein, dass der Moderator die Vorstellungen des Teammitgliedes immer wieder in den Kontext des Projektes stellt und verdeutlicht, auf welcher Ebene („Ziel-", „Was-", „Wie-Ebene") des CM man sich gerade befindet. Je nach Grad der Extraversion kann es zu einer Konfrontation kommen, die möglichst zeitnah in einer Meta-Sitzung aufzubereiten ist.
- Ein Workshop, der Neues kreieren soll, lebt von den unterschiedlichen Beiträgen der Teammitglieder. Es wird Beiträge geben, die den Einstieg in Neues vorbereiten, solche, die ein anderes Licht auf Vorhergehendes liefern oder Beiträge, die vom Weg abgekommen sind. Ein Team mit funktionierendem CM zeichnet

sich dadurch aus, dass es in der Lage ist, die Unterschiede in den Beiträgen zu finden. Das Team reguliert sich selbst. Die Zeit bis zum Aufbau eines CM ist die kritische Zeit für die Lösungsfindung. Eigeninteresse, Angst oder Arroganz bereiten den Nährboden für eine schlechte Aufnahmefähigkeit von Vorstellungen Anderer. Hier wird es notwendig sein, dass der Moderator (Projektleiter oder Projektcoach) besonders gut für die nötige Kohärenz in den Beiträgen sorgt:

Alle Beiträge werden aufgenommen, keiner der Beiträge wird fallengelassen. Alle Teammitglieder müssen das Gefühl haben, dass das Team sich ernsthaft mit ihren Beiträgen auseinandersetzt. Beiträge, deren Relevanz für das Projekt nicht sofort erkennbar sind, werden in einer Liste der offenen Punkte mitgeführt. Diese Liste ist Bestandteil des CM. In die Liste der offenen Punkte werde auch relevante Themen (Themen mit direktem Projektbezug wie auch Themen zu benachbarten Projekten oder Systemen) eingetragen, deren Behandlung in dem aktuellen Workshop eine Zerstückelung der Kommunikation hervorrufen würde.

In allen Fällen ist es unbedingt notwendig, dass jedes Teammitglied die Gründe für die Behandlung der Beiträge nachvollziehen kann: Zum Beispiel kommt ein Teilnehmer mit einzelnen Aspekten einer Lösung, die jedoch nicht zum Ablauf des Workshops passen. Er möchte eine Lösung vorwegnehmen, obwohl man sich gerade in der Aufnahme der Anforderungen zur Aufgabenstellung befindet. In diesem Fall ist es angebracht, allen Teammitgliedern den Prozess der Lösungsfindung in Erinnerung zu rufen, indem der Moderator von der aufgabenorientierten Moderation in die metaebenenorientierte Moderation wechselt.

- Die Vermeidung von Missverständnissen oder das Erzeugen von Verständnis zwischen den verschiedenen Vorstellungen der Teammitglieder ist der Schlüssel zur Vernetzung. Um Missverständnisse weitgehend auszuschließen, werden folgende Verfahren angewendet:
  – Visualisierung der „Ziel-", „Was-" und „Wie-Ebene" des CM. Hierbei ist es notwendig, dass zur Klärung des Verständnisses zwischen diesen Ebenen gewechselt wird: Beispiele aus dem Projekt helfen beim „Anfassen" der Vorstellungen.
  – Hinterfragen der Beiträge der Teammitglieder, insbesondere indem das Verständnis aller Teammitglieder zu einem Beitrag eingeholt wird.
  – Darlegung der Wertvorstellungen, Prinzipien sowie Interessen und Nutzenerwartungen aller Teammitglieder, die mit geäußerten Vorstellungen verbunden werden.

Die Gestaltung des Einflussfaktors „Vernetzung und Führung" wird durch das Prinzip **„Frage Dich, ob die Aktivitäten in Vernetzung und Führung für jedes Teammitglied Bedeutung und Wissen erzeugen"** bestimmt.

Kapitel 17
Fazit

Ein guter Projektleiter wird man durch das erfolgreiche Leiten von Projekten und durch das Lernen aus Misserfolgen. In diesem Sinne ist die Collective Mind Methode eine Methode, die Sie auf diesem Weg begleitet und Ihnen helfen soll, als Projektleiter früher erfolgreich zu sein.

Sollten Sie kein Projektleiter sein, dann kann Ihnen das vorliegende Buch helfen, die Prozesse und Rollen in einem Projekt besser zu verstehen. Damit können Sie als Stakeholder aktiv und zielorientiert in das Geschehen eingreifen.

Unser Anliegen ist es, die Bedeutung der weichen Faktoren in Projekten zu vermitteln und grundlegende Muster beim Wissenstransfer und bei der Wissensentstehung in Projektteams herauszuarbeiten. Damit haben wir die Voraussetzungen dafür geschaffen, dass Menschen, die in Projekten involviert sind, den Projekterfolg durch gezielte Verwendung dieser Größen erhöhen können.

Andererseits helfen die hier vorgestellten Zusammenhänge zu akzeptieren, dass es bestimmte Dinge gibt, die zwar subjektiv beeinflussbar zu sein scheinen, aber in Wirklichkeit unveränderbar sind. Es ist eine große Hilfe, wenn man weiß, dass ein bestimmter Temperamenttyp gewisse Merkmale hat, aber andere eben nicht. Ein Inventor wird sich schwer in die Rolle eines Controllers einfügen, ein Inspector wird nicht gleich beginnen, neue visionäre Projekte zu initiieren.

Daraus verallgemeinernd halten wir folgende Punkte fest:

- Der modernen Psychologie folgend, sehen wir es als fatal an, wenn Menschen ihre so genannten Schwächen ausmerzen sollen (häufig umschrieben mit dem Begriff „Entwicklungsfeld"), um in Rollen zu arbeiten, die ihnen nicht liegen. Dies bedeutet, dass diese Menschen nicht typengerecht eingesetzt werden und damit nicht effizient und erfolgreich arbeiten dürfen.
- Die Hauptaufgabe der Projektführung besteht darin, zu vernetzen und zu führen. Vernetzen heißt, die Vorstellungen aller Teammitglieder mit Hilfe des Collective Mind zu verbinden. Führen heißt, den Collective Mind mit der Aufgabenstellung und der Lösung so zu verbinden, dass das Team den Weg vom Ausgangspunkt zum Ziel findet. Der Collective Mind liefert also einerseits den Nordpol und andererseits den Kompass, um den Nordpol zu finden.

Was bedeutet das für Sie?

Wir möchten Sie ermutigen, sich der in dem Buch diskutierten Themen mit Neugier anzunehmen und selbst Erfahrungen zu sammeln. Spielen Sie mit den Größen!

Bestimmen Sie Ihren MBTI-Typ und lassen Sie Ihre Angehörigen ihren Typ bestimmen. Stimmt das Ergebnis mit Ihren Erfahrungen überein?

Überlegen Sie, wie das Bild, das Sie von Menschen haben, zustande gekommen ist. Was ist Hypothese? Was beruht auf Fakten? Vielleicht hat Ihnen schon die Geschichte mit dem Hammer und dem Nachbarn weitergeholfen.

Gibt es in Ihrem Projektumfeld Menschen, die nicht „typengerecht" arbeiten, die besser auf andere Rollen in einem Projekt passen? Glauben Sie nichts, was Sie in dieser Richtung nicht selbst nachvollzogen haben.

Wenden Sie die drei Ebenen des Collective Mind an: „Ziel-Ebene", „Was-Ebene" und „Wie-Ebene".

Sie werden nach kurzer Zeit die hier vorgestellten Muster wiederentdecken und feststellen, dass Wissenserzeugung und Wissenstransfer keine Black Box sind, sondern Regeln und Gesetzmäßigkeiten unterliegen. Dadurch werden Sie Ihr Projektumfeld besser verstehen lernen und auf Erfolgskurs bringen.

Last but not least: Teilen Sie uns Ihre Erfahrungen mit! Machen Sie den OK-Ampel-Test. Wir sind neugierig darauf, Ihre Sichtweise zu erfahren. Schreiben Sie uns unter info@collective-mind-methode.de.

Kapitel 18
Anhänge

MBTI-Typen

Die folgende Tabelle wurde aus (Philognosie 2009) übernommen, die englischen Begriffe wurden aus (Keirsey 1998) übertragen.

Tab. 1 Anhang: MBTI-Typologie

	_ST_	_SF_	_NF_	_NT_
I__J	ISTJ Präziser Analytiker (Inspector) gründlich, ruhig, sachlich	ISFJ Zuverlässiger Bewahrer (Protector) freundlich, gewissenhaft, verantwortlich	INFJ Besonnener Lehrer (Counselor) ausdauernd, interessiert, bestimmt	INTJ Intuitiver Denker (Mastermind) zielorientiert, kritisch, unabhängig
I__P	ISTP Praktischer Forscher (Crafter) kühl, analytisch, humorvoll	ISFP Loyaler Idealist (Composer) freundlich, sensibel, bescheiden	INFP Nachdenklicher Idealist (Healer) reflektiert, gebildet, interessiert	INTP Theoretiker (Architect) scharfsinnig, analytisch, zurückhaltend
E__P	ESTP Praktiker (Promotor) sachlich, direkt, zufrieden	ESFP Troubleshooter (Performer) aufgeschlossen, freundlich, entgegenkommend	ENFP Menschenkenner (Champion) geistreich, neugierig, selbstbewusst	ENTP Ideenreicher Initiator (Inventor) schnell, neugierig vielseitig
E__J	ESTJ Organisator (Supervisor) umsichtig, praktisch machtbewusst	ESFJ Vermittler (Provider) beliebt, gewissenhaft, aktiv	ENFJ Optimist (Teacher) interessiert, harmonisch, verantwortlich	ENTJ Erfolgreicher Führer (Field Marshal) sprachgewandt, interessiert, selbstbewusst

Glossar

Tab. 2 Anhang: Glossar

Begriff	Erläuterung
Big Five	Big Five ist ein Persönlichkeitsmodell mit den folgenden fünf Dimensionen: Neuroticism, Extraversion, Originality, Accomodation, Consolidation (Howard u. Mitchell Howard 2008).
Business-IT Alignment	Business-IT Alignment bezeichnet die gegenseitige Ausrichtung von Business und IT hinsichtlich Geschäftsmodell, Geschäftsstrategie, Geschäftsprozessen und Geschäftsarchitektur, um das Unternehmensziel zu erreichen.
Change Management	Unter Change Management (Veränderungsmanagement) lassen sich alle Aufgaben, Maßnahmen und Tätigkeiten zusammenfassen, die eine umfassende, bereichsübergreifende und inhaltlich weitreichende Veränderung – zur Umsetzung von neuen Strategien, Strukturen, Systemen, Prozessen oder Verhaltensweisen – in einer Organisation bewirken sollen. (Wikipedia 2009)
	Change Management umfasst nicht die Maßnahmen, die mit der Veränderung der emotionalen Basis und der mentalen Landkarten eines Menschen verbunden sind.
	Change Management betrifft also das mit den situativen Änderungen verbundene Management (im Gegensatz zu Transition Management). „Change is situational: the move to new site, the retirement of the founder, the reorganization of the roles in a team, the revision to the pension plan." (Bridges 2003)
Charakter	Nach Keirsey bestimmt das Temperament die Neigung zur Lebensführung, während der Charakter die Lebensgewohnheiten bestimmt. Charakter beschreibt die verliehenen Merkmale, Temperament ist veranlagt. Vergleicht man das Gehirn mit einem Computer, so wäre das Temperament die Hardware und der Charakter die Software.
	„Temperament is a configuration of inclinations, while character is a configuration of habits. Character is disposition, temperament is pre-disposition." (Keirsey 1998)
	Keirsey behauptet, dass Eigenschaften des Temperamentes vordisponiert seien. Das Erkennen des Temperamentes ermöglicht es den Eltern, die Erkenntnisse zur typgerechten Erziehung ihrer Kinder zu nutzen. Kinder sollten dementsprechend von Anfang an unterschiedlich behandelt werden. Kein Erziehen, „Formen" oder gar traumatisches Erlebnis könne diesen Unterschied ändern. Bei der Erziehung sollte nicht versucht werden, die Kinder in das Temperament der Eltern zu pressen, sondern individuell gefördert werden (Wikipedia 2009).
	Keirsey schreibt hierzu: „Damit hätten wir die vier Reiter [der Apokalypse der Kindheit]: nicht Pest, Hungersnot, usw., sondern Einmischung, Unzugänglichkeit, Fehleinschätzung und Ablehnung, die dem elterlichen Wohlwollen entspringen und auf der unbewussten Annahme von Gleichheit beruhen." (Keirsey 1998)

Tab. 2 (Fortsetzung)

Begriff	Erläuterung
Charakter einer Organisation	„Charakter einer Organisation (Organisationscharakter) ist das typische Klima einer Organisation; die Persönlichkeit einer bestimmten Organisation; die DNA-Struktur einer Organisation. Der Organisationscharakter ist das Grundgefühl und für bestimmte Handlungsmuster verantwortlich." (Bridges 1998)
	Der Charakter einer Organisation wird mittels des MBTI-Fragenkataloges von Bridges ermittelt.
	Wir verwenden im Buch den Begriff Temperament einer Organisation (statt Charakter einer Organisation), um die Nähe zu den Personen-Temperamenten zu unterstreichen.
Collective Mind	Der Collective Mind ist ein Operator, ein mentales Werkzeug, mit dem die Energien und Vorstellungen aller Teammitglieder gebündelt werden, damit das Team den Weg von der Aufgabenstellung zum Ziel findet und geht.
Debriefing	Debriefing bezeichnet das Gegenteil von Briefing, also die ausführliche Darstellung eines Sachverhalts. Gemeint ist hier die Nachbetrachtung eines Projektes oder von Projektabschnitten. Debriefing ist eine Form einer Meta-Sitzung.
Dimension	Dimension bezeichnet einen Aspekt einer Typologie: Das „Gegensatz"-Paar Extraversion – Introversion der MBTI-Typologie stellt eine Dimension dieser Typologie dar.
Domäne	Eine Domäne bezeichnet allgemein einen Bereich, hier meinen wir speziell den Begriff Fachgebiet. Eine Domäne zeichnet sich durch eine domänen-spezifische Ontologie aus.
Einflussfaktor	Ein Faktor, der die Bildung eines Collective Mind beeinflusst.
Emotionale Stabilität	Die emotionale Stabilität ist die gefühlte Zufriedenheit von Stakeholdern. Beispiel: Treffen sich zwei Stakeholder nach einer Projektteamsitzung zufällig im Supermarkt, kommen auf das Projekt zurück und sprechen positiv darüber, so liegt emotionale Stabilität vor. Wir möchten betonen, dass wir mit emotionaler Stabilität hier nicht den Begriff „Neuroticism" aus dem Big-Five-Persönlichkeitsmodell meinen.
Erfolgsfaktor	Ein Faktor, der angibt, ob ein Projekt unter einem bestimmten Aspekt erfolgreich ist. Beispielsweise ist der Erfolgsfaktor „Zeit und Kosten eingehalten" dann positiv erfüllt, wenn ein Projekt im vereinbarten Zeit- und Kostenrahmen abgeschlossen wurde. Wenn alle in diesem Buch definierten Erfolgsfaktoren erfüllt sind, wird ein Projekt üblicherweise als erfolgreich angesehen.
Erweitertes Team`	Das erweiterte Team besteht aus dem Kernteam und Personen, die zu bestimmten Aspekten einer Lösung herangezogen werden. Das erweiterte Team kann in Form von Einzentren-Organisation, Satelliten-Organisationen oder Multizentren-Organisationen organisiert sein.

Tab. 2 (Fortsetzung)

Begriff	Erläuterung
Führung	„Führung ist die soziale Einflussnahme zu dem Zweck, dass Menschen ihre eigenen Belange für eine gewisse Zeit zurückstellen, um ein gemeinsames Ziel zu verfolgen, das wichtig ist für die Pflichten und das Wohlergehen der Gruppe." (Howard u. Mitchell Howard 2008)
	Führen heißt, den Collective Mind mit der Aufgabenstellung und der Lösung so zu verbinden, dass das Team den Weg vom Ausgangspunkt zum Ziel findet.
Führungskraft	Eine Führungskraft arbeitet mit den Methoden des Managements, um Menschen zu führen.
ganzheitlich	Ganzheitliches Denken berücksichtigt alle wesentlichen Elemente eines Systems sowie deren Wechselwirkung. Der Collective Mind ist ein Operator für ganzheitliches Denken.
GPM	GPM Deutsche Gesellschaft für Projektmanagement e.V.: http://www.gpm-ipma.de
Heuristik	Eine Heuristik ist eine intuitive, methodisch nicht unbedingt abgesicherte Herangehensweise zur Lösung einer Aufgabenstellung. Heuristiken können gute Lösungen liefern, insbesondere dann, wenn Probleme durch bekannte Lösungsansätze nicht gelöst werden können. Heuristiken erfordern ein intuitives Verstehen des Aufgabengebiets und eine hinreichend gute Erfahrung auf diesem Gebiet.
Innovation	Innovation ist die Schaffung von Neuem durch Personen oder Organisationen für Personen und Organisationen. Ob man von einer Innovation spricht, hängt also vom Bezugspunkt der Personen oder Organisationen ab: Die Entwicklung eines Megabit-Chips war sicherlich in den 90er Jahren für eine osteuropäische Firma eine Innovation, für Intel jedoch nicht.
Innovative Lösung	Eine innovative Lösung liegt vor, wenn diese bis dato in einem bestimmten Personenkreis (oder generell) nicht existiert hat, neue Methoden oder Verfahren hervorbringt oder ein neuartiges Ergebnis erzielt.
Kernteam	Das Kernteam bezeichnet den Teil eines Projektteams, der mindestens notwendig ist, um die Projektaufgabe zu lösen. Das Kernteam sollte sich regelmäßig treffen und möglichst keinen personellen Fluktuationen unterworfen sein. Falls das doch der Fall ist, sind neue Mitglieder durch den Collective Mind in die Projektaufgabe einzuarbeiten.
Kick-off-Meeting	Erstes und wegweisendes Meeting eines Projektes, auf dem die Schwerpunkte des Projektes festgelegt werden.
Kohärenter Wissenstransfer	Ein gleichgerichteter Transfer von Wissen zwischen Menschen (beispielsweise in einem Projekt). Das Wissen wird von allen Beteiligten gleichermaßen verstanden oder ruft das gleiche Bild hervor.

Tab. 2 (Fortsetzung)

Begriff	Erläuterung
Kohärenz	In einem Projekt liegt Kohärenz vor, wenn das Projektsetting, die Aufgabenstellung und das Projektumfeld zueinander passen.
Komplex	Komplex heißt eigentlich „zusammengesetzt". Gemeint ist ein materieller oder immaterieller Gegenstand, der aus mehreren Teilen oder Größen besteht, deren Zusammenwirken in Hinblick auf die Ausbildung des Gegenstands sich nicht oder nur sehr schwer erschließt. Hier helfen Modelle, die durch Abstraktion die wesentlichen Eigenschaften des Gegenstands sichtbar und beherrschbar machen.
	Beispiel ideales Gas: Eine Zustandsbeschreibung des Gases mittels Lösung aller Bewegungsgleichungen der jeweiligen Moleküle ist sehr aufwändig. Der Zustand kann aber durch die Zustandsgleichung eines idealen Gases $pV=nRT$ sehr einfach und exakt beschrieben werden. Die Herleitung dieser Gleichung beruht dabei auf einem einfachen kinetischen Modell.
Komplexität	„Unter Komplexität versteht man die Tatsache, dass reale Systeme ungeheuer viele Zustände aufweisen können. Selbst in noch relativ einfachen Fällen ist die Komplexität meistens größer, als man erfassen kann." Komplexität wird in Varietät gemessen. Varietät ist die Anzahl der unterscheidbaren Zustände eines Systems. (Malik 2006b)
Konstruktivistisch	Begriff aus dem Konstruktivismus: Der Konstruktivismus geht von der Annahme aus, dass jeder Mensch seine Wirklichkeit konstruiert; jeder Mensch macht sich also ein eigenes Modell von seiner Umgebung und den anderen Menschen. In diesem Sinne gibt es keine absolute Wirklichkeit, die alle Menschen per se erkennen (können). Eine konstruktivistische Sichtweise dient beispielsweise dazu, Beziehungen zwischen Menschen sowie Mensch und Umgebung aus dem Blickwinkel des Konstruktivismus zu beurteilen.
Kybernetik	„Kybernetik ist die Wissenschaft von der Kontrolle von Systemen. Kontrolle wird hier im Sinne von Beherrschung, „unter Kontrolle haben" verwendet." (Malik 2006b)
Landkarte	Landkarte bezeichnet im neurolinguistischen Modell die Repräsentation der von uns erfahrenen Welt in uns. Die Begriffe Landkarte und mentales Modell sind Synonyme.
Leader	„Menschen haben sehr viel Energie, wir können auch sagen: Möglichkeiten …..Und hier setzen Leader ein: Sie bündeln Möglichkeiten. Führung bündelt Energie. Wirkungsvolle Leader sind effektiv, weil sie verschiedene Möglichkeiten für ein Ziel zusammenbringen. Sie verhindern, dass Energie ziellos vergeudet wird." (Grundl u. Schäfer 2007).
	Ein Leader ist eine wirksame Führungskraft.

Tab. 2 (Fortsetzung)

Begriff	Erläuterung
Leadership	Leadership umfasst alle besonderen Merkmale einer Führungskraft, mit der es ihr gelingt, andere von den eigenen Visionen, Zielen, Werten oder Handlungsweisen zu überzeugen und damit Vorbild zu sein. (Business-Wissen 2008).
LifeScience	LifeScience bedeutet „Lebenswissenschaft". Hierbei handelt es sich um einen Zweig der Wissenschaft, der sich mit Vorgängen beschäftigt, an denen Lebewesen beteiligt sind. Dies sind insbesondere die Pharmaindustrie, die Pflanzenschutzmittelindustrie und verschiedene Formen der Biotechnologie.
Management	„Die Führung von Menschen ist... ein Teil von Management, aber es gehört viel mehr dazu, nämlich die Gestaltung, Entwicklung und Lenkung einer Institution in ihrer Gesamtheit. ... Management ist der Beruf, der die Institutionen einer modernen Gesellschaft wirksam macht, und es ist der Managementanteil an jedem Beruf, der die Menschen innerhalb der Institutionen wirksam werden lässt." (Malik 2006a).
Manager	Ein Manager übt den Beruf oder die Funktion „Management" aus.
MBTI	Der Myers Briggs Type Indicator ist ein Persönlichkeitsmodell mit den vier Temperamentdimensionen Extraversion/Introversion, Sensing/Intuition, Feeling/Thinking, Judging/Perceiving.
Mentale Modelle	Der Begriff „mentale Modelle" wurde von Peter Senge (Senge 2001) geprägt und bezeichnet die persönliche, mentale Repräsentation von der erfahrenen Umwelt (Oswald 2006). Mentale Modelle sind synonym zu den neurolinguistischen Landkarten.
Messbarkeit	Unter Messbarkeit verstehen wir das Vergleichen von Größen. Das setzt voraus, dass diese Größen durch bestimmte Skalen oder Kategorien beschrieben werden können.
Meta-Wissen	Meta-Wissen ist Wissen, das aus einem Kontext herausgezogen wurde und zu Wissen über Wissen abstrahiert wird. Das vorliegende Buch ist Meta-Wissen, das aus Projekten gezogen wurde und vom Projektkontext abstrahiert wurde.
Methode	Methode ist ein nach Mittel und Zweck planmäßiges Verfahren, das zu technischer Fertigkeit bei der Lösung theoretischer und praktischer Aufgaben führt. (Oswald 2005).
Methodik	Unter Methodik verstehen wir eine Sammlung von Methoden.
Metrik	Eine Metrik bestimmt das Messungen zugrunde liegende Maß und beinhaltet damit auch implizit die Messvorschrift.
Modell	Modell bezeichnet die Abbildung eines Objektes oder Systems, wobei lediglich relevante Züge modelliert werden. Die Darstellung der objekthaften Bestandteile tritt hinter der Darstellung ihrer relational-funktionalen Beziehungen zurück. (Oswald 2005)

Tab. 2 (Fortsetzung)

Begriff	Erläuterung
Muster	Muster sind wiederkehrende, abstrakte Strukturen, die als solche erkannt werden und mit Inhalt gefüllt als Bausteine von Systemen zum Einsatz kommen. (Oswald 2005).
Ontologie	Eine Ontologie systematisiert grundlegende Typen von Entitäten (Gegenstände, Eigenschaften, Prozesse) und ihre strukturellen Beziehungen (Wikipedia 2009). Eine Ontologie schließt damit eine Semantik ein, und geht in der Ausgestaltung struktureller Beziehungen darüber hinaus.
Persönlichkeit	Der Begriff Persönlichkeit bezeichnet die Gesamtheit dessen, was ein Individuum ausmacht. In der Psychologie bezieht der Begriff sich auf die relativ zeitstabilen Verhaltensbereitschaften eines Menschen entsprechend seiner Persönlichkeitseigenschaften. Eigenschaften sind Verhaltensdispositionen (-tendenzen), denen eine Person über verschiedene Situationen und einen längeren Zeitraum hinweg folgt (situations- und zeitstabil). (Wikipedia 2009)
	Wir bezeichnen unter Persönlichkeit alle Eigenschaften, die eine Person ausmachen; hierzu gehören Temperament, Charakter, Talent, Erfahrung, Intelligenz usw.
PMI	Project Management Institute, Inc. ist das amerikanische Institut, das die Projektmanagement-Standards von ANSI setzt: www.pmi.org.
Prinzip	Prinzip bezeichnet Einsichten, Normen und Ziele, die methodisch am Anfang eines theoretischen Aufbaus oder Systems stehen. Prinzip ist je nach Anwendungsbereich ein Synonym für Grundsatz, Grundnorm oder Grundregel. (Oswald 2005)
Projekt	Ein Vorhaben, bei dem innerhalb einer definierten Zeitspanne ein definiertes Ziel erreicht werden soll, und das sich dadurch auszeichnet, dass es im Wesentlichen ein einmaliges Vorhaben ist. (DIN 6990 nach Wikipedia 2009)
	„A project is a temporary endeavour undertaken to create a unique product, service, or result." (PMI 2004)
Projektleitertyp	Der Projektleitertyp ist der MBTI-Typ des Projektleiters.
Projektmanagement	„Projektmanagement umfasst die Planung, Organisation und Steuerung der Unternehmensressourcen im Hinblick auf ein relativ kurzfristiges Ziel, das aufgestellt wurde, um bestimmte Endziele zu erreichen. Außerdem nutzt Projektmanagement den systemischen Management-Ansatz, bei dem Fachpersonal (vertikale Hierarchie) einem bestimmten Projekt (horizontale Hierarchie) zugeordnet wird." (Kerzner 2008)
	„Project management is the application of knowledge, skills, tools and techniques to project activities to meet project requirements." (PMI 2004)

Tab. 2 (Fortsetzung)

Begriff	Erläuterung
Projektphase	Eine Projektphase beschreibt einen zeitlichen Abschnitt mit bestimmten charakteristischen Eigenschaften innerhalb eines Projektes.
Projekttemperament	Das Projekttemperament gibt das nach Bridges definierte MBTI-Temperament (Charakter) der Organisation „Projekt" an.
Projekttyp	Je nach Aufgabenstellung kann ein Projekt einen unterschiedlichen Typus haben. In diesem Buch unterscheiden wir: Erfinderprojekt (innovative Aufgabe für einen kleinen Stakeholderkreis), Missionarsprojekt (innovative Aufgabe für einen großen Stakeholderkreis), Baumeisterprojekt (Aufgabe mit hohem Managementgrad für einen großen Stakeholderkreis), Zimmermannsprojekt (Standardaufgabe für einen kleinen Stakeholderkreis). Projekttyp und Projekttemperament werden oft synonym verwendet, auch wenn einem Projekttyp mehrere Projekttemperamente zugeordnet sind (siehe Tabelle 16.3).
Risikomanagement	„Risikomanagement ist die Art und Praxis, mit Risiko umzugehen. Sie beinhaltet die Planung und Einschätzung (Identifikation und Analyse) von Risiken, die Entwicklung von Strategien zum Umgang mit dem Risiko, die Überwachung von Risiken und die Beurteilung dessen, wie sich Risiken verändert haben." (Kerzner 2008)
Schema	Ein Schema ist eine auf einem Modell basierende, standardisierte Vorgehensweise, die Reproduzierbarkeit sicherstellt.
Semantik	Semantik ist die Lehre von der Bedeutung von Worten.
Signatur	Signatur bezeichnet das Vier-Buchstaben-Kürzel eines MBTI-Temperamentes, also z.B. ISTJ.
SOP	SOP steht für Standard Operating Procedure, also ein Vorgehen nach bestimmten festgelegten, dokumentierten Schritten. In der Life-Science-Industrie werden SOPs verwendet, um die Entwicklung und Produktion von Medikamenten oder Pflanzenschutzmitteln qualitativ abzusichern.
Stakeholder	Stakeholder sind alle Anspruchsberechtigten einer Sache. Hierbei liegt die Betonung auf generellem Interesse und nicht nur auf dem rein finanziellen Anteil (im Gegensatz zum Shareholder). Beispielsweise sind in börsennotierten Aktiengesellschaften die Stakeholder die Anteilseigner (Shareholder), die Mitarbeiter, das Management und die Kunden. So besitzen die Kunden nicht notwendigerweise Firmenanteile, haben aber ein hohes Interesse daran, dass die Produkte der Firma ihren Anforderungen genügen. (Wikipedia 2009)

Tab. 2 (Fortsetzung)

Begriff	Erläuterung
Stärken	Wir sprechen von einer Stärke, die eine Person hat, wenn die drei Aspekte Talent, Wissen sowie Können und Fertigkeiten in einer (Persönlichkeits-) Eigenschaft zusammenkommen: Talente sind hierbei auf natürliche Weise wiederkehrende Denk-, Gefühls- und Verhaltensmuster. Wissen besteht aus dem Erlernten aufgrund von Tatsachen und Lektionen. Können und Fertigkeiten sind die Schritte einer Tätigkeit. (Buckingham u. Clifton 2007)
Struktur	Unter Struktur (eines Systems) verstehen wir die Menge aller Muster, die die Elemente eines Systems aufgrund ihrer Wechselwirkung herausbilden und das System in seinem Aufbau wesentlich charakterisieren.
System	Ein System ist eine Gesamtheit von Elementen, die so aufeinander bezogen sind und in einer Weise wechselwirken, dass sie als eine aufgaben-, sinn- oder zweckgebundene Einheit angesehen werden können und sich in dieser Hinsicht gegenüber der sie umgebenden Umwelt abgrenzen. (Wikipedia 2009) Ein System lässt sich durch seine Architektur, das zugrundeliegende Modell, seine Operationen und die verwendeten Prinzipien und Muster beschreiben. (Oswald 2007)
Systemische Umgebung	Mit dem Begriff „systemische Umgebung" betonen wir die Einbettung eines Systems in seine Umgebung und die daraus resultierende, gegenseitige Wechselwirkung. Da die Wechselwirkung gegenseitig ist, ändert sowohl das System die Umgebung als auch die Umgebung das System. Es entsteht ein „neues" System und eine „neue" Umgebung.
Technologie	Unter Technologie verstehen wir den Einsatz von technischen Werkzeugen und Systemen sowie deren Auswahl und Strukturierung zur Erstellung einer Lösung.
Temperament	Das Temperament beschreibt die Art und Weise, wie ein Lebewesen agiert und reagiert, seinen Verhaltensstil also. Dieser ist tief verankert und setzt sich aus emotionalen, motorischen, aufmerksamkeitsbezogenen Reaktionen und der Selbstregulierung zusammen. Der Begriff umschreibt relativ konstante, daher typische Merkmale des Verhaltens wie Ausdauer, Reizschwelle, Stimmung, Tempo. (Wikipedia 2009) Wir bestimmen das Temperament durch den MBTI. Man siehe hierzu auch den Begriff Charakter.
Transition Management	Transition bezeichnet die psychologischen Herausforderungen, vor denen Personen stehen, die einem Änderungsprozess (Change Process) ausgesetzt sind. Transition Management bezeichnet nach Bridges (Bridges 2003) die professionelle Hilfe, die man Personen zukommen lässt, die einen Änderungsprozess erfahren.

Tab. 2 (Fortsetzung)

Begriff	Erläuterung
Typisierung	Eine Typisierung ist die Charakterisierung von Größen nach bestimmten Kriterien.
Typologie	Eine Typologie beschreibt die Methodik, nach denen Typisierungen vorgenommen werden.
Universalquantor	Ein Quantor ist ein Operator, der Größen bestimmte Eigenschaften zuweist. Beispielsweise gibt der Existenzquantor an, dass eine Größe existiert und eine bestimmte Eigenschaft hat. Unter Universalquantor verstehen wir hier Quantoren wie „alle", „immer", „nie".
Unternehmenscharakter	Der Unternehmenscharakter ist der Charakter eines Unternehmens im Sinne eines Organisationscharakters nach Bridges.
Unternehmenskultur	„Unternehmenskultur definiert man unterschiedlich, aber man ist sich darin einig, dass sie mit den Wertsystemen und Glaubenssätzen innerhalb eines Unternehmens zu tun hat. Wer die Unternehmenskultur in einer Organisation untersucht, interessiert sich für Rituale, Symbole und überlieferte Geschichten, die im Unternehmen kursieren. Anthropologen haben darauf hingewiesen, dass eine Kultur sich klarer in unbewussten Ritualen und „Kunsterzeugnissen" äußert als in offiziellen Verlautbarungen." (Bridges 2003)
Vorgehensmodell	Ein Vorgehensmodell ist ein Modell, das ein bestimmtes Vorgehen zur Lösung einer Projektaufgabe beschreibt.
Werte	Werte oder besser Wertvorstellungen sind Vorstellungen (siehe auch mentale Modelle oder Landkarten) über Eigenschaften, die Dingen, Ideen, Beziehungen von einzelnen Personen oder von sozialen Gruppen oder von einer Gesellschaft beigelegt werden, und die den Wertenden wichtig und wünschenswert sind (Wikipedia 2009). Regeln und Normen basieren auf Werten.
Wirkstoff	Eine chemische Substanz (Molekül), welche die Wirkung eines Medikaments verursacht. Der Wirkstoff wird in nicht wirksame Komponenten physikalisch eingebunden, die vom Menschen eingenommen werden können. Beispielsweise kann derselbe Wirkstoff als Saft, Tablette oder Zäpfchen verabreicht werden.
Wissen	Wissen ist gelernte Information. Information ist eine in einem Sinnzusammenhang (Kontext) interpretierbare Datenmenge.
Wissensmanagement	Wissensmanagement ist der systematische und zielgerichtete Umgang mit Wissen.

OK-Ampel-Test

Tab. 3 Anhang: OK-Ampel Test

Einflussfaktor	Fragen	-5	-4	-3	-2	-1	0	1	2	3	4	5	Fitting	Einbettung	Kohärenz	Stabilität
Erfahrung und Kompetenz																
	Gibt es für alle Themengebiete Experten?	für kein									für alle		2*Wert	0	0	0
	Ist jeder Experte Eigner seines Themengebietes? Eigner heißt, dass er sein Fachgebiet kompetent mit Entscheidungen vertreten will und auch den nötigen Rückhalt in der Organisation hat.	keiner										alle	8*Wert	0	0	0
	Arbeiten alle Experten im Sinne des Ganzen?	nein										ja	10*Wert	0	0	0
Temperament																
	Sind die MBTI-Typen der Teammitglieder bekannt?	nein										ja	0	0	1*Wert	0

Tab. 3 (Fortsetzung)

Einfluss-faktor	Fragen	−5	−4	−3	−2	−1	0	1	2	3	4	5	Fitting	Einbettung	Kohärenz	Stabilität
	Ist der MBTI-Typ des Projektleiters bekannt und entspricht er dem Ideal-Typus?	nein										ja	0	0	5*Wert	0
	Verfügt das Projektteam über einen passenden Projektcoach?	nein										ja	0	0	5*Wert	0
Teamhete-rogenität																
	Verfügt das Projektteam über eine passende MBTI-Heterogenität? (Ist die Typenkonstellation bekannt?)	nein										ja	10*Wert	0	0	0
Projekt-organisa-tion																
	Besteht ein festes Kernteam?	nein										ja	0	0	10*Wert	0
	Gibt es ein Team (also keine Satellitenteams)?	nein										ja	0	0	5*Wert	0

Tab. 3 (Fortsetzung)

Einfluss-faktor	Fragen	-5	-4	-3	-2	-1	0	1	2	3	4	5	Fitting	Einbettung	Kohärenz	Stabilität
	Ist der Projekttyp bekannt?	nein										ja	0	0	1*Wert	0
	Passt der Projekttyp zum Typ des Projektleiters?			nein								ja	0	0	10*Wert	0
Einbettung in Organisation																
	Besteht genügend Zeit im Projekt?	nein										ja	0	3*Wert	0	0
	Sollen mit dem Projekt langfristige Veränderungsprozesse initiiert werden und wird dieser Übergang zum Neuen aktiv geführt?			nein								ja	0	5*Wert	0	0
	Soll das Ergebnis des Projektes ein begrenztes Arbeitsumfeld unterstützen?	unbegrenzt									begrenzt		0	10*Wert	0	0

Tab. 3 (Fortsetzung)

Einfluss-faktor	Fragen	-5	-4	-3	-2	-1	0	1	2	3	4	5	Fitting	Einbettung	Kohärenz	Stabilität
	Sind die Interessen und Ziele der beteiligten Organisation bekannt?	nein										ja	0	10*Wert	0	0
	Ist das Organisationstempera-ment der beteiligten Organisationen bekannt?			nein								ja	0	3*Wert	0	0
	Werden die Organisationen über „inoffizielle" Teams einge-bunden? (Z.B. Teammitglieder diskutieren „inoffiziell" die Arbeit des Projektteams in ihrer Abteilung.)					inoffiziell					offiziell		0	10*Wert	0	0
	Liegt seitens der beteiligten Organisationen am Projekt ein klares Commitment bzgl. der verantwortlichen Repräsentanz der Teammitglieder vor? Können diese Entscheidungen im Namen der Organisation treffen oder sind diese nur „Statthalter"?	klares Commitment								kein klares Commitment			0	10*Wert	0	0

Tab. 3 (Fortsetzung)

Einfluss-faktor	Fragen	−5	−4	−3	−2	−1	0	1	2	3	4	5	Fitting	Einbettung	Kohärenz	Stabilität
Stakeholder																
	Sind alle Stakeholder persönlich bekannt?	nein										ja	0	8*Wert	0	0
	Sind die Funktionen und Aufgaben der Stakeholder bekannt?	nein										ja	0	2*Wert	0	0
	Sind die Interessen und Ziele der Stakeholder bekannt und dokumentiert? Gibt es pro Stakeholder Kriterien für den Erfolg des Projektes?	nein										ja	0	10*Wert	0	0
	Sind die Prinzipien der Lösung allen externen Stakeholdern bekannt und werden sie von diesen akzeptiert?	nicht bekannt									bekannt		0	10*Wert	0	0

Tab. 3 (Fortsetzung)

Einfluss-faktor	Fragen	-5	-4	-3	-2	-1	0	1	2	3	4	5	Fitting	Einbettung	Kohärenz	Stabilität
Lösungs-strategie																
	Werden Themen selten oder oft divergent, also ohne Zielorientierung, diskutiert?	oft divergent									selten divergent		0	0	0	10*Wert
	Wie oft gibt es (nie, selten, oft) emotionale Meinungsverschiedenheiten?					oft						nie	0	0	0	10*Wert
	Liegt ein CM in Form einfacher Bilder, Metaphern oder Aussagen vor?					nein						ja	0	0	0	10*Wert
	Erfolgt die Moderation so, dass Alternativen zu Themen betrachtet werden (Bewusstes „Laufenlassen" von Diskussionen.)					nein						ja	10*Wert	0	0	0
	Verwenden alle Teammitglieder die gleiche Sprachbasis?					nein						ja	0	0	0	10*Wert
	Werden alle Arbeitsergebnisse für alle sichtbar in den Sitzungen visualisiert?					nein						ja	10*Wert	0	0	0

Tab. 3 (Fortsetzung)

Einfluss-faktor	Fragen	-5	-4	-3	-2	-1	0	1	2	3	4	5	Fitting	Einbettung	Kohärenz	Stabilität
	Sind die Prinzipien, die der Lösung zugrunde liegen, **bekannt**?	nein										ja	10*Wert	0	0	0
	Werden die Prinzipien der Lösung von allen Teammitgliedern akzeptiert?	nein										ja	0	0	0	10*Wert
Präsenz																
	Gibt es größere Fluktuationen in dem Team?	größere Fluktuationen					keine Fluktuationen						0	0	10*Wert	0
	Finden regelmäßige Teamsitzungen statt?	nein										ja	0	0	10*Wert	0
	Finden regelmäßige „Projektrituale" statt? (Hierzu gehören die Rekapitulation der Ergebnisse der letzten Sitzung, die Wiederholung neuer Begriffe und deren Bedeutung, die regelmäßige Durchführung eines Projektcontrollings im Team.)	nein										ja	0	0	10*Wert	0

Tab. 3 (Fortsetzung)

Einfluss-faktor	Fragen	−5	−4	−3	−2	−1	0	1	2	3	4	5	Fitting	Einbettung	Kohärenz	Stabilität
Transparenz																
	Ist eine vertrauensvolle Offenheit vorhanden? (Gibt es Themen, die nicht angesprochen werden?)	nein										ja	0	0	10*Wert	0
	Gibt es Animositäten zwischen Projektteammitgliedern?	nein										ja		0	0	10*Wert	0
	Gibt es versteckte Agenden?	versteckte Agenden								keine versteckten Agenden		ja	0	0	10*Wert	0
	Sind die Motive und Gründe, weshalb die Projektteammitglieder im Team sind, bekannt?	nein										ja		0	0	10*Wert	0
	Ist die langfristige Zukunft des Projektes nach Fertigstellung des Ergebnisses bekannt?	nein										ja		0	0	10*Wert	0
	Ist die Umsetzung der Lösung in Schritten/Paketen definiert? Sind Zwischenziele (Meilensteine) definiert?											ja	0	0	5*Wert	0

Tab. 3 (Fortsetzung)

Einflussfaktor	Fragen	-5	-4	-3	-2	-1	0	1	2	3	4	5	Fitting	Einbettung	Kohärenz	Stabilität
	Wird die Projektplanung regelmäßig in den Sitzungen aktualisiert? Sind Meilensteine und Kosten bekannt?	nein										ja	0	0	5*Wert	0
	Werden offene Aktivitäten transparent festgehalten, kommuniziert und bei Nichteinhaltung von Kosten, Zeit und Qualität „bestraft"?					nein						ja	0	0	5*Wert	0
	Gibt es separate, versteckte Planungen für Subteams, z.B. für IT und Anwender?			separate Planung						keine separate Planung			0	0	5*Wert	0
Vernetzung und Führung	Ist das Projektklima stark rational oder stark beziehungsorientiert?			beziehungsorientiert							rational		0	0	5*Wert	0

Tab. 3 (Fortsetzung)

Einfluss-faktor	Fragen	−5	−4	−3	−2	−1	0	1	2	3	4	5	Fitting	Einbettung	Kohärenz	Stabilität
	Sind die mentalen Prinzipien der Teammitglieder dem Projektleiter und dem Projektcoach bekannt?	nein										ja	0	0	5*Wert	0
	Werden bei Unstimmigkeiten „Meta-Sitzungen" abgehalten?	nein										ja	0	0	5*Wert	0
	Fördert der Moderator andere Sichtweisen der Teammitglieder?	nein										ja	0	0	5*Wert	0
	Werden den Teammitgliedern längere themenbezogene Darstellungsmöglichkeiten in den Sitzungen gestattet?	nein										ja	0	0	5*Wert	0
	Wechselt der Moderator zwischen verschiedenen Sitzungs-Orientierungen: aufgabenorientiert, ziel- und ergebnisorientiert, metaebenenorientiert?	nein										ja	0	0	5*Wert	0

Tab. 3 (Fortsetzung)

Einfluss-faktor	Fragen	−5	−4	−3	−2	−1	0	1	2	3	4	5	Fitting	Einbettung	Kohärenz	Stabilität
	Sind Vorkehrungen für die „Phasenübergänge" getroffen worden, um dem CM-Rückgang gegenzusteuern? (Beispiel: Bei jedem Phasenübergang wechseln Teammitglieder in die nächste Phase. In der nächsten Phase finden gezielt Workshops statt, um den CM wieder voll auszubilden.)	nein										ja	0	0	0	5*Wert
Score																
Prozent																

Die Auswertung ergibt sich wie folgt:

- Beurteilen Sie jeweils eine Frage auf der Skala von −5 bis +5.
- Multiplizieren Sie diesen Wert mit dem Gewicht der Frage: z. B. ergibt sich für den Wert der ersten Frage +5, wenn für alle Themengebiete Top-Experten vorhanden sind. Diese Frage trägt damit zu 2*5 (Faktor * Wert) zur Temperamentdimension Fitting bei.
- Führen Sie diese Auswertung für alle Fragen durch und addieren Sie die Gesamtsumme jeder der vier Temperamentdimensionen: Fitting, Einbettung, Kohärenz, Stabilität.
- Setzen Sie die Gesamtsumme pro Temperamentdimension ins Verhältnis zur maximal erreichbaren Summe pro Temperamentdimension. Die Maximalsummen sind: 300 für Fitting, 405 für Einbettung, 840 für Kohärenz, 275 für Stabilität.
- Eine Temperamentdimension ist im grünen Bereich, falls mehr als 75% der Punkte erreicht werden, sie ist im gelben Bereich, wenn zwischen 50% und 75% der Punkte erreicht werden, und im roten Bereich falls weniger als 50% der Punkte erreicht werden.
- Falls eine der Temperamentdimensionen im roten Bereich ist, ist der Erfolg des Projektes gefährdet.

Literaturverzeichnis

Asendorpf JB (2007) Psychologie der Persönlichkeit, 4. Auflage, Springer, Heidelberg
Bandler R, Grinder J (1975) The Structure of Magic, A book about language and therapy, Science and Behavior Books, Inc., Palo Alto
Beinhocker ED (2006) The origin of wealth, McKinsey & Company, Inc., Boston
Berne E (2004) Spiele der Erwachsenen, Psychologie der menschlichen Beziehungen, Rowohlt Taschenbuch Verlag, Reinbek bei Hamburg
Braun R (2005) NLP Eine Einführung, Kommunikation als Führungsinstrument, 2. aktualisierte Auflage, Wirtschaftsverlag Carl Ueberreuter, Frankfurt/Main, Wien
Bridges W (1998) Der Charakter von Organisationen, Hogrefe-Verlag, Göttingen
Bridges W (2003) Managing Transitions, 2nd edn. Da Capo Press, Cambridge MA
Briggs Myers I, Myers PB (1980) Gifts differing, Understanding Personality Type, Consulting Psychologists Press, Palo Alto
Buckingham M, Clifton DO (2007) Entdecken Sie Ihre Stärken Jetzt – Das Gallup-Prinzip für individuelle Entwicklung und erfolgreiche Führung, 3. aktualisierte Auflage, Campus Verlag, Frankfurt, New York
Business-Wissen (2008) www.business-wissen.de
centACS The Center for Applied Cognitive Studies (2008) www.centACS.com, Charlotte NC
Crasemann C, Krasemann H, Vorwerk V (2008) Große IT-Projekte und ihre Erfolgsfaktoren (Teil III): Passende Projektbesetzung als Schlüssel zum Umdenken in: OBJEKTspektrum Heft 2
DeMarco T (1998) Der Termin, Carl Hanser Verlag, München
Dueck G (2004) Omnisophie, Über richtige, wahre und natürliche Menschen, Springer, Berlin, Heidelberg, New York
Dueck G (2008) Wild Duck, 4. Auflage, Springer, Berlin, Heidelberg, New York
Gansch G (2006) Vom Solo zur Sinfonie, Was Unternehmen von Orchestern lernen können, Eichborn AG, Frankfurt a. Main
GPM Deutsche Gesellschaft für Projektmanagement e.V. (2009) www.gpm-ipma.de
Gratton L, Erickson TJ (2008) Wie gute Teams funktionieren, in: Harvard Business Manager, 01/2008, S 25–38
Grinder J, Bandler R (1976) The Structure of Magic II, A book about language and therapy, Science and Behavior Books, Inc., Palo Alto
Grundl B, Schäfer B (2007) Leading Simple, GABAL Verlag GmbH, Offenbach
Howard PJ, Mitchell Howard J (2008) Führen mit dem Big-Five-Persönlichkeitsmodell, Campus Verlag GmbH, Frankfurt/Main
Jung CG (2008) Typologie, 9. Auflage, Deutscher Taschenbuch Verlag GmbH & Co. KG, München
Keirsey D (1990) Versteh mich bitte, Prometheus Books, New York
Keirsey D (1998) Please understand me II, Prometheus Nemesis Book Company, Del Mar CA
Keirsey D, Bates M (1984) Please understand me, Character and temperament types, 5th edn., Gnosology Books Ltd.

Keirsey DH (2009) www.keirsey.com
Kerzner H (2008) Projektmanagement – Ein systemorientierter Ansatz zur Planung und Steuerung, 2. deutsche Auflage mitp REDLINE GmbH, Heidelberg
Köhler J (2007) Knowledge Management, Is it all done by IT, Proceedings Agricultural Field Trials- Today and Tomorrow, Verlag Grauer, Beuren, Stuttgart
Krebs Hirsh S, Kummerow J (1989) LifeTypes, Time Warner Book Group, New York
Malik F (2006a) Führen, Leisten, Leben – Wirksames Management für eine neue Zeit, Campus Verlag GmbH, Frankfurt/Main
Malik F (2006b) Strategie des Managements komplexer Systeme, 9. Auflage, Haupt Verlag Bern, Stuttgart, Wien
North N (2008) Wissen-Können-Handeln: Was erfolgreiche Teams auszeichnet, in: wissensmanagement 1/2008, S 10–12
Oswald A (2005) Wissen – das Lebenselexier erfolgreicher Projekte, in: wissensmanagement 5/05, S 51–53
Oswald A (2006) Systeme mit Prinzip, MetaWissen erzeugt nachhaltige IT-Systeme und beherrscht Risiken in: OBJEKTspektrum Heft 3, S 71–73
Oswald A (2007) Modellorientiertes Denken: SOA-Management – Ein Beispiel in: OBJEKTspektrum Heft 3, S 54–56
Oswald A, Köhler J (2009) Projektdesign: Die Metrisierung von Projekten am Beispiel von Projekt- und Projektleiter-Typen in: OBJEKTspektrum Heft 1, S 62–68
Peters-Kühlinger G, John F (2007) Soft Skills, Rudolf Haufe Verlag GmbH &Co. KG, Planegg
Philognosie (2009) www.philognosie.net
PMI Project Management Institute (2004) A Guide to the Project Management Body of Knowledge (PMBOK Guide) 3rd edn. Project Management Institute, Inc
Prusak L (2006) Information ist nicht gleich Wissen, in Harvard Business Manager, 07/2006
Rupp C (2004) Requirements-Engineering und -Management, Professionelle, iterative Anforderungsanalyse für die Praxis, Carl Hanser Verlag, München Wien
Schelle H, Ottmann R, Pfeifer A (2005) ProjektManager, 2. Auflage, GPM Deutsche Gesellschaft für Projektmanagement e.V., Nürnberg
Schulz von Thun (2008) Miteinander reden: 1, 2, 3 Allgemeine Psychologie der Kommunikation, Sonderausgabe der Ausgabe von 1981 Rowohlt Taschenbuch Verlag, Hamburg
Schütt P (2003) 3-D KM – die drei Dimensionen echten Wissensmanagements, in: wissensmanagement Heft 7 und 8
Schütt P (2004) Wie das Cynefin-Modell entstand, in: wissensmanagement Heft 2
Senge PM (2001) Die fünfte Disziplin, 8. Auflage, Klett-Cotta, Stuttgart
Vigenschow U, Schneider B (2007) Soft Skills für Softwareentwickler, dpunkt.verlag, Heidelberg
Watzlawick P (1983) Anleitung zum Unglücklichsein, Piper, München
Watzlawick P et al (2007) Menschliche Kommunikation, 11. unveränderte Auflage, Huber, Bern
Wentzel PR, Seckinger O, Hindel B (2007) Requirements-Engineering aus Sicht der Persönlichkeitsanalyse, in: OBJEKTspektrum Heft 5, S 34–40
Wheatley MJ (2006) Leadership and the new science, Berrett-Koehler Publishers, Inc., San Francisco
Wikipedia (2009) www.wikipedia.de

Stichwortverzeichnis

„Gegensatz"-Paar, 31, 57, 109, 112

A
Abstraktion, 43, 86, 87, 109, 113, 137, 164
Abstraktionsgrad, 58, 130, 132, 134, 136
Accomodation, 37
Angulär-Transaktion, 105
Artisan, 36
auditiv, 109
Auftraggeber, 61, 153
Auftragnehmer, 61, 153

B
Bandler, 101, 107
Baumeisterprojekt, 60, 133, 138
Beinhocker, 92
Berne, 101
Big Five, 35
Bridges, 33, 60, 69, 94
Business-IT Alignment, 7

C
centACS, 37
Change Management, 138
Charakter, 69, 110
Collective Mind, 21–24, 30, 40, 45, 46, 97, 120, 155
Collective Mind Methode, 120
Consolidation, 37

D
Daten, 13, 49, 128
DeMarco, 27
Dimension, 35, 58, 59, 61, 86, 110, 194
Dueck, 31, 42
Duplex-Transaktion, 104

E
Einbettung, 146
Einflussfaktoren, 25
Einzentren-Projektorganisation, 52
Eltern-Ich, 103
Erfahrung, 28, 110, 150
Erfinderprojekt, 60, 128, 137
Erfolgsfaktoren, 26, 139
Erwachsenen-Ich, 103
Evolution, 92
Experte, 49
Extraversion, 31, 37

F
Facharchitektur, 44, 130, 131
Feeling, 31
Field-Marshal-Profil, 39
Fitting, 146
Fliehkraftregler, 50
Fragenkatalog, 60
Führung, 83, 168
Führungskraft, 38, 119

G
Galenos, 34
Generalisierung, 107, 108, 111, 113
Gradient, 48, 154
Grinder, 101, 107
Guardian, 36, 154

I
Idealist, 36
Information, 14
Initialisation, 18, 69, 128, 131, 133, 135
Innovationsgrad, 58, 60, 61, 130, 132, 134, 136, 140

Intensität, 98
Introversion, 31
Intuition, 31, 58

J
Judging, 31
Jung, 30, 35

K
Keirsey, 31
kinästhetisch, 109
Kind-Ich, 103
kohärent, 158
Kohärenz, 146
Kommunikation, 28, 40, 94, 101, 105, 112, 151, 163
Kommunikationsdispositionen, 110
Kompetenz, 28, 150
Komplementär-Transaktionen, 103

L
Landkarte, 107
Leader, 119
Leadership, 92, 94, 166
Lebenszyklus, 71
Lern-/Trainingskultur, 86
Lösung, 11
Lösungs-Friedhof, 19
Lösungsstrategie, 83, 92, 159

M
Malik, 119
Managementgrad, 59, 130, 132, 134, 136
Manager, 119
MBTI-Dimensionen, 37
MBTI-Typ, 33, 145, 152
MBTI-Typologie, 30, 39
MedicalFit, 160
mentale Modelle, 29
Meta-Modell, 108
Meta-Wissen, 93, 168
Metrik, 3, 60, 61, 130, 145
Missionarsprojekt, 60, 131, 138
Missionsgrad, 58, 130, 132, 134, 136
Modell, 26, 69, 81, 83, 86, 90, 94, 101, 105, 107, 109, 110, 120
Moderator, 42, 46, 84, 90, 92, 94, 114, 164, 169
Multizentren-Projektorganisation, 53
Myers Briggs, 30, 60, 101

N
nachhaltige Lösung, 10, 53, 141, 146
NEO-PI-R, 35

neurolinguistische Programmierung, 107
Neuroticism, 37
Neutral Zone, 94
N-Typ, 41, 45, 92, 109, 151

O
Ontologie, 43, 138
Operator, 23
Organisation, 51, 57, 60, 67, 81, 136, 153, 154, 157, 167
Organisationstemperament, 33
Originality, 37

P
Perceiving, 31
Persönlichkeitsmodelle, 34
Phasen, 18
Phasenübergang, 169
Präsenz, 82
Prinzip, 120, 150, 151, 153, 155, 157, 159, 166, 167, 170
Projektcoach, 43, 50, 62, 72, 112, 120, 124, 152
Projektdynamik, 26
Projektleiter, 27, 43, 48, 62, 72, 87, 104, 112, 120, 123, 124, 131, 152, 168
Projektorganisation, 51–54, 155
Projektrituale, 96
Projektsetting, 25
Projekttemperament, 59
Projekttyp, 28, 46, 59, 60, 62, 145, 146, 149, 153, 155
Projektumwelt, 25

R
Rational, 36
Roll-Out, 19, 69, 130, 131, 135, 136

S
Satelliten-Projektorganisation, 53
Schema, 13, 42, 46
Schrödingergleichung, 14
Schulz von Thun, 101
Senge, 88
Sensing, 31
Setting, 18, 27, 69, 128, 131, 133, 135
Signatur, 33, 110
Solution Search, 18, 62, 69, 99, 129, 131, 134, 135
Sprache, 13, 36, 86, 88, 108, 164
Stabilität, 146
Stakeholder, 10
Stakeholdermap, 77
Stärke, 39, 151

S-Typ, 41, 45, 92, 109, 151
System, 2, 19, 22, 28, 33, 42–44, 69, 72, 73, 89, 90, 95, 99–101, 109, 120, 124, 130, 133–136, 146, 151

T
Take-Out, 19
Talent, 39
Teamheterogenität, 154
Temperament, 30, 31, 34, 36, 37, 62, 109, 123, 136, 145, 146, 152, 153, 156, 157
Temperamenttypologie, 35
Territorium, 107
Thinking, 31
Tilgung, 107, 108, 111, 113, 117
Transaktionsmodell, 102
Transformator-Modell, 110
Transition Management, 95
Transparenz, 83, 166
Typisierung, 3
Typologie, 4, 30, 34, 35, 86, 151
Überkreuzte Transaktionen, 104

U
Umfeld, 10
Universalquantoren, 107
Utilisation, 19, 69, 130, 131, 135, 136

V
VAKOG, 107
Verantwortung, 125
Verhaltensmuster, 73, 88
Vernetzung, 83, 168
Verzerrung, 107, 108, 111, 113, 117 Pls. Check
visuell, 109
Vorgeschichte, 157

W
Was-Ebene, 45, 122, 140, 164, 170
Watzlawick, 29
weiche Faktoren, 3, 3 Pls. Check
Werkzeug, 23, 124
wertbeitragende Lösung, 9, 10, 43, 146
Wheatley, 166
Wie-Ebene, 45, 123, 140, 164, 170
Wissen, 15
Wissensmanagement, 16, 86, 92

Z
Ziel-Ebene, 45, 122, 140, 164, 170
Zimmermannsprojekt, 60, 135, 139

| MIX |
| Papier aus verantwortungsvollen Quellen |
| Paper from responsible sources |
| FSC® C105338 |

If you have any concerns about our products,
you can contact us on
ProductSafety@springernature.com

In case Publisher is established outside the EU,
the EU authorized representative is:
**Springer Nature Customer Service Center GmbH
Europaplatz 3, 69115 Heidelberg, Germany**

Printed by Libri Plureos GmbH
in Hamburg, Germany